教育部人文社会科学研究青年基金项目（18YJCZH012）资助
“十四五”江苏省重点学科“城乡规划学”（苏教研函〔2022〕2号）资助
江苏高校“青蓝工程”中青年学术带头人项目（苏教师函〔2022〕29号）资助

城市群旅游目的地景观
时空演变及福祉效应研究

陈玲玲　江雪峰◎著

中国矿业大学出版社
· 徐州 ·

内 容 提 要

旅游发展与幸福生活已经开启了“双向奔赴”模式，在此现实背景下，本书以旅游人地关系、景观生态学、可持续发展等相关理论为指导，以“景观-服务-福祉”关系为切入点，通过构建城市(群)旅游目的地景观体系，系统开展城市群旅游目的地景观时空演变及福祉效应的研究。本书体现了较强的理论性、科学性、系统性、创新性和可操作性，为国土空间格局优化、生态和社会福祉水平提升与平衡提供了科学依据，为新时代旅游满足美好生活的具体践行贡献了智力支持。

本书可作为旅游学、地理学、生态学、规划学、交通学等相关研究领域科研人员的学习用书，也可作为各级发展和改革委员会、文旅部门、规划部门工作人员的参考用书。

图书在版编目(CIP)数据

城市群旅游目的地景观时空演变及福祉效应研究 / 陈玲玲，江雪峰著．—徐州：中国矿业大学出版社，2023.7

ISBN 978-7-5646-5888-5

Ⅰ.①城… Ⅱ.①陈… ②江… Ⅲ.①城市群—旅游地—旅游资源—资源管理—研究 Ⅳ.①F590.3

中国国家版本馆 CIP 数据核字(2023)第 137883 号

书　　名　城市群旅游目的地景观时空演变及福祉效应研究

著　　者　陈玲玲　江雪峰

责任编辑　何晓明　耿东锋

出版发行　中国矿业大学出版社有限责任公司

（江苏省徐州市解放南路　邮编 221008）

营销热线　(0516)83885370　83884103

出版服务　(0516)83995789　83884920

网　　址　http://www.cumtp.com　**E-mail**:cumtpvip@cumtp.com

印　　刷　苏州市古得堡数码印刷有限公司

开　　本　787 mm×1092 mm　1/16　**印张** 18　**字数** 353 千字

版次印次　2023 年 7 月第 1 版　2023 年 7 月第 1 次印刷

定　　价　79.00 元

（图书出现印装质量问题，本社负责调换）

序

1980 年,世界旅游组织通过的旅游业发展纲领性文件《马尼拉世界旅游宣言》明确指出:旅游是人的基本权利,旅游是人类实现自我精神解放的重要途径。旅游的本质是要让人们通过观光、休闲、度假等体验开阔视野、增长见识、陶冶情操,实现精神愉悦。因此,旅游业发展水平既是体现人民生活水平提高的重要指标,也是满足丰富健康的文化生活需求、衡量人们生活质量的重要标志,更是不断满足人民群众对美好生活向往理念的生动诠释。2023 年 5 月 19 日是我国第 13 个“中国旅游日”,活动主题为“美好中国,幸福旅程”,这说明旅游添彩美好生活已经成为社会共识,增进民生福祉也正是新时代旅游业发展的愿景和使命,旅游与福祉关系的深入研究对指导以产业发展来增强人民幸福感具有重要价值。

进入 21 世纪以来,中国城市发展出现了以城市群为特征的空间集聚趋势,国家“十四五”规划明确提出推动城市群一体化发展,表明中国经济社会已经进入城市群发展时代。城市群的建设推动了城市群旅游的发展,相比单个城市而言,城市群的旅游资源和产品更为多样且丰富,使游客停留时间更长,民众的获得感和满足感也将相应增强。同时,从景观视角来看,随着旅游者动机和需求的个性化及多样化发展,旅游世界与生活世界的界限越来越模糊,旅游者进行现代城市旅游时也不再囿于景区围墙内的景观赏析和活动体验,城市中的各类自然与人文要素构成的景观共同体,展现了城市的真实感和生活味,也将深刻影响旅游者的体验。以景观为研究视角,构建城市群旅游目的地与区域人类福祉之间的关联,对促进城市群旅游可持续发展及提升区域整体福祉水平具有重要的理论与现实意义。

该书正是出于这方面的考量，并依据“景观格局-生态系统服务-人类福祉”的耦合联动关系，构建城市群旅游目的地发展与区域人类福祉之间的关联，进而系统探讨了长三角城市群旅游目的地的景观演变及福祉效应。该书以旅游人地关系、景观生态学、可持续发展等相关理论为指导，对城市群旅游目的地三类景观的时空演变特征、影响因素及对区域人类福祉的影响效应展开研究：第一类是氛围景观，即城市中的蓝绿景观，蓝绿景观对城市生态功能和安全、旅游体验和形象等具有重要作用，蓝绿景观生态系统服务主要提供包括资源和环境福祉在内的生态福祉；第二类是核心景观，即旅游景观，如各类景区等，是旅游者到访的主要目的地，主要提供生态系统文化服务并通过作用于经济、环境和文化多种维度全面增进社会福祉；第三类是通道景观，即旅游交通景观，不仅承载旅游交通功能，更是新时代交旅融合发展背景下的新型线性旅游空间，体现了旅游赋能交通、交通拓展旅游的独特价值，从挖掘交通设施的旅游价值角度出发，在提升经济福祉的基础上，同样体现了环境和文化福祉。本书写作体现了立足景观、融合多元的理念，展现了作者宽广的研究视野，其中关于城市群旅游目的地景观体系构建、生态福祉与社会福祉效应的分析评价，有一定的创新性。

该书框架结构合理，逻辑联系紧密，方法运用恰当，语言富有情感，调研工作扎实，数据资料翔实，丰富了城市旅游学、景观生态学、城乡规划学与人类福祉的交叉领域研究内容。该书的问世，相信能带给广大读者更多关于旅游与福祉的启发和思考，为教学研究者提供学术借鉴，并为管理运营者提供决策参考，同时对于促进城市群旅游业高质量发展具有积极的意义。

中国科学院地理科学与资源研究所　钟林生

2023 年 5 月于北京

前　言

作为一种显性的精神消费，旅游越来越成为一段异地的美好生活和经历，旅游具有幸福效应已经成为社会共识。如今，旅游产业不仅居于我国五大“幸福产业”之首，增进民生福祉也是新时代旅游业发展的重要愿景和使命。可以说，旅游发展与幸福生活已然开启了“双向奔赴”模式。

中国城市的集聚状建设和发展推动了城市群的发展，城市旅游在空间上也拓展为城市群旅游，并成为中国区域旅游业最重要的空间载体。随着旅游动机和目的的多样化与个性化，城市群旅游活动中，越来越多的旅游者期望体验城市日常生活中“普通”和“真实”的感受，去探索城市的“后台”。于是，旅游者的活动空间载体不再囿于传统景区，城市中那些原本看似寻常的景观，那一花、一草、一木，哪怕一片街头转角的绿地、一段窄窄的河流，也逐渐承载生态、游憩、文化、历史、美学等多种复合功能和价值。城市中的山、水、林、田、湖、草、路、城构成的景观共同体，形成了旅游者眼中的城市群旅游目的地景观体系，这些景观连接着城市的过去与未来，展现城市形象，反映城市的气质和特色，为旅游者提供无数个与城市自然、历史相互交流情感、抒发情怀的空间和瞬间，并深刻影响着旅游者的体验效果以及随之形成的幸福感受。因此，以景观为切入点，构建城市群旅游目的地与区域人类福祉之间的关联，对于促进旅游目的地可持续发展及提升区域人类福祉水平具有重要的理论与现实意义。

本研究以长三角城市群 27 市为研究区域，该地区社会经济发展迅速，旅游业发达，土地利用导致的景观变化具有较强的典型性，无论是城市化还是旅游化的土地开发利用均对生态系统功能和服务产生显著作用，进而影响区域人类福祉。本研究以旅游人地关系、景观生态学、可持续发展等相关理论为指导，从生态系统服务地理学、城市旅游学、旅游地理学、城市交通学等多学科视角，以“景观-服务-福祉”关系为研究切入点，构建“氛围景观（蓝绿景观）-核心景观（旅游景观）-通道景观（旅游交通景观）”共同形成的城市群旅游目的地景观体系，并从生态福祉、社会福祉两个方面全面探析景观变化对区域人类福祉效应的影响。研究的主要内容如下：

① 综合运用 RS 和 GIS 技术、景观格局分析、空间计量模型等方法，基于目的地空间多尺度视角，对 2000—2020 年长三角城市群蓝绿景观格局的时空演变特征及影响因素展开分析，以期为维护目的地人地和谐以及国土空间格局优化提供科学依据。

② 基于目的地多尺度、景区多等级及空间非稳定现实，综合运用空间分析方法及地理加权回归模型，分析 2001—2021 年长三角城市群以 A 级旅游景区为代表的旅游景观时空格局演变的特点，并探究空间分布影响因素，以促进旅游目的地核心景观的充分、平衡发展。

③ 在 2000—2020 年长三角城市群蓝绿景观数据基础上，利用基于生态系统服务价值修正算法的生态福祉核算模型、人均生态福祉核算模型等，从城市群和区域尺度，对蓝绿景观生态系统服务提供的生态福祉变化及其内含的资源福祉和环境福祉效应进行深入探讨，进而从城市尺度对生态福祉供给能力进行时空分析，以期为提升目的地生态福祉整体水平并保障生态福祉供给的空间公平性提供优化策略。

④ 城市群旅游景观文化服务增进社会福祉的逻辑主要实现于区域宏观层面，作用于旅游经济、环境改善、文化传承三个维度，基于旅游景观生态系统文化服务社会福祉的定性研究视角，综合运用数量统计、案例研讨、归纳总结等方法，全面剖析长三角城市群旅游景观和“快进慢游”旅游交通景观文化服务的社会福祉效应，以期为

增进目的地社会福祉及景观可持续发展提供决策支持。

本研究通过构建城市群旅游目的地景观体系，系统开展城市群旅游目的地景观时空演变及福祉效应研究，不仅有助于公众和决策者全面了解城市化进程和旅游产业发展对目的地景观的作用以及景观具备的各种生态系统服务价值能够提供给区域的福祉贡献，而且从理论上促进了旅游地理学与景观可持续科学的接轨，为旅游目的地人地关系研究提供了新思路，推动其向"景观-服务-福祉"耦合联动的方向发展，研究结果将为长三角城市群国土空间格局优化、生态和社会福祉水平提升与平衡提供科学依据，为新时代旅游满足美好生活需求的具体践行贡献旅游地理学智慧。

本书由金陵科技学院陈玲玲和广州市交通规划研究院有限公司江雪峰共同撰写完成，各章具体分工如下：第1、2、3、9章由陈玲玲、江雪峰撰写，第4、5、6、7章由陈玲玲撰写，第8章由江雪峰、陈玲玲撰写。全书由陈玲玲统稿、定稿。在本书的编写过程中，北京第二外国语学院吕宁教授，南京师范大学谢正磊副教授，金陵科技学院张维亚教授、汤澍教授、潘鸿雷副教授、徐子琳副教授、徐敏老师、张娟老师、陈吉韵老师等给予了大力帮助，在此表示衷心的感谢！感谢我的学生曹宇、路菁、贾丽琴等在研究数据收集过程中付出的辛苦劳动。特别感谢我的爱人于岩先生、女儿于佩宁对本人始终如一的爱护与理解！

本书的出版得到了教育部人文社会科学基金委员会、江苏省教育厅、金陵科技学院的大力支持，在此表示由衷的感激！

本研究只是我们在"景观-服务-福祉"研究领域的初步探索成果，由于水平有限，书中难免有不妥和疏漏之处，敬请广大读者批评指正。

陈玲玲
2023年5月于南京

目 录

第 1 章 绪论 …… 1
1.1 选题背景与意义 …… 1
1.2 研究目标与内容 …… 6
1.3 研究方法与技术路线 …… 7
1.4 研究价值 …… 9

第 2 章 国内外研究进展 …… 10
2.1 相关术语 …… 10
2.2 景观格局-服务-福祉相关研究 …… 18
2.3 城市旅游-景观-福祉相关研究 …… 21

第 3 章 研究区概况 …… 27
3.1 研究区范围 …… 27
3.2 经济发展 …… 28
3.3 社会发展 …… 35
3.4 城市环境 …… 37

第 4 章 长三角城市群蓝绿景观格局时空演变及影响因素 …… 40
4.1 数据和方法 …… 40
4.2 蓝绿景观总体变化 …… 49
4.3 蓝绿景观空间转移变化 …… 53
4.4 蓝绿景观利用动态变化 …… 68
4.5 蓝绿景观格局变化 …… 72

4.6 蓝绿景观演变的影响因素…… 83
4.7 本章小结…… 86

第5章 长三角城市群蓝绿景观服务的生态福祉效应 …… 89
5.1 研究方法…… 89
5.2 长三角城市群蓝绿景观服务的生态福祉总体变化…… 96
5.3 城市群和区域尺度下蓝绿景观服务的资源福祉效应…… 99
5.4 城市群和区域尺度下蓝绿景观服务的环境福祉效应 …… 109
5.5 城市尺度下蓝绿景观服务生态福祉供给的时空分析 …… 116
5.6 本章小结 …… 129

第6章 长三角城市群旅游景观时空格局演变及影响因素
——以A级旅游景区为代表 …… 132
6.1 研究方法和数据来源 …… 134
6.2 长三角城市群A级旅游景区时间演变分析 …… 137
6.3 长三角城市群A级旅游景区空间演变分析 …… 142
6.4 长三角城市群A级旅游景区空间分布的影响因素 …… 161
6.5 本章小结 …… 180

第7章 长三角城市群旅游景观服务的社会福祉效应…… 182
7.1 长三角城市群旅游景观服务的经济福祉效应 …… 183
7.2 长三角城市群旅游景观服务的环境福祉效应 …… 197
7.3 长三角城市群旅游景观服务的文化福祉效应 …… 207
7.4 本章小结 …… 215

第8章 长三角城市群旅游交通景观演进、体系构建及社会福祉效应
——交旅融合视角…… 218
8.1 传统旅游交通景观发展及演进 …… 218
8.2 长三角城市群“快进慢游”景观服务的经济福祉 …… 226
8.3 长三角城市群“快进慢游”景观服务的环境福祉 …… 237
8.4 长三角城市群“快进慢游”景观服务的文化福祉 …… 241
8.5 本章小结 …… 244

第 9 章　结论与讨论…… 246
9.1　结论 …… 246
9.2　建议 …… 250

参考文献…… 254

第1章 绪 论

1.1 选题背景与意义

1.1.1 城市群旅游对提升区域人类福祉具有重要作用

随着我国全面建成小康社会，经济持续健康发展，人民生活质量不断提高，民众对幸福生活的追求和需求日益迫切，旅游逐步成了参与度最广、影响范围最大、能够满足人们精神需要和提升幸福感的现代人文活动。通过领略和体会异地的自然风光、民俗风情、历史古迹，感受多元的文化，体验多彩的生活，享受一段美好的时光，旅游者能够获得身心的愉悦和幸福感（梁学成，2019）。目前，我国旅游产业不仅已经成为“五大幸福”产业之首，而且提升民众幸福感、增进民生福祉也正是新时代旅游业发展的愿景和使命（张丹婷 等，2019）。

城市是人类物质文化生活发展的主要空间场所，城市发展的根本目标是提升包括经济、精神和健康在内的居民福祉水平（苏红键，2021），正如“城市，让生活更美好”早已成为世界发展的主题。随着旅游活动成为全球经济的重要动力之一，城市风貌、文化遗产、特色建筑、科技场所、休闲设施、节事活动等丰富多彩的城市旅游资源和活动，吸引着大量的旅游者，感受城市文化特色、体验城市活动魅力，在休闲和游乐中提升自我、收获美好。于是，旅游开始“城市化”，城市也成为旅游活动的主要目的地，它们通过呈现万千姿态，或摩登、或浪漫、或清新、或厚重，迎接着或近或远的游客们。同时，城市旅游产业的快速发展，对城市经济、产业联动、民众就业、文化传承与交流、自然和人文环境改善等均具有重要且显著的作用。可以说，无论从宏观的城市经济、社会与环境可持续发展，还是微观的旅游利益相关者的利益获得来看，城市旅游都是改善民生、增进民众获得感和满足感的重要途径。

随着城市腹地、城市之间的旅游活动加强，城市群旅游逐渐显现，并发展成为我国区域旅游业最重要的空间载体。《“十三五”旅游业发展规划》已明确我国将建设京津冀、长三角、珠三角、成渝和长江中游五大旅游城市群。《“十四五”旅游业发展规划》进一步对优化旅游空间布局做出具体部署，如“健全京津冀协同发展、长江经济带发展、粤港澳大湾区建设、长三角一体化发展、黄河流域生态保护和高质量发展等区域重大战略旅游协调机制，推进跨行政区域旅游资源整合利用”“在城市群规划建设中，立足满足同城化、一体化旅游休闲消费需求，科学布局并配套完善旅游休闲功能区域，优先保障区域旅游休闲重大项目，做好交通衔接和服务配套”。

城市群旅游不再单单满足于单体城市发展，在政府的主导合作下，城市之间通过旅游合作，实现旅游产品开发布局、线路组织营销、旅游规划管理、旅游品牌形象、信息交流平台等要素共筑，提高城市旅游要素的流通性增长、产业关联性和旅游发展的可调性，在区域空间尺度中推进城市群整体旅游目的地建设(虞虎 等，2012)。与单个城市相比，城市群旅游更为强调和关注城市之间的旅游产业经济、文化、生态的高度连接和协同发展，这就促使城市群旅游具有产业更加集聚、交通网络更为发达便捷、客源停留时间更长、人文(自然)旅游资源更为丰富优质、旅游地空间格局更加合理等优势，从而使游客和居民能够更大幅度地从城市群旅游产业发展中获益，并随着城市群旅游一体化的深入和高质量发展，其为区域和更大空间尺度所带来的福祉效应也将持续提升与拓展。

1.1.2 景观是影响城市旅游目的地福祉提升的关键因素

景观是一个由不同土地单元镶嵌组成，具有明显视觉特征的地理实体，它处于生态系统之上、大地理区域之下的中间尺度，兼具经济、生态和文化的多重价值(肖笃宁 等，2010)。从人类尺度的角度来看景观，不仅可将景观作为生物栖息地，更可将它作为人类的生存环境，这就架起了从生物生态学到人类生态学的桥梁。对城市而言，城市景观为我们理解和解决各类“城市病”问题开辟了新的思路(杨小波 等，2014)。大量研究已经证实城市中的蓝色景观(城市河流水系)和绿色景观(城市绿地、农用地等非建设用地景观)及其空间从各方面提高了城市生活的品质，如提供生态系统服务、保护生物多样性、促进公共卫生、调节局地气候、提高城市居民的健康和福祉等(张小飞 等，2009；成超男 等，2020)，而城市通常面临的交通拥挤、住房紧张、环境污染、秩序混乱等问题，很大程度上是因为不合理的城市景观空间格局导致人地矛盾突出，从而削弱了城市景观生态系统的功能所造成的。2018年5月，国家领导人在全国生态环境保护大会上明确提出“良好生态环境是最普惠的民生福祉”。然而，城市蓝绿景观所呈现出的退化及破碎化的趋势，已经成为影响民众健康和福祉提升的制约因素。

旅游景观源于对旅游者有吸引力的事物（黄成林 等，2013），城市旅游景观是城市景观的一部分，是城市中具有旅游功能的景观。毋庸置疑，城市中的各类公园、景区、特色街区都属于典型的旅游景观，是城市作为旅游目的地时为游客提供游憩和旅游的主要空间场所，人们通过感受和消费这些景观空间所承载的生态、美学、康养、休闲、娱乐、文化等功能，使自身福祉得到不断满足和提升。但是，传统景区等已经无法满足日益膨胀的旅游和休闲需求，结构性短缺造成假日景区、街区人满为患，这就需要更多的游憩空间形成有效供给（席建超 等，2019），从而推动民众福祉的提升及其公平性。为了跳出传统旅游来发展现代旅游，更好满足旅游市场消费需求，全域旅游发展理念和模式应运而生，旅游逐渐突破了“围墙式”景区的范畴，致力于追求和探索“空间全景化”的系统旅游，伴随着生态文明、美丽中国的发展背景，城市将逐步实现“处处是景、时时见景”的花园愿景。于是，城市旅游景观不再囿于景区围墙，城市中那些原本看似寻常的蓝绿景观，那一花、一草、一木，哪怕一片街头转角的绿地、一段窄窄的河流，也开始承载除了生态功能以外的游憩、文化、历史、美学等多种功能和价值。如此，城市中的山、水、林、田、湖、草、路、城构成的景观共同体，形成了旅游者眼中的城市旅游目的地景观体系，并为城市作为旅游目的地增添了更多生活味和真实感，并引发情感上的共鸣。

因此，城市旅游目的地不仅是居民的生活家园，也是游客的到访空间，是居民和游客共享的空间，城市蓝绿景观、旅游景观等的外观、类型、规模、功能、空间分布、格局变化等，连接着城市旅游目的地的过去、现在与未来，体现城市形象的主观构建与客观存在，反映城市的气质和特色，为居民和游客提供与城市自然、人文环境相互交流情感、抒发各种情怀的空间，并深刻影响着居民的生活质量、游客的体验效果以及随之形成的幸福感受。

1.1.3　景观-服务-福祉为旅游人地关系研究提供全新视角

旅游人地关系是指在特定的旅游地域中所形成的人的旅游活动与地理环境之间的相互制约、相互依存的客观关系，是旅游地理学的研究核心（保继刚 等，2017）。在人类活动干扰下，旅游目的地自然、人文和社会环境发生改变，引发旅游人地系统的动态变化和发展演化，并对旅游目的地可持续发展形成正面或负面的影响，最终引致区域人类福祉的变化。黄震方等(2015)提出，在旅游人地关系研究中，主要包括回答和解决以“人”为主题、以“地”为主题，以及以“人地综合”为主题的各种科学问题。本研究尝试基于“景观-服务-福祉”耦合联动的全新视角，对以“人地综合”为主题的旅游人地关系问题进行探索研究。

首先，“人地综合”视角中的“地”是指人类开展旅游活动的空间场所，是旅游人地关系的基础因素，在城市群旅游目的地中，可认为是与旅游活动密切相关的景观及其构成的空间和环境，那么，本研究中“地”的落脚点就是得到有效保护和能可持续利用的城市群旅游目的地的景观资源。景观生态学是研究景观空间结构与形态特征对生物活动与人类活动影响的科学(肖笃宁 等，2010)，是一个以用“空间显式研究方法”研究景观格局与生态过程为核心的交叉学科，非常强调空间异质性和尺度(苏常红 等，2012；何春阳 等，2018)。城市群旅游目的地本身就是一个空间异质的且包括多空间尺度的景观，其动态变化是城市化和旅游化共同影响的结果，从本质上来看就是景观空间演变的过程，因此对城市群旅游目的地的理解就可以以城市旅游学、景观生态学、旅游地理学等为理论基础，并依赖景观格局的时空分析为基本手段，从而对目的地的演化过程、演化格局、动力机制，旅游空间结构及优化、区域旅游协同发展等科学问题进行深入研究。

其次，“人地综合”视角中旅游人地关系研究的落脚点和目标是“人”“地”关系的协调、可持续发展。城市群成为重要旅游目的地的同时，伴随着快速城市化过程的各类“城市病”问题的困扰，那么在本研究中，旅游人地关系研究的目标即是在维持城市群旅游目的地景观生态系统健康的前提下，持续改善人类福祉，这也正是当下可持续发展面临的难题(邱坚坚 等，2021)。2001 年 6 月 5 日，由世界卫生组织、联合国环境规划署和世界银行等组织机构开展的国际合作项目“千年生态系统评估”(The Millennium Ecosystem Assessment，MA)首次将生态系统服务与人类福祉进行结构上的关联，生态系统通过“服务”这一概念提升人类福祉。由于生态系统服务的发挥最终要在生态景观要素上实现(Termorshuizen et al.，2009)，Groot 等(2010)提出了景观服务的概念，认为景观服务是一种特殊的生态系统服务，其服务的提供依赖于景观格局的综合作用结果。因此，“景观格局-景观服务-人类福祉”的耦合关系就为我们打开了研究旅游人地关系的全新视角。

最后，“人地综合”视角中的“人”，是可持续发展的旅游人地关系的主导者、串联者、需求者。主要表现为目的地的旅游管理者制定政策、旅游经营者运营产业、社区居民参与、旅游者游览消费，共同驱动着“地”——景观的时空演化；当景观发生了时空变化之后，将引起景观服务的变化，进而影响人类福祉。只有持续增进旅游目的地的人类福祉，才能为目的地旅游资源保护、文化呈现、产业融合、业态创新、品牌建设等提供不竭的动力源泉，那么，为了提升和追求更大的福祉，城市、旅游、土地、环境等的管理者将共同进一步优化政策，调整景观格局，改善生态过程。如此循环、往复，旅游目的地才能形成和谐稳定的旅游人地关系，进而实现旅游地的可持续发展(屈小爽 等,2019)。

于是，城市群旅游目的地形成了“人类旅游活动→景观格局→景观服务→人类福祉→人类决策”的旅游人地关系地域系统，其结构、功能和动态正是由上述“人”“地”关系的相互作用决定的，而景观格局-生态系统服务的相关理论及其空间分析方法可以为解决旅游人地关系的现实问题提供有力的理论与方法支撑。

1.1.4 长三角城市群作为案例地有助于发挥研究示范作用

首先，长三角城市群是我国城市群旅游目的地的代表。长三角地区间的旅游合作由来已久。1992年，为推动生产要素流动，长江三角洲协作办(委)主任联席会议成立；1997年，成立了长三角城市经济协调会，并将旅游专题作为首个研究对象；2008年，长三角地区统一实施《旅游景区(点)道路交通指引标志设置规范》；2014年，长三角城市经济协调会旅游专委会成立；2016年，《长三角城市群发展规划》正式通过，提出“共建世界级城市群”的目标；2017年，中国长三角旅游业联合会成立；2019年，《长江三角洲区域一体化发展规划纲要》发布，提出推动文化旅游合作发展，共筑文化发展高地，共建世界知名旅游目的地；2020年，长三角旅游推广联盟正式成立；2021年，长三角“三省一市”的旅游协会结成长三角自驾游市场开发战略合作伙伴，共同打造自驾旅游产品线路；同年，长三角文旅发展联盟成立；2022年，长三角旅游度假区合作联盟正式成立。30年来，随着长三角地区省市合作的深入推进，长三角地区旅游界对长三角城市群一体化发展的战略意义和行动路径有了越来越清晰的认识。长三角以紧密的地域联系、高度的产业关联、深入的区域协作，以及以满足民众日益增长的美好生活向往为目标，已经形成了我国最重要、最具标杆性的城市群旅游目的地之一，其发展具有引领和示范效应。

其次，长三角城市群是我国景观城市化最突出的地区之一。长三角是我国经济最发达的区域之一，包括了我国经济最发达的直辖市——上海，最发达的地级市——苏州，排名前列的若干县级市——昆山、江阴、常熟、张家港、宜兴，还有综合实力强劲的省会城市——南京、杭州等。城市经济的迅猛发展伴随着持续的城市扩张以及人口增长，这就需要大量的土地资源来承载不断涌入的人口以及蓬勃发展的城市产业，自 2002 年至 2021 年仅 20 年的时间，长三角“三省一市”的建成区面积就从 4 704.74 km^2 增加至 11 926.23 km^2，年均扩大 8.08%，高于全国的 7.39%水平。① 城市用地扩张所代表的景观城市化，建立起城市化与生态过程、环境后果等的直接关联(史培军 等，2012)，如局地气候变化、生物多样性减少、城市热岛效应、城市拥挤及污染等，进而对区域整体的生态系统结构、过程和功能产生复杂的影响，最终影响居民的生存环境和质量。因此，学界针对长三角地区城市景观格局演变、影响机制、优化策略等开展了大量的研究(梁鑫源 等，2021；马才学 等，2022)。但是，旅游产业已经成为我国战略性支柱产业，蓬勃的旅游市场是长三角不断优化城市(旅游)景观的巨大动力，目前却非常缺乏与之重要地位相匹配的、基于景观视角开展的旅游与福祉的相关研究，从而指导国土空间格局优化和旅游产业发展来增进区域福祉。

1.2 研究目标与内容

1.2.1 研究目标

研究以旅游目的地景观可持续发展和区域人类福祉提升为目标，以旅游人地关系、景观生态学、可持续发展等相关理论为指导，以“景观-服务-福祉”关系为研究切入点，通过构建“氛围景观(蓝绿景观)-核心景观(旅游景观)-通道景观(旅游交通景观)”共同构成的城市群旅游目的地景观体系，全面探索城市群旅游目的地景观时空演变特征、影响因素及其对区域人类福祉的影响效应。

1.2.2 研究内容

第一，综合运用 RS 和 GIS 技术、景观格局分析、SEM/SLM 空间计量模型等，基于目的地空间多尺度视角，对 2000—2020 年长三角城市群蓝绿景观格局的时空演变特征及影响因素展开分析，以期为维护目的地人地和谐以及

① 数据来自 2002 和 2021 年的《城市建设统计年鉴》，经整理后计算所得。

国土空间格局优化提供科学依据。

第二，基于目的地多尺度、景区多等级及空间非稳定现实，综合运用空间分析方法及GWR模型，分析2001—2021年长三角城市群以A级旅游景区为代表的旅游景观时空格局演变的特点，并探究空间分布影响因素，以促进旅游目的地核心景观的充分、平衡发展。

第三，在2000—2020年长三角城市群蓝绿景观数据基础上，利用基于生态系统服务价值修正算法的生态福祉核算模型、人均生态福祉核算模型等，从城市群和区域尺度，对蓝绿景观生态系统服务提供的生态福祉变化及其内含的资源福祉和环境福祉效应进行深入探讨，进而从城市尺度对生态福祉供给能力进行时空分析，以期为提升目的地生态福祉整体水平并保障生态福祉供给的空间公平性提供优化策略。

第四，城市群旅游景观文化服务增进社会福祉的逻辑主要实现于区域宏观层面，作用于旅游经济、环境改善、文化传承三个维度，基于旅游景观生态系统文化服务社会福祉的定性研究视角，综合运用数量统计、案例研讨、归纳总结等方法，全面剖析长三角城市群旅游景观和"快进慢游"旅游交通景观服务的社会福祉效应，以期为增进目的地社会福祉及景观可持续发展提供决策支持。

1.3 研究方法与技术路线

1.3.1 技术路线

本研究的技术路线如图1-1所示。

1.3.2 研究方法

(1) 文献研究法

研究前期主要应用文献研究法，查阅国内外关于城市旅游、景观演变、人类福祉、生态系统服务、交旅融合、景观规划与优化等方面的文献，并进行系统的分类、整理和解读，提取对城市群旅游目的地景观体系构建及福祉效应研究有指导和借鉴意义的研究动态、理论成果和实践案例，为本书的系统、深化研究打下了坚实的理论基础。

(2) 多学科交叉研究法

城市群旅游本身就是城市旅游与其他产业跨行业、跨部门、跨空间的合作

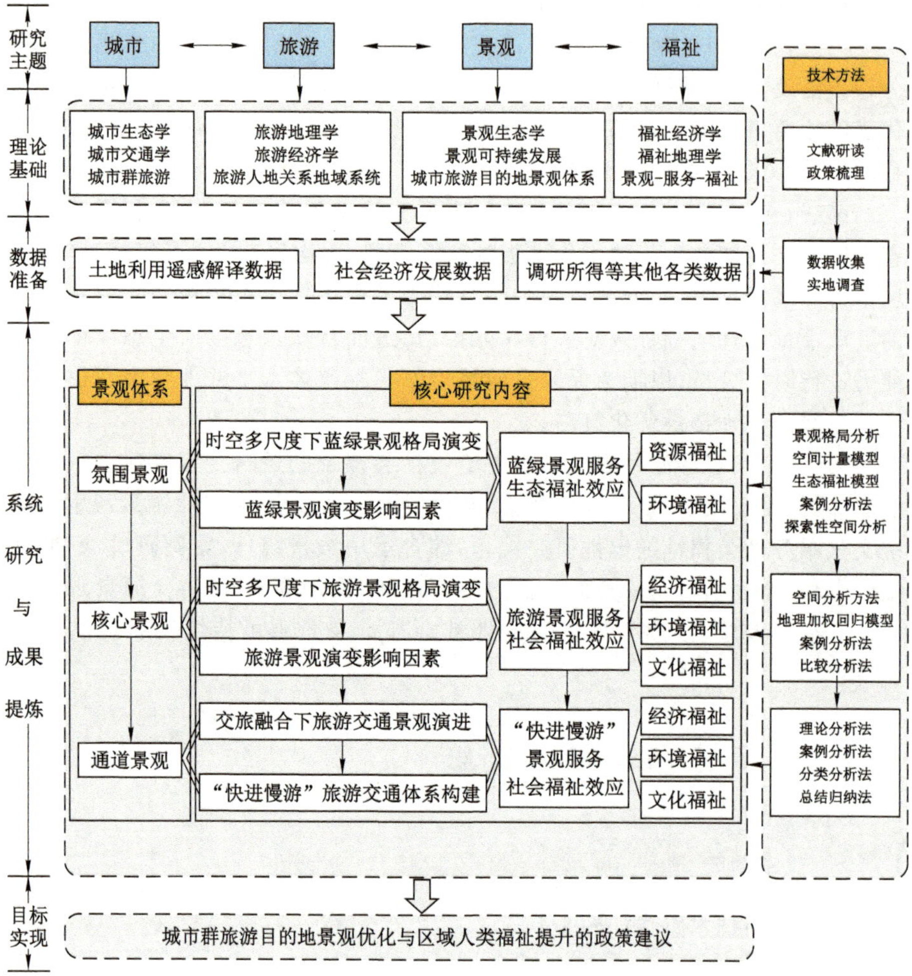

图 1-1　技术路线图

及拓展，旅游目的地景观体系的形成和发展过程也是景观生态学、旅游地理学、旅游规划学、交通运输学等多学科作用交叉融合的过程，因此城市群旅游目的地景观体系的构建、演变特征及福祉效应是一个复杂且综合的研究课题。本研究基于旅游地理学的综合性、空间性和交叉性的学科特征，以景观生态学、福祉经济学、城市交通学等多科学的研究理论作为支撑，将旅游目的地景观置于学科交叉融合的复杂系统中进行研究，提高了研究的系统性和科学性。

(3) 定性与定量研究结合法

针对蓝绿景观服务的生态福祉效应和旅游景观服务的社会福祉效应，根据不同种类景观特征及其生态系统服务价值特点，研究分别主要采用了定量研究和定性研究手段。同时，在福祉效应研究的具体过程中，均辅以定性与定量分析相结合、理论研究与案例分析相结合、分类分析与总结归纳相结合的方法，使得研究过程有理有据、言之有物。

(4) RS、GIS 技术及空间分析法

研究综合应用 RS 和 GIS 技术，对长三角城市群用地类型进行划分，获取研究区的景观矢量数据，并对数据进行提取、处理和管理。利用 Fragstats 软件进行景观格局分析，运用核密度分析、ESDA、GWR 模型、SEM 模型等空间分析方法或模型对各类景观演变特征及影响因素进行深入研究。

1.4 研究价值

1.4.1 理论价值

综合运用城市旅游学、景观生态学、空间统计学、旅游地理学、城乡规划学、福祉经济学、城市交通学等交叉学科理论与方法，提出对城市群旅游、旅游目的地景观、区域人类福祉三者关系的新思考，通过构建城市群旅游目的地景观体系，系统开展城市群旅游目的地景观时空演变及福祉效应研究，形成基于景观可持续科学视角下的城市群旅游目的地人地关系地域系统的研究新范式，从理论上丰富了旅游地理学的研究内容，促进旅游地理学与景观可持续科学的接轨，为旅游目的地人地关系研究提供新思路，推动其向“景观-服务-福祉”耦合联动的方向发展。

1.4.2 实践价值

研究从旅游城市群化发展趋势以及旅游添彩美好生活的时代特征出发，以我国最发达的城市群之一——长三角城市群为研究目的地，对目的地景观时空演变及福祉效应进行系统研究，有助于公众和决策者全面了解城市化进程和旅游产业发展对目的地景观的作用，以及景观具备的各种生态系统服务价值能够提供给区域的福祉贡献，研究结果将为长三角城市群国土空间格局优化、生态和社会福祉水平提升与平衡提供科学依据，为新时代旅游增进民生福祉的具体践行贡献旅游地理学智慧。

第2章 国内外研究进展

2.1 相关术语

2.1.1 福祉

福祉多指健康、幸福、繁荣、美好积极的生活状态(Breslow et al.,2016)。最初的经济学普遍主张以货币收入作为个人福祉的衡量标准,但是随着GDP持续增长,物质产品不断丰富,其他问题也随之产生,人们意识到收入与幸福或者福祉之间的差距越来越大,物质条件是福祉的充分而非必要条件(李静等,2016)。于是,越来越多的学者提出经济发展只是实现可持续发展目标的手段,而人类福祉才是其核心所在(Smith et al.,2013)。人类福祉的概念自诞生伊始,就以如何成为GDP等经济指标的有效补充并引导社会发展方向和政府决策为主要目标,因此人类福祉研究从初期的主要以经济发展与国民收入为表征,后来逐渐关注社会民生、心理健康、生态环境等层面(King et al.,2014)。Summers等(2012)认为,人类福祉由人类基本需求、经济需求、环境需求以及主观幸福感组成;Cummins等(2003)以幸福指数作为人类福祉的衡量标准,包括了生活水平满意度、健康、生活成就、人际关系、安全感等7个指标;联合国《千年生态系统评估》提出人类福祉包括5个方面的内容:维持高质量生活所需要的物质、健康,良好的社会关系,安全,自由权和选择权,这与马斯洛的需求层次理论非常相似。

根据不同的福祉概念,研究者提出了不同的人类福祉评价指标,主要分为主观福祉、客观福祉和主观福祉与客观福祉相结合。人类福祉受到自然因素、社会经济和文化因素的影响,使得研究者会根据不同的研究背景、研究目的选择合适的评价指标(Hervás et al.,2013;Costanza et al.,2014a;陈宏胜 等,

2020)。然而,从景观生态学、自然地理学、风景园林学、城市规划学等学科研究来看,与人类福祉概念结合非常紧密的是生态系统服务。生态系统服务是人类从生态系统功能中获取的各种惠益,其目标终点正是人类福祉的提升(Costanza et al.,1997)。生态系统服务和人类福祉已成为自然环境和人类社会之间的重要桥梁,并引起了广泛关注。目前我国关于生态系统服务与人类福祉的研究多集中于不同时空尺度生态系统服务功能与价值(张继飞 等,2017;刘家根 等,2018;柳冬青 等,2019)、生态系统服务空间关联及其流动(王大尚 等,2013;乔旭宁 等,2017)等对人类福祉的影响,生态系统服务的定量测算与人类福祉的评价指标就成了重要的研究基础。

与人类福祉概念相似,我国常用的还有居民福祉、民生福祉和社会福祉。环境科学相关的研究者从当地居民视角探讨生态系统的福祉效应时,一般采用"居民福祉"一词,针对性更强,其内涵可以等同于区域人类福祉。李昂等(2022)综述了居民福祉及其与生态系统服务的关系,表达的就是人类福祉的内涵;杨雪婷等(2021)针对川西山区的生态系统服务对居民福祉的影响进行了研究;许萌(2021)对西北干旱区城市生态系统服务供需与居民福祉的关联展开了研究。

民生实际上是中国特有的概念,对人类福祉的研究其实也就是对民生问题的研究(马睿,2021)。持续保障和改善民生是我国新时代以来发展进程中高度重视的问题,二十大报告再次强调"必须坚持人民至上""坚持以人民为中心的发展思想。维护人民根本利益,增进民生福祉"。[①] 许宪春等(2020)深度描述了新时代发展条件下人民美好生活的内涵,并构建了包含经济发展、社会进步、生态环境与民生福祉的指标体系。郄迎翔(2018)从教育、就业、收入、医疗卫生、社会保障和居住 6 个方面建立了中国民生福祉的评价体系。汪可汗(2022)认为,民生福祉能够综合反映居民经济水平、社会保障以及居住环境等众多民生状况,是影响社会稳定和经济效益的关键所在,并从经济、社会和环境福祉三个方面构建了中国民生福祉的指标体系。

当研究对象产生的福祉效应不仅要体现对人的福祉,也要体现其对整个社会的价值时,学者倾向于使用"社会福祉"一词。李静等(2016)指出社会福祉水平的高低反映了一个国家或地区的社会发展水平,是对福利状态的宏观

① 新华社.习近平:高举中国特色社会主义伟大旗帜 为全面建设社会主义现代化国家而团结奋斗——在中国共产党第二十次全国代表大会上的报告[EB/OL].http://www.gov.cn/xinwen/2022-10/25/content_5721685.htm,2022-10-25.

反映，其可以通过政府的决策进行调整，由经济福利、社会福利和生态福利构成。这三类福利与每一个家庭的生存与发展都有密切联系，每一个家庭的福利最后汇总成整体福祉。张圆刚等(2022)在阐述文旅融合发展的福祉效应时，综合了一般福祉概念和旅游活动的独特性，提出旅游背景下的福祉内涵既包含总体社会福祉的提升，也包含主客双方在旅游发展中获得的个体的、主观的福祉提升，对其研究需兼顾社会经济领域与国民个体感知，兼顾客观显性指标与主观体验指标。2019 年 7 月，我国旅游学界著名学术期刊《旅游学刊》当期关注的中国旅游发展笔谈的主题即为“旅游与社会福祉”，可以看出，旅游学界普遍肯定旅游产业的社会价值及其在人民幸福生活中的重要作用。

综上，对于福祉的研究，国内外的经济学、地理学、生态学、心理学、社会学、管理学等多个学科的学者基于自己学科的专业背景，对于福祉有着不同的着眼点和研究思路，会根据研究需要选择福祉术语以及研究方法，目前均未形成统一的研究范式。

2.1.2 城市景观

景观(landscape)一词，在英语、德语中的含义非常相似，均指地表风景、自然风光。当景观作为科学术语引入地理学、生态学后，其具有地表可见景象的综合与某个限定性区域的双重含义。傅伯杰等(2011)在总结前人关于景观的论述之后，提出了对景观的综合理解：① 景观由不同空间单元镶嵌组成，具有异质性；② 景观是具有明显形态特征与功能联系的地理实体，其结构与功能具有相关性和地域性；③ 景观既是生物的栖息地，更是人类的生存环境；④ 景观是处于生态系统之上、区域之下的中间尺度，具有尺度性；⑤ 景观具有经济、生态和文化的多重价值，表现为综合性。

随着城市化成为经济增长和文化创新的主要驱动力，全球城市迅速发展和扩张，城市人口不断聚集与增长，随之而来的各类“城市病”问题愈加严重(Du et al.，2015；Reynolds et al.，2017)。事实上，一个城市系统就是一个空间异质的景观，其结构、功能和动态都是由人与环境的相互作用所决定的(Wu，2013)，城市化改变了景观要素的结构和功能，通常表现为改变了土地利用或土地覆被类型，从而改变了生态系统的功能和环境质量(何春阳 等，2018)。于是，地理学、生态学领域研究者着手开展对城市景观的格局演变(吴健生 等，2020)、生态效应(陈利顶 等，2013；黄硕 等，2014)、格局优化(刘兴坡 等，2019)等相关研究，为城市的可持续发展或国土空间格局优化提供了理论依据。学者们多结合研究区的实际情况，从城市景观组分或土地利用类型的角度对城市景观进行分类并作为研究基础，如齐杨等（2013）将长三角地区和新疆地区的中小城市分为耕地、林地、草地、水域、城乡工矿居民用地和未利用地景观；吴健生等（2017）将深圳市景观粗分为绿地、建设用地、水体和裸体等 4 类，以及细分为耕地、园林、林地、草地、河流水面、交通用地等 16 类；夏铧等（2021）将郑州白沙组团景观类型分为建设用地、绿地、农用地、交通用地和水体等 5 类；雷越等（2023）将张掖市景观类型划分为林地、湿地、草地、耕地、居住地、工业用地、未利用地和其他建设用地等 8 类。

2.1.3　蓝绿景观

自 2005 年联合国《千年生态系统评估》出版以来，生态系统服务及其与人类福祉的关系逐渐成为生态学研究的主流。鉴于生态空间的高服务价值以及城市化过程中土地利用/土地覆盖变化的生态环境效应，学术界有针对性地将生态性用地分离出来，开展了生态空间的格局变化、生态系统服务及其与人类福祉的关系等相关研究，丰富了城市生态安全和可持续发展的研究内容（陈爽 等，2008）。有学者将城市生态空间界定为：城市地表人工、半自然或自然的植被及水体（森林、草地、绿地、湿地等）等生态单元所占据的为城市提供生态系统服务的空间，包括城市绿地、城市森林、农用地、未利用地和水域等多种土地利用类型。与城市生态空间的内涵极为相似的是绿色空间。基于快速增加的城市建成区面积与被挤压的绿地面积的空间错位，人们对绿色、开敞空间的需求日益增强，逐渐形成了绿色空间的概念（杨振山 等，2015）。尽管概念不尽相同，但总体可以归纳为两类理解。一种理解认为绿色空间包括城市园林、城市森林、都市农业、绿色廊道、滨水绿地以及立体空间绿化等在内的所有植被（陈康林 等，2016），由此可视绿色空间为绿地空间。另一种理解更为广义与宽泛，泛指区域内生长着植被的所有地域，包括人工植被与自然植被覆盖的山地、丘陵、水体、矿野地等空间的总称。其内涵不仅包括城市内部的各种园林绿地所构成的城市空间，也包括城市郊区的林地、农田和河流水系等空间（李莹莹，2012；杜嵘 等，2022）。于是，类似绿色空间的概念，城市环境中出现水体的地方可称为蓝色空间。有学者直接采用蓝绿空间来表达广义的绿色空间，这样更加清晰、明确，它是由城市中各类水域、湿地、绿地等开敞空间所构成的空间系统（王颢颖，2020；成雅田 等，2020），大量的研究已经证实城市绿色（植被）和蓝色（水）空间提供了多种生态、环境、经济和社会文化效益（Pataki et al.，2011；杨柳琪 等，2022）。

尽管用语不同，但是在对以上城市生态空间/绿色空间/蓝绿空间进行相关研究时，基于土地利用/覆被变化分析空间格局、生态系统服务等都是研究重点之一（赵海霞 等，2020），此时，景观格局演变分析提供了解析土地利用变化的空间途径（李秀珍 等，2004）。事实上，虽然很多生物-生态学家依然认为城市是被严重破坏或“无价值”的生态系统，但城市景观的确为城市居民提供了很多重要的生态系统服务（何春阳 等，2018）。赵文武等（2014）指出景观生态系统提供了几乎所有的人类福祉要素，社区居民的最基本食物和能源等生计必需品在很大程度上依赖于景观服务的供给，生活条件改善则受制于景观服务供给的程度。景观服务研究随着生态系统服务研究的深入而拓展，是当前景观生态学与可持续性科学的热点研究领域之一（Termorshuizen et al.，2009；Cumming，2011）。相比生态系统服务，景观服务的概念强调了空间格局和景观要素空间配置的重要性，具备地方、利益相关者以及环境互相匹配的相关性和合理性，更容易被人类感知（宋章建 等，2015）；而且景观作为不同类型生态系统组成的、具有重复性格局的异质性综合土地单元，是探索人类活动对土地利用/覆被变化影响、探究人类-自然耦合系统演变机理和过程的最佳视角（彭建 等，2017）。因此，对于人类活动-旅游目的地这样的复杂耦合系统而言，景观即是了解其演变过程和机制的最好切入点。因此，本研究采用“蓝绿景观”一词，即蓝绿空间中的景观，用以强调蓝绿空间的地域实体并贴合旅游活动中视觉体验的实际需求，具体包括城市中各类水域、湿地、绿地等具有生态服务价值的景观体系。

目前，根据不同的研究目的，学者们还使用了其他与蓝绿景观等相关的概念，见表 2-1。

表 2-1　蓝绿景观与其他相关概念的比较

概念	内涵	概念异同点
绿色景观	狭义：城市绿地及耕地、园地、林地或其他农用地（张小飞 等，2009；姜斌 等，2015；曹翊坤 等，2015） 广义：森林、湿地、河流等（近）自然景观，农田、果园、苗圃等半自然（人工经营）景观，以及公园、高尔夫球场等人工园林景观（常青 等，2012）	蓝绿景观等同于广义的绿色景观
蓝色景观	河流、湖泊、水库等城市水体（张小飞 等，2009）	蓝色景观是蓝绿景观的一部分
绿地	由绿色植物覆盖且被赋以一定功能与用途的场地（苏泳娴 等，2011）	绿地是绿色景观的一部分

2.1.4 旅游景观

旅游景观是景观概念的拓展，从字面上理解，旅游景观包括旅游价值和景观实体双重内涵（陈玲玲 等，2016a）。王仰麟（1998）认为，旅游景观是由自然生态系统与人文生态系统组成的区域生态系统，并同时具有自然生态系统的造景、休闲疗养以及调节功能和人文生态系统的娱乐和游览功能，且旅游景观要素功能和空间结构的差异使得旅游景观空间形成异质性。杨世瑜等（2008）认为，旅游景观是客观存在于一定时间与空间的事物、景物、景象的综合，它们具有旅游价值、蕴藏旅游功能，能吸引游人开展旅游活动或被用于开发旅游产业的自然要素、人文要素、环境要素的综合实体。在一定程度上，旅游景观被等同于旅游资源或旅游产品（刘振卿，1999）。蒋依依（2009）指出，旅游、园林、建筑等学科中的旅游景观概念，强调其相对于旅游者的美学特质。地理学与景观生态学科中的旅游景观概念，则强调其空间与综合属性，将旅游景观视为由自然、人文等因素构成的地域综合体。

时间和空间尺度包含于任何景观的生态过程之中（傅伯杰 等，2011），旅游景观也不例外。蒋依依（2009）根据旅游规划的空间尺度，将旅游景观研究所涉及的空间尺度分为：① 景点（区）尺度。只涵盖旅游者、景点（区）以及景点（区）的直接和间接管理部门。② 景观尺度。由一个旅游中心地及其所辐射的几个在地域上邻近的景点（区）共同组成，由旅游流串联各个景点（区）。③ 区域尺度，由几个在地域上邻近的景观尺度旅游目的地组成的更大空间尺度的旅游目的地。

对城市而言，城市旅游景观是指在城市地域范围内，能为游客所鉴赏并能获得美的感受的自然物或人工物所构成的景观系统（张浩，2012）。在对城市旅游景观分类时，有以下多种分类方法：

① 旅游资源视角。最直观的类型划分就是根据其旅游资源的自然性判断，将旅游景观划分为：自然旅游景观、人文旅游景观和自然-人文复合旅游景观（简称复合旅游景观）。因此在人与自然共生的城市市域范围内，也可以将旅游景观分为自然-人文-复合旅游景观。地球演化遗迹、现代地表形态和生态环境类的旅游景观均是自然旅游景观，如河流、地层剖面、瀑布、涌泉、洞穴等；历史文化遗产/遗迹、建设工程类旅游景观均是人文旅游景观，如世界文化遗产、名人故居、标志性建筑；名山、公园、风景区类均属于复合旅游景观，如宗教名山、城市主题公园。

② 景观结构视角。在景观生态学中，景观结构由斑块、廊道和基质组成，

因此也可按景观结构来划分旅游景观类型，包括斑块结构旅游景观，如城市标志性建筑；廊道结构旅游景观，如风景道、绿道；基质结构旅游景观，如风景名胜区、旅游度假区。一般而言，斑块-廊道、斑块-基质、廊道-基质以及斑块-廊道-基质旅游景观均可能进一步形成复合式结构的旅游景观，要视具体情况分析。

③ 旅游者活动视角。旅游者在城市旅游活动中，一般会前往人文/自然/复合旅游景观目的地进行游览体验，这些旅游景观或其集聚地经过规划建设形成了各类旅游品牌，如 A 级旅游景区、国家级/省级旅游度假区、生态旅游示范区、世界自然/文化遗产地、夜间文旅消费集聚区等，这些品牌旅游景观往往都是由斑块-廊道-基质结构共同形成，能够容纳一定数量的旅游者，并成为旅游者进行城市旅游的主要场所。

2.1.5 旅游目的地景观

对于旅游目的地，至今并没有统一的概念界定，陈玲玲等(2021)综合了国内外学者的定义，认为旅游目的地是在相对集中的地理空间范围内所构建的，具有旅游者感兴趣的旅游吸引物，且有一定规模和接待能力的旅游设施以及方便旅游者活动的公共服务体系的区域。有学者提出旅游目的地的空间范畴是模糊的，这是因为与景观的尺度特征一样，旅游目的地地域范围也有不同的空间尺度。一般来说，景区(点)是最小尺度的旅游目的地，空间范围逐渐增大为乡村、城市、城市群、区域、国家。

由于城市群旅游的本质仍是城市旅游，是旅游与城市关系的一种空间尺度的深入与扩展(虞虎 等，2012)，因此在本研究的城市群旅游目的地中，各个城市市域旅游景观仍是最重要的旅游吸引物，但与此同时，蓝绿景观、通道景观等也将对游客的整体体验产生巨大影响。谢彦君等(2021)认为，景观是乡愁情感的重要载体。从物象上看，表征乡愁的物象多以景物为主体，器物和人物为陪体。Lee 等(2011)、Lopes 等(2013)、Henderson(2013)认为，城市绿色空间在创造旅游收入、提升旅游目的地的形象、营造绿色旅游环境方面具有重要作用。吴倩莲等(2022)指出，城市生态空间不仅具有自然的生态功能，还具有为居民提供游憩服务以提升人居环境质量的功能。姜斌等(2015)从促进身体锻炼、舒缓精神压力、减轻精神疲劳、提供生态产品与服务、提升社会资本 5 个理论机制方面，解释了城市绿色景观对公众健康及福祉的影响。绿色景观既是城市建设与发展所必需的空间资源，又是城市生态功能维续的基础和载体，具有调节小气候、净化环境、涵养水源、土壤活化和养分循环、维持生物多样性、景观美化、休闲娱乐、文化教育及防护减灾等多重社会、经济和生态功能（常青 等，2012）。许浩等（2022）指出，蓝绿空间结合能够提高生物多样性、改善城市热岛效应与城市空气质量，并对人类健康产生积极影响。顾浩等（2013）认为，绿道具有保护生态空间、展示历史文化、开展健康生活、支撑旅游网络和连接城乡统筹的多种功能。吴志才等（2018）提出，城市建成绿道网络系统，为人们提供了休闲游憩、社会交往的重要场所。凌珑（2020）则指出，在交旅融合背景下，旅游公路除了满足交通功能和目的地之间的通达性之外，还要具备景观观赏、地域文化展现、休闲游憩、旅游产品展销等复合功能。可以说，随着旅游动机和目的的多样化与个性化，旅游越来越成为一段异地的美好生活和经历，越来越多的旅游者期望体验城市日常生活中“普通”和“真实”的感受，去探索城市的“后台”（Nientied，2020），仅仅依靠典型的旅游景观是无法完全满足旅游者需求的，城市的生态环境质量、景观形象设计、交通网络格局等都将影响体验效果。

因此，参考谢维新（2007）对旅游吸引物系统、张浩（2012）对城市旅游景观的划分，以景观功能和价值为划分依据，城市（群）旅游目的地景观体系包括核心景观、氛围景观和通道景观，如图 2-1 所示。

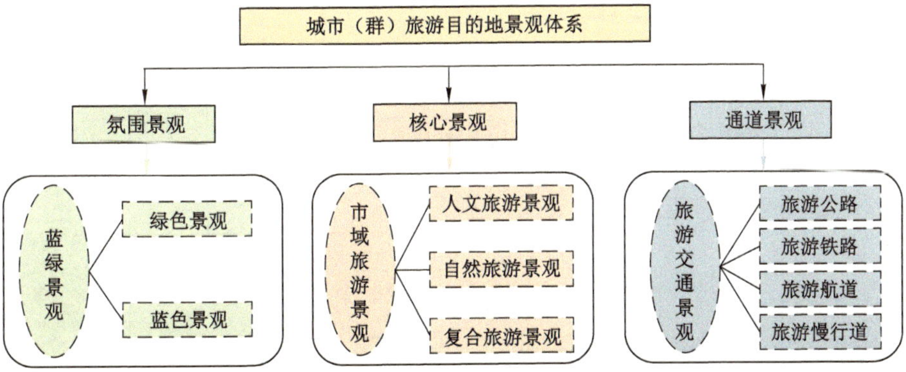

图 2-1　城市（群）旅游目的地景观体系

核心景观即城市市域范围内的旅游景观，它是城市（群）旅游目的地景观的主体部分，是旅游者的最主要目的地；氛围景观是体现城市市域的旅游环境和形象的蓝绿景观，为旅游者提供核心景观以外的休闲、生态、景观等体验；通道景观是连接城市及城市内各处景观的旅游交通，包括旅游公路、旅游铁路、旅游航道、旅游慢行道等。

需要注意的是，旅游景观和蓝绿景观既有区别又有联系：① 蓝绿景观是基于城市景观生态系统服务价值出发描述的，主要包括绿色（植被）景观和蓝色（水）景观，因此蓝绿景观与人文旅游景观并无交叉；② 自然旅游景观是蓝绿景观的一部分，复合旅游景观中的自然要素也是蓝绿景观的一部分。

2.2 景观格局-服务-福祉相关研究

2013 年，邬建国教授将景观可持续性科学定义为：聚焦景观和区域尺度，通过空间显示的方法来研究景观格局、景观服务和人类福祉之间动态关系的科学（Wu et al.，2013）。这一定义强调了景观服务和人类福祉的动态关系与景观格局之间的相互影响，并标志着景观可持续性科学的正式诞生，图 2-2 展现了三者的关系。但是，虽然景观服务研究目前已经得到了国内外学者的广泛重视，但是因其理论还不成熟，景观服务也没有统一的定义和评估体系（刘文平 等，2013；郦振华 等，2015）；同时，人们普遍认识到景观服务对人类福祉具有重要作用，而对于景观服务如何影响人类福祉依然了解很少（Turner et al.，2013）。

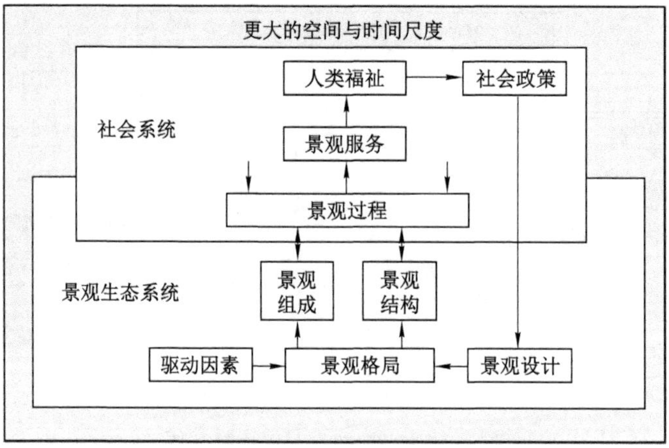

图 2-2　景观格局、景观服务与人类福祉的关系

（赵文武 等，2014）

景观可持续科学研究为研究人员、管理人员和决策者提供了一种新的实现可持续发展的视角和策略，但是在目前的发展现状下，需要借助其他工具手段来帮助实现景观格局-服务-人类福祉关系的相关研究，同时推动景观可持

续科学的理论与实践进步。由于景观本身就是由不同类型生态系统组成的，因此景观服务可以视为一种特殊的生态系统服务，而生态系统服务的研究相对景观服务而言起步更早，该领域的研究也相对成熟。生态系统服务是人类从生态系统功能中获取的各种惠益(Daily，1997；Costanza et al.，1997)。基于前人对生态系统服务概念的发展，郭宗亮等(2022)提出生态系统服务是基于生态系统格局、过程和功能，自然生态系统为人类福祉所提供的各种服务与产品。随着生态系统服务研究的深入，推动景观服务研究成为当前景观生态学与可持续性科学的热点研究领域之一(Termorshuizen et al.，2009；Ouyang et al.，2016)。与此同时，由于景观服务研究的内容、方法和应用与地理学高度融合，在目前的景观服务分类、评估、制图、模拟等研究中仍多采用地理学方法，如景观服务评估研究采用的正是生态系统服务地理学框架(彭建 等，2017)。

景观格局主要是指构成景观的生态系统或土地利用/覆被类型的形状、比例和空间配置(吕一河 等，2007)。在全球变化背景下，景观格局作为研究土地利用/覆被变化(Land Use/Land Cover Change，LUCC)的关键工具(李伟峰 等，2011)，其变化对区域生态系统的信息传递、能量流动等存在重要作用，而 LUCC 与生态系统服务之间的关系越来越密切，LUCC 对生态系统服务的影响已经得到了证明(李双成，2014；张宇硕 等，2020)。《千年生态系统评估报告》首次将生态系统服务作为人类福祉影响因素进行研究，并提出生态系统服务包括供给服务、调节服务、文化服务和支持服务；当前景观服务的分类体系多是参照该分类体系而建立的，大部分学者也都比较认可(梅亚军 等，2016)。生态系统服务由于与人类福祉密切相关，已成为国际地理学、生态学及相关学科研究的前沿和热点(程宪波 等，2021)。那么，基于 LUCC 变化，探究景观格局演变对生态系统服务价值的影响，对促进生态可持续发展并提高人类福祉具有重要意义(Bagstad et al.，2013；Costanza et al.，2014b；秦艳丽 等，2020；王诗绮 等，2023)。

至今，学者们已经针对全球(Daily，1997；Costanza et al.，2014a)、区域(赵泳春 等，2022；姚志强 等，2022；赵海溶 等，2022；马伟波 等，2022)、流域(王原 等，2014；吴翠霞 等，2022)、省市(曹跃群 等，2020；邓申凡，2021；姜晗 等，2021)、单个生态系统(谢高地 等，2015；林金煌 等，2018；李坦 等，2022)等各个尺度进行了生态系统服务价值评估研究，成果丰富，但并未形成统一的评估方法或体系(殷楠 等，2021)。目前，国内测算生态系统服务质量和价值量的方法主要包括两种：① 利用 InVEST 模型模拟单位服务功能价格的方法计算生态系统服务价值(王雅 等,2015);② 在 Costanza 等(1997)、谢高地等(2003,2015a)确定的生态系统功能当量因子法基础上进行调整计算。其中,利用 InVEST 模型对生态系统服务进行估算的方法对参数类型要求比较高,并且对生态系统服务类型的考虑也不够全面。谢高地等(2003,2008)在 Costanza 等(1997)生态系统服务功能分类的基础上,构建了一种基于专家知识的生态系统服务价值化方法,并在样点、区域和全国尺度生态系统服务功能价值评估中得到了较为广泛的应用(赵永华 等,2011;Wang et al.,2014)。然而,当时研究采用的当量因子是静态的,无法反映生态服务功能在时空上的动态变化(王兵 等,2009)。因此,谢高地等(2015a)通过对生态系统服务价值定量因子表进行修订和补充,建立了不同生态系统类型、不同生态服务功能价值的时间和空间动态评估方法,为我国生态系统服务价值的动态评估提供了相对全面和客观的评估方法。

提高人类福祉是可持续发展的最终目的(郐建国 等,2014;黄甘霖 等,2016),是生态系统服务研究的根本出发点(刘家根 等,2018),更是景观可持续科学研究的目标(彭建 等,2017)。在利用生态系统服务与人类福祉的关系来探究可持续发展的研究中,一般使用经济维度、社会维度与环境维度来进行度量(董孝斌 等,2022)。图 2-3 展现了构成景观的 LUCC 变化与生态系统服务、人类福祉之间的关系。LUCC 是人类活动最直观的反映,人类通过改变土地利用类型和强度,改变了景观格局,导致生态系统/景观服务和价值的变化;生态系统服务主要从供给、调节、文化、支持服务方面对人类福祉起承载或约束作用,同时人类福祉也会通过经济、社会、环境福祉需求的分异来促进或胁迫生态系统服务及其功能(王圣云,2011);通过生态系统服务或人类福祉评估,可以为政策决策提供依据,再通过政策反馈推动景观空间规划和优化。

生态系统提供的服务价值通常以其货币化形式表征,不仅包括物质产品、文化娱乐服务等直接利用价值,也包括维持生态平衡、保护环境等间接利用价值,因此生态系统服务评价过程多存在重复计算问题(臧正 等,2017)。为此,基于生态系统与人类福祉的关系,借鉴有关福祉地理学思想(王圣云 等,2010),臧正等(2016b)提出了生态福祉的概念,即:人类从自然环境中获取或享有的、由生态系统生产提供的、与人类福祉直接相关的产品与服务。据此,生态福祉、生态系统服务和人类福祉之间的范围涵盖关系为:人类福祉>与人类福祉相关的全部生态系统服务>生态福祉。由于本研究中的蓝绿景观均属于自然类,因此采用生态福祉来表征基于 LUCC 变化的蓝绿景观格局变化对区域人类的福祉效应,这样更便于了解和把握当前区域人类自身需求与生产

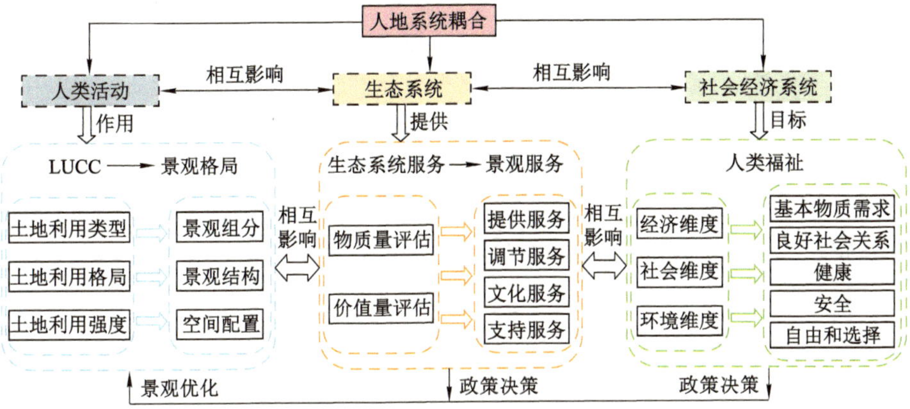

图 2-3　LUCC 与生态系统服务、人类福祉的关系

力水平所获得的终端产品与服务价值，并减少对生态系统服务的重复计算（郑德凤 等，2020）。

2.3　城市旅游-景观-福祉相关研究

2.3.1　旅游与福祉

“福祉”是我国“十四五”规划的重要关注对象，在 20 项社会发展主要指标中就有 7 个和民生福祉相关，包括就业、收入、教育、医疗、养老等，而旅游产业在以上这些领域均具有融合或推动作用，因此旅游产业高质量发展对提高我国人民群众的福祉，提升民众的满意度和幸福感具有重要的价值，并且迫在眉睫（张圆刚 等，2022）。目前，国内外学者已经开展了较多的旅游与福祉关系的相关研究，主要体现在以下几个方面：

① 旅游目的地居民幸福感研究。目前国外针对旅游发展对目的地居民幸福感的正面和负面影响均有研究，如旅游发展对目的地居民幸福感的积极影响主要通过就业和居民收入的增加来实现（Kyungmi et al.，2013）；相对于收入变量，非收入变量在旅游发展和居民幸福感关系上的中介作用更为显著（Rivera et al.，2016）；Okulicz-Kozaryn 等（2017）通过研究发现旅游发展水平较低的地区，居民幸福感反而较高；Ivlevs（2017）发现游客人次对于居民生活满意度有负向影响，且旅游密度越大的地区影响越显著。Scheyvens 等

(2023)研究了 Covid-19 导致的边境关闭如何影响太平洋各国人民的福祉,并阐明了在更公正的规划以及可持续旅游方面可以从中汲取什么教训。国内主要集中于经济、社会、文化、环境等维度开展目的地居民幸福感的研究(曾阳,2019),如李东等(2020)以新疆喀什噶尔古城嵌入式目的地为例,对社区居民主观幸福感影响因素进行定量探测,指出经济状况、社区环境和社区归属感显著正向影响社区嵌入式旅游目的地居民的主观幸福感;李慧璇(2021)以徐州市城市居民为研究对象,从经济、社会文化、生态环境三方面调查了目的地城市居民对旅游的感知,并指出收入水平、城市经济发展、城市基础设施建设、城市历史遗存、城市生态环境对居民幸福感的正向相关程度最大。还有一些研究的视角相对独特,如黄颖等(2021)研究指出大型体育赛事的参与度对当地居民的主观幸福感有直接正向作用,并存在 5 条间接作用路径;张圆刚等(2019)探究了处于多维压力之下的城市居民旅游者如何通过前往乡村进行旅游休闲活动来提升幸福感。从现有研究整体来看,旅游发展对居民幸福感的界定与测量仍然较少(陈瑞霞,2020;张圆刚 等,2022),Hartwell 等(2018)也指出旅游与居民幸福感的联系还需要进一步的测试和实证研究。

② 旅游者幸福感研究。Chen 等(2016)通过采用定性、定量研究分析方法,认为游客通过旅游活动能够补充能量、放松心情、缓解压力,从而提高整体生活满意度;Sthapit 等(2018)采用定量分析法,证明旅游者幸福感的影响因素是旅游体验;Kwon 等(2020)通过对研究数据进行跟踪分析,发现旅游者在旅行一个月后,在原有生活环境中的幸福感程度仍然较高,表明外出旅游可以有效提升旅游者的生活满意度;还有的研究针对特殊人群的旅游幸福感(Mactavish et al.,2007),以及邮轮旅游、探险旅游等新业态对旅游者幸福感的影响(Lyu et al.,2018),研究视野愈加宽广。中国学者针对旅游者幸福感的研究相对晚一些,仍处于起步发展阶段。妥艳媜(2015)通过阐述旅游者幸福感为什么重要,探讨了中国情境下旅游者幸福感研究的特殊性和针对性;张天问等(2014)采用扎根理论探讨出旅游者的幸福感由游前热切期待、游中福乐体验和游后温馨回忆共同组成;黄蓉蓉(2015)发现游客兴趣、风险潜力、风险后果、游客行为 4 个方面直接促进了旅游者的积极情绪和生活满意度;于伟等(2019)利用统计学方法验证了旅游活动对旅游者幸福感有积极的增进效应;高洁(2019)第一个将情绪调节与旅行联系起来,指出使用了情绪调节策略的旅游者更有可能获得更高的幸福感;陈瑞霞(2020)从旅游者和居民两个视角进行了实证研究,指出旅游者幸福感与旅游消费呈倒 U 形关系,地区旅游收入对目的地居民幸福感有显著的正向影响,而旅游人次对目的地居民幸福

感有显著的负向影响。

③ 旅游发展与社会福祉研究。旅游发展对经济增长的贡献会对健康和福祉产生连锁效应,旅游外汇和税收收入可用于投资健康、预防疾病、降低死亡率,从而增进人类福祉。林玉虾等(2019)通过对过度旅游的剖析,提出了新旅游宣言,认为旅游应该从经济转向福祉。基于可持续旅游和人类福祉提升的现实需要,近年来我国学者持续探索旅游产业发展与增进社会福祉之间的逻辑关系,如张丹婷等(2019)基于旅游与幸福的关系,从服务品质、文化品牌和伦理体系几方面探讨了提升民众旅游幸福感的具体举措;梁学成(2019)从经济发展、社会进步、环境改善和利益相关者收益 4 个维度诠释了旅游产业增进社会福祉的逻辑表现;肖洁等(2019)以扬州为例,指出了降低景区门票实实在在地促进了文旅融合的社会福祉;金卫东(2019)以南京为例,提出了目前将旅游业打造为幸福产业的重点方面,包括远近兼顾的旅游产品开发模式、保护中开发的产业富民路径以及城旅一体的公共服务发展方向;张圆刚等(2022)从逻辑诠释、测度方法以及机制框架几方面对文旅融合发展的社会福祉效应进行了详细阐述。当下,旅游产业不仅是我国战略性支柱产业,且是名副其实的"五大幸福"产业之首,这就意味着旅游由单一的经济功能向生态、文化等综合性功能转变,但目前旅游在增进人民福祉中的作用仍有待进一步提升(张鹏杨 等,2022)。

总的来看,在旅游与福祉的相关研究中,目前的研究内容主要集中在两个方面:一是旅游者和居民的个体幸福感研究,包括旅游活动不同阶段如何影响旅游者的幸福感、旅游新业态对旅游者幸福感的影响、特殊人群的旅游幸福感、旅游发展如何影响目的地居民的幸福感等;二是旅游产业发展促进目的地的社会整体福祉研究,包括促进经济增长、减少贫困、提高社会平等、有益康体健身等方面(Folarin et al.,2020;徐虹 等,2022;张香菊 等,2022)。可见,旅游福祉研究的视角比较多样,但尚未形成研究体系,在方法上定性与定量研究均有,也尚无统一的研究范式,因此,旅游福祉的研究并不成熟,有待学术界、企业界等共同深入探索。与此同时,尽管已有少量学者开展了目的地生态系统(如森林、湿地)服务的文化价值对游客的幸福感影响研究(张金荟,2022),但基于景观的视角出发,探讨旅游目的地发展对社会福祉的影响研究较为鲜见。

2.3.2　城市旅游与景观

截至目前,国内外在城市旅游研究方面已经形成了大量的研究成果,但国内外研究的侧重点有一定的差异。国外的研究较为侧重：① 城市旅游者行为，如旅游者通过其进行的各种活动为城市带来经济、环境等方面的改变，是城市旅游开展的基础（Apostolopoulo et al.，2016）；Salas-Olmedo 等（2018）以马德里市为研究区域，运用大数据方法分析了城市游客的数字化足迹，结果显示旅游者在城市住宿、城市观光、城市消费这三种活动上具有空间冗余性和互补性。② 城市旅游影响，如 Navarro-Jurado（2019）以马拉加为研究区域，从社会运动的角度分析了城市旅游对当地居民生活的影响。③ 城市（旅游）空间格局，如 Wang 等（2018）基于高铁建设视角，研究了中国城市旅游的空间结构演化和优化。④ 城市可持续旅游，如 Goodwin 等（2003）指出，在英国富有道德和责任感的旅游将成为消费趋势；Timur 等（2009）调查了旅游产业、地方政府和东道主环境三方利益相关者对城市旅游目的地实现可持续旅游的理解、目标和障碍，并为打造更具参与性的城市可持续旅游提出了建议。总的来看，国外城市旅游研究已经形成了理论和实证相结合的研究范式，研究内容较为多元，包括生态、社会、经济、文化等，并且比较注重运用多学科的方法和理论对城市旅游进行描述和解释，尤其是近年来日益关注城市旅游的影响、城市可持续旅游研究，这也与城市旅游的发展以及全球可持续发展的进程相一致。

国内的研究重点倾向于：① 城市旅游规划，旅游规划一直是旅游学界的研究重点之一，但相比传统旅游规划，随着城市旅游的快速发展和功能定位的变化，学者们也在深入思考城市旅游规划的定位与转型，如要确立城市旅游规划的底线思维。按照国土空间规划的要求，城市旅游规划必须遵循和坚持生态绿色发展的底线原则，不能以损害生态环境作为城市旅游发展的代价（龙江智 等，2020；尹敏，2021）。此外，城市旅游规划与景观的结合方面，从服务于城市旅游形象的城市景观规划（刘滨谊 等，2006；钟国庆 等，2006），逐渐向包含景观生态要素的城市旅游规划或优化（胡炜霞，2011；谢芳 等，2014；陈玲玲 等，2016b）转变。② 城市旅游影响要素，主要包括高铁建设（倪维秋 等，2018；刘强 等，2019；郭向阳 等，2021）、节庆赛事（蒋艳，2020；史瑞应 等，2022）、气候变化（胡强盛，2020）、突发事件（宋瑞 等，2022）等对城市旅游发展产生影响。③ 城市旅游空间格局，包括城市旅游综合体格局（李维维 等，2019）、城市公园（冯悦怡 等，2014）、公共游憩空间格局（林章林，2016）、景区空间格局（张广海 等，2022）等。④ 城市旅游竞争力，包括竞争力测度（刘中艳 等，2015）、竞争力提升（贺小荣 等，2019）等。⑤ 城市旅游经济格局及区域旅游，如旅游城市合作网络格局（林志慧 等，2022）、城市旅游经济合作格局

(石婷婷,2020)、城市群旅游经济网络空间结构(宋学通 等,2022)、城市群旅游竞争力(李刚,2022)等。

综合前人的文献来看,我国的城市旅游研究发展至今,在城市旅游规划、城市旅游经济、城市旅游竞争、城市旅游影响要素、城市旅游吸引物格局等方面都形成了大量的研究成果。但是,由于城市是一个极其复杂的社会-经济-自然复合系统,而当下的城市旅游又是一个综合性、联动性、融合性极强的产业,因此在我国城市可持续发展(吕永龙 等,2019)和可持续旅游理念(宋瑞,2018)得到普遍共识的时代背景下,更应该深入理解城市旅游的复杂性。如今,城市旅游的功能早已从单一的经济功能向生态、文化等复合型功能转变,城市旅游的责任和目标也已经向区域人类福祉、区域旅游产业集群和高质量发展、文旅产业融合与创新、城市文化遗产保护与传承等方向转变。因此,应该放弃"就旅游论旅游"的传统研究范式(徐福英 等,2012),以系统论的观点看待新时代的城市旅游。由于景观变化能够表征目的地经济-社会-自然复杂系统的变化,因此它能够成为探究城市旅游的"人""地"相互作用的复杂耦合系统演变机理和过程的研究切入点。

就城市旅游研究的景观视角而言,目前已经有了一些相关研究,如俞金国等(2007)在旅游地演化和结构研究的基础上,基于景观的特征要素提出城市旅游地演化的概念模型;蒋依依(2009)基于景观生态学原理,对旅游景观格局进行了详细的理论研究,并以丽江古城为例展开实证研究;周玮等(2015)对城市旅游地的景观格局与景观审美进行了耦合研究;尹铎(2015)特别针对城市雕塑景观开展了其对城市旅游地地方感的建构机制研究;陈玲玲等(2016b)利用景观生态学方法,对城市旅游地景观格局进行了优化。可见,学者们已经就基于景观生态学原理和方法手段的城市旅游地景观展开了探索性的研究,但目前的成果内容分散,且相对陈旧。那么,基于以上文献的总结与思考,本研究认为,在二十大报告高度重视并强调"坚持绿水青山就是金山银山的理念""坚持山水林田湖草沙一体化保护""美丽中国建设""高质量发展"等的方针指引下,一是要重新全面梳理城市(群)作为旅游目的地的景观体系构成;二是要系统研究景观的时空演变过程及原因;三是要基于"景观格局-景观服务-人类福祉"框架,分析城市(群)旅游目的地景观服务的福祉效应,实现"增进民生福祉,提高人民生活品质",从而形成基于景观可持续科学视角下的城市(群)旅游目的地人地关系地域系统的研究新范式,如图 2-4 所示。

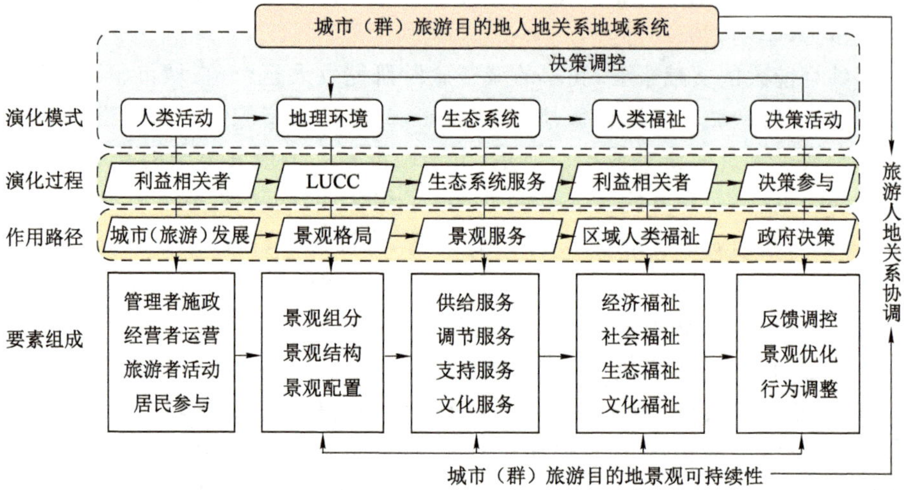

图 2-4　城市(群)旅游目的地人地关系地域系统

第3章　研究区概况

3.1　研究区范围

我国长三角城市群是“一带一路”与长江经济带的重要交汇地带，2016 年国务院批准了《长江三角洲城市群发展规划》，指出至 2030 年将长三角建成具有全球影响力的世界级城市群，当时的规划范围包括：上海市，江苏省的南京、无锡、常州、苏州、南通、盐城、扬州、镇江、泰州 9 市，浙江省的杭州、宁波、嘉兴、湖州、绍兴、金华、舟山、台州 8 市，以及安徽省的合肥、芜湖、马鞍山、铜陵、安庆、滁州、池州、宣城 8 市，共计 26 市，且目前已有的针对长三角城市群旅游的相关研究多数也选取了这 26 个城市作为研究对象（刘佳 等，2022；方叶林 等，2022）。2018 年，长三角区域一体化发展上升为国家战略；2019 年年底，国务院印发《长江三角洲区域一体化发展规划纲要》，明确以以上 26 个城市以及浙江省温州市共计 27 个城市为中心区，辐射带动长三角地区高质量发展。

从旅游角度看，长三角旅游业发达，地缘相近、文脉相通，区域内旅游资源具有很强的互补性，是我国重要的旅游客源地和旅游目的地，《“十四五”旅游业发展规划》也明确强调健全长三角一体化发展等区域重大战略旅游协调机制，推进跨行政区域旅游资源整合利用。那么，在长三角一体化发展上升为国家战略的背景下，一体化中心区城市（群）会率先形成紧密关联的交通网络、生态网络、公共服务网络、智慧化和信息化网络、产业合作发展网络等，从而更加有利于区域旅游一体化的实现。因此，本研究中，长三角城市群指的是长三角区域一体化中心区范畴，即“26＋1”个城市，这样不仅保留了 2016 年《长江三角洲城市群发展规划》中的 26 个城市，同时也符合当下长三角区域一体化发展战略的现实需求和发展特征。

3.2 经济发展

3.2.1 经济总量与速度

如图 3-1 所示,自进入 21 世纪以来,长三角城市群 27 个城市 GDP 总和保持持续性的增长。根据 GDP 增速的变化,可以将长三角城市群经济的发展分成两个阶段:一是高速发展阶段(2000—2011 年),除了 2001 年、2002 年和 2009 年受国际经济外部因素的影响,其余各年 GDP 增速均在 16%以上(不考虑通货膨胀等因素影响);二是增速放缓阶段(2012—2020 年),尤其至 2020 年新冠疫情导致经济降幅进一步扩大,但仍保持正向增长。

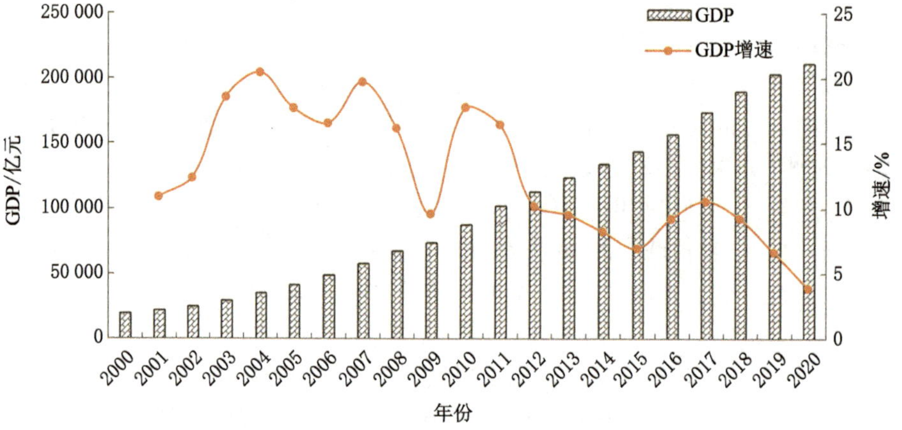

图 3-1 2000—2020 年长三角城市群 GDP 及增速

(数据来源:根据 27 市 2001—2021 年统计年鉴中 GDP 值整理并计算,下文数据若无特别注明,来源相同)

经进一步计算与比较,2000—2020 年整体来看,长三角城市群经济增长的平均增速为 12.78%,高于长三角全域(三省一市)的平均增速(12.73%)[①],

① 根据江苏省、安徽省、浙江省、上海市 2021 年统计年鉴中的 2000—2020 年生产总值数据计算,不考虑通货膨胀等因素影响。

更高于全国 2001—2020 年经济的平均增速(12.37%)①,反映出长三角城市群经济增速具有领先优势。

从 27 市分属的省级行政区域比较来看,如图 3-2 所示,4 个区域的经济变化趋势基本相同,只是变化速度有较大差异。2006 年之前,安徽区域的增速明显低于江苏和浙江区域,自 2007 年起,安徽区域后来居上,基本保持了最高增速发展。至 2020 年,各区域经济均受到新冠疫情的巨大冲击。从 20 年的平均增速来看,安徽区域(14.32%)>江苏区域(13.59%)>浙江区域(12.29%)>上海②(11.08%)。

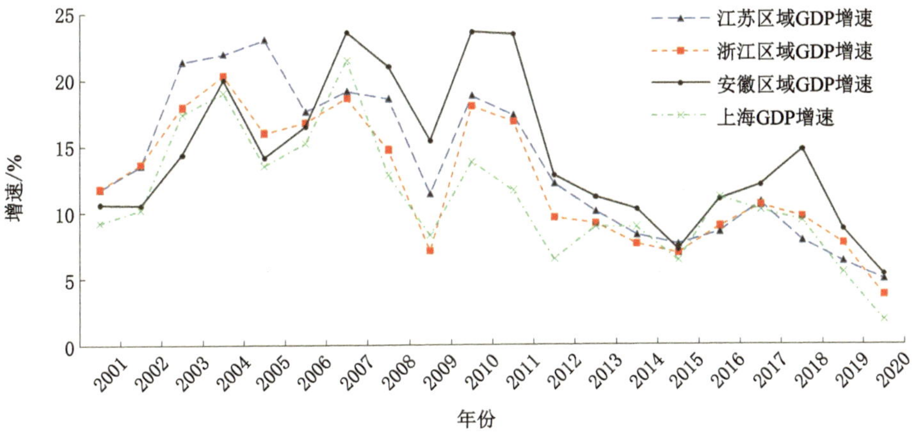

图 3-2 2001—2020 年长三角城市群各区域 GDP 增速比较

以 2020 年 GDP 为例来看各个城市的具体经济体量发展情况(图 3-3),长三角城市群 27 个城市 GDP 过万亿元的有上海市(38 700.58 亿元),江苏省苏州市(20 170.45 亿元)、南京市(14 817.95 亿元)、无锡市(12 370.48 亿元)、南通市(10 036.30 亿元),浙江省杭州市(16 206.82 亿元)、宁波市(12 408.66 亿元),安徽省合肥市(10 045.72 亿元),这 8 个城市在城市群 GDP 总量的占比近 65%。安徽区域除了省会城市合肥外,其余城市的经济规模在长三角城市群基本处于末位,铜陵和池州更只在 1 000 亿元及以下徘徊。再从经济增

① 根据 2021 年中国统计年鉴中的 2000—2020 年生产总值数据计算,不考虑通货膨胀等因素影响。

② 在本研究的城市群、区域、城市三级空间尺度分类中,上海既是区域/省域尺度,又属市域尺度,特此说明。

速看(图 3-4),2000 年以来表现较好的城市集中在安徽区域和江苏区域,尤其是安徽合肥独占鳌头,平均经济增速高达 16.45%。此外,虽然安徽区域的芜湖、滁州、马鞍山和池州的经济体量较为落后(图 3-3),但它们的发展势头都比较强劲(图 3-4),反映出长三角区域一体化的溢出效应非常显著。

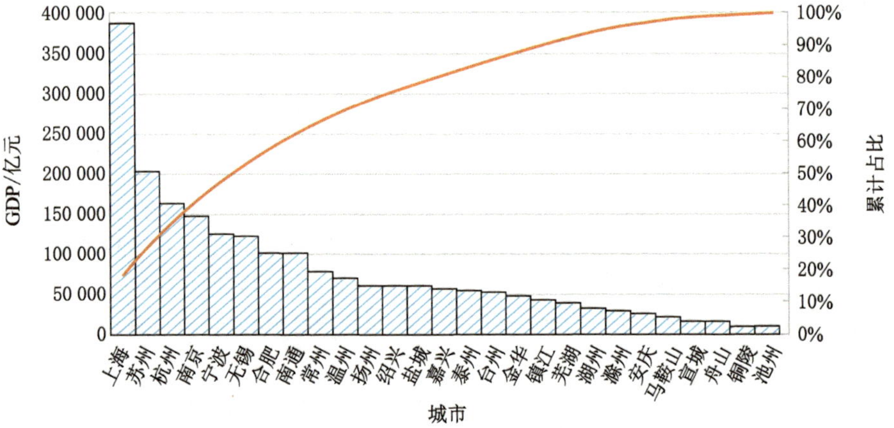

图 3-3　2020 年长三角城市群各市 GDP 值的帕累托图

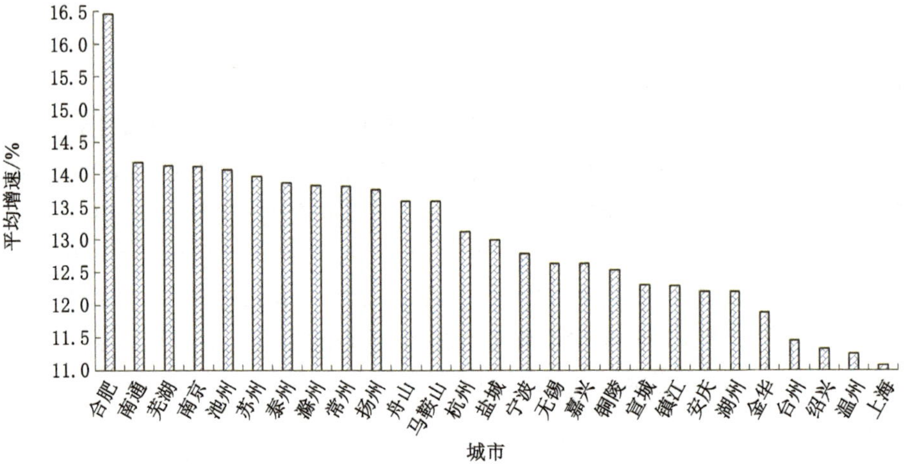

图 3-4　2001—2020 年长三角城市群各市 GDP 平均增速

3.2.2 产业结构

产业结构的优化升级是地区经济高质量发展的重要组成部分，表3-1给出了“十一五”规划末、“十二五”规划末和“十三五”规划末的长三角城市群27个城市的三大产业比重值。

表3-1 长三角城市群各市三大产业增加值比重变化 单位：%

城市	2010年			2015年			2020年		
	一产	二产	三产	一产	二产	三产	一产	二产	三产
上海	0.6	41.5	57.9	0.4	31.3	68.3	0.3	26.6	73.1
杭州	3.4	47.3	49.3	2.7	39.4	57.9	2.0	29.9	68.0
南京	2.8	46.5	50.7	2.4	40.3	57.3	2.0	35.2	62.8
合肥	5.8	46.5	47.7	4.4	42.5	53.1	3.3	35.6	61.1
舟山	9.8	42.2	48.0	10.8	35.2	54	10.1	39.0	50.9
无锡	1.8	56.0	42.2	1.4	47.5	51.1	1.0	46.4	52.6
温州	3.1	51.6	45.3	2.6	46.3	51.1	2.3	41.0	56.6
金华	5.0	50.2	44.8	3.8	44.6	51.7	3.3	38.6	58.1
台州	6.43	52.1	41.4	6.2	46.2	47.6	5.6	43.5	50.9
常州	3.2	55.9	40.9	2.8	49.6	47.6	2.1	46.3	51.6
苏州	1.5	56.9	41.6	1.5	50.1	48.4	1.0	46.5	52.5
南通	7.7	55.1	37.2	5.5	50.9	43.6	4.6	47.5	47.9
盐城	16.2	45.5	38.3	12.4	44.3	43.3	11.2	39.6	49.2
扬州	7.15	55.6	37.2	6.4	49.5	44.1	5.1	46.1	48.9
镇江	4.0	56.4	39.5	4.3	49.5	46.2	3.5	47.2	49.3
宁波	4.1	55.4	40.5	3.3	50.8	45.9	2.7	45.9	51.4
绍兴	5.2	56.7	38.2	4.2	51.5	44.2	3.7	45.4	50.9
马鞍山	5.9	63.1	31.0	5.7	52.5	41.8	4.8	46.8	48.4
芜湖	6.0	60.3	33.7	5.0	52.8	42.2	4.4	46.9	48.7
铜陵	7.0	59.3	33.7	6.2	53.4	40.4	5.6	45.4	49.0
池州	13.9	46.6	39.5	12.3	46.1	41.6	10.5	43.5	46.0
安庆	13.3	45.3	41.4	11.9	47.8	40.2	9.7	43.2	47.0
泰州	7.6	57.6	34.8	6.3	51.9	41.8	5.8	47.7	46.5

表 3-1(续)

城市	2010年			2015年			2020年		
	一产	二产	三产	一产	二产	三产	一产	二产	三产
嘉兴	5.1	58.9	36.0	3.3	53.3	43.4	2.3	51.9	45.8
湖州	7.5	57.6	34.9	5.5	53.1	41.4	4.4	49.6	46.0
滁州	16.9	46.4	36.7	11.5	48.5	40.1	9.3	48.1	42.6
宣城	15.02	45.95	39.03	11.99	49.4	38.61	10.06	47.18	42.76

数据来源：来自 27 市 2021、2022 年统计年鉴中历年三大产业比重或根据历年三大产业产值计算。

从三个阶段各个城市的三大产业增加值比重的变化可将长三角城市群城市大致分成三类：

①“三二一”产业结构主导，格局持续巩固优化。主要包括上海、杭州、南京、合肥和舟山 5 个城市，这 5 个城市在“十一五”末已经实现了以第三产业为主导的产业结构，并且此后持续优化产业结构。目前，上海的第三产业比重已经达到 73%，已经超过了英国(72.8%)。

②“二三一”向“三二一”结构演变。主要包括无锡、温州、金华、台州、常州、苏州、南通、盐城、扬州、镇江、宁波、绍兴、马鞍山、芜湖、铜陵、池州和安庆共计 17 个城市，这类城市的特点是在“十一五”末期产业结构仍属于以第二产业主导的结构特点，至“十二五”末或“十三五”末，实现了以第三产业主导的结构转变。这 17 个城市中除了温州和金华，其余 15 个城市，连同第一类中的舟山市，第三产业增加值比重均低于 2020 年我国第三产业增加值比重 54.5%，说明这些城市不仅要进一步提升第三产业比重，更要持续扶持和加大创新力度，加快传统服务业的改造升级，对低附加值的传统服务产业，要积极与互联网技术相结合，利用现代化手段创新发展理念，整合产业链资源，引导传统服务业向网络化、规模化、产业化、现代化发展。同时，加大培育数字经济和平台经济，通过发展信息类、创意类等具有巨大潜力的新兴服务业，推动生产性服务业向专业化和价值链高端延伸，生活性服务业向精细和高品质转变(惠宁 等，2019)。

③“二三一”产业结构主导。主要包括泰州、嘉兴、湖州、滁州和宣城 5 个城市。这 5 个城市还未能实现“三二一”产业结构的转型，因此在“十四五”期间，应该大幅提升工业创新发展能力，走工业高质量发展之路，同时通过加快发展现代服务业，促使产业结构实现转型升级。

3.2.3 社会消费

消费是经济增长的重要驱动力，在反映消费情况的统计指标中，社会消费品零售总额是最常用的宏观经济指标之一。如图 3-5 所示，除了 2020 年受新冠疫情影响，长三角城市群的社会消费品零售总额自 2005 年以来逐年提高，反映出长三角城市群的经济水平持续提高。从增速上看，2013 年及之前，零售总额增速均在 12.5%以上，自 2014 年起进入缓慢下降态势。但从整体来看，2005—2020 年长三角城市群的社会消费品零售总额平均增速12.81%，高于全国社会消费品零售总额平均增速 12.68%，说明长三角城市群居民消费力整体较强。

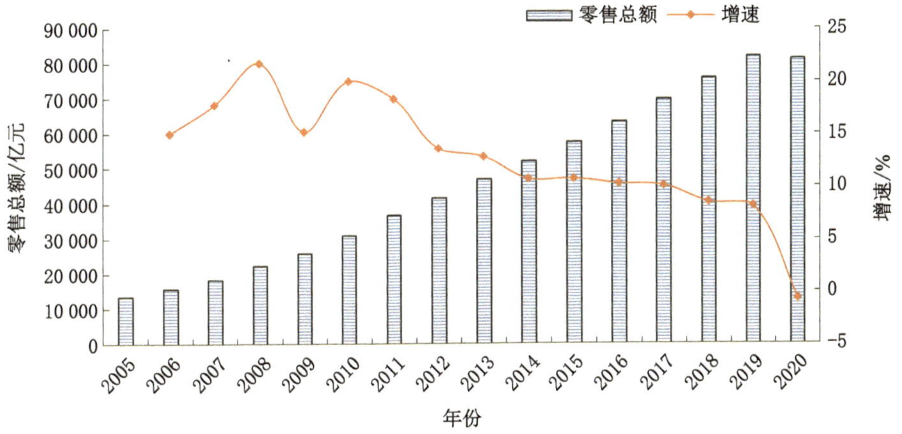

图 3-5　2005—2020 年长三角城市群社会消费品零售总额及增速

再从 4 个区域来看(图 3-6)，社会消费品零售总额均稳步提高，零售总额的增速变化趋势也较为相似，2020 年受到新冠疫情影响，江苏和浙江区域的消费呈现负增长，而安徽区域和上海仍保持了正增长。从 2005—2020 年整体来看，4 个区域的平均增速排序为：安徽区域(16.30%)>江苏区域(12.96%)>浙江区域(12.55%)>上海(11.33%)，反映出安徽区域居民消费能力的增长速度是最快的，这也与安徽区域 GDP 增速最快相一致。

以 2020 年为例，从城市尺度来看社会消费情况，如图 3-7 所示，上海的社会消费品零售总额排名第一，为 15 932.5 亿元，苏州、南京和杭州 3 个城市的零售总额均超过 6 000 亿元；上海→杭州 4 个城市的社会消费品零售总额在长三角城市群的占比超过了 45%，上海→绍兴共计 13 个城市，占比却已经超过了 80%，反映出长三角城市群中各个城市整体的社会消费贡献有较大差距，安徽区域多数城市整体的社会消费仍然偏弱。

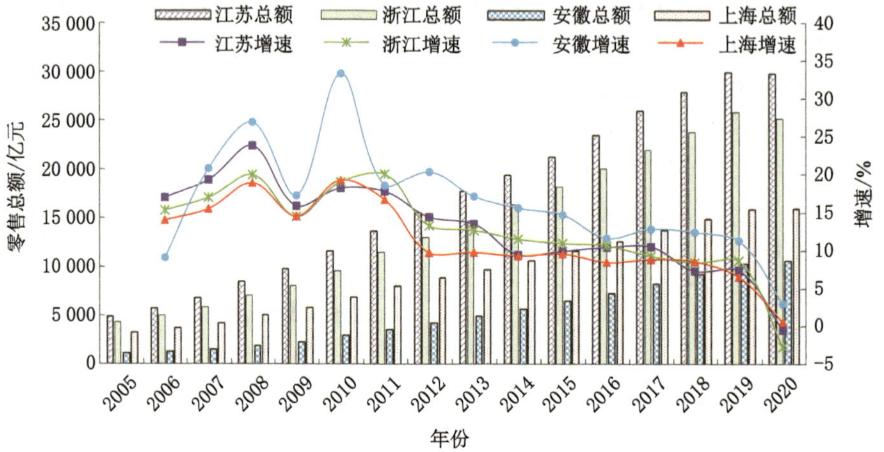

图 3-6　2005—2020 年长三角城市群各区域社会消费品零售总额及增速

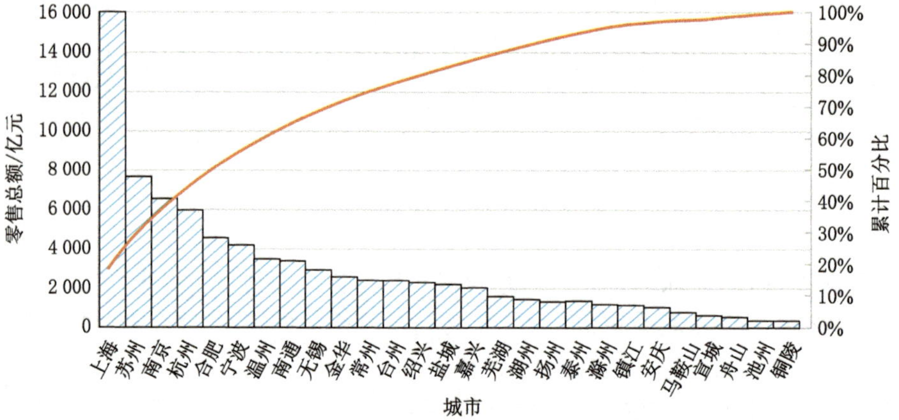

图 3-7　2020 年长三角城市群各市社会消费品零售总额的帕累托图

再从人均的视角来看，如图 3-8 所示，2020 年即使在疫情影响下，南京的人均社会消费品零售总额仍高达 7.73 万元，排名第一，上海和杭州均在 6 万元以上，排名第二、三。与图 3-7 比较发现，部分城市的排序变动较大，如温州城市零售总额排序靠前，为第 7 名，而人均零售总额却是第 17 名，舟山的城市零售总额排序在末位，为第 25 位，而人均零售总额却是第 8 名，说明城市整体消费贡献和居民的实际消费能力并不完全一致。就 2020 年的情况而言，长三角城市群中，城市消费贡献和居民消费能力均最强的城市三甲是上海、南京和苏州，城市消费贡献和居民消费能力均最弱的城市是铜陵、宣城和安庆。

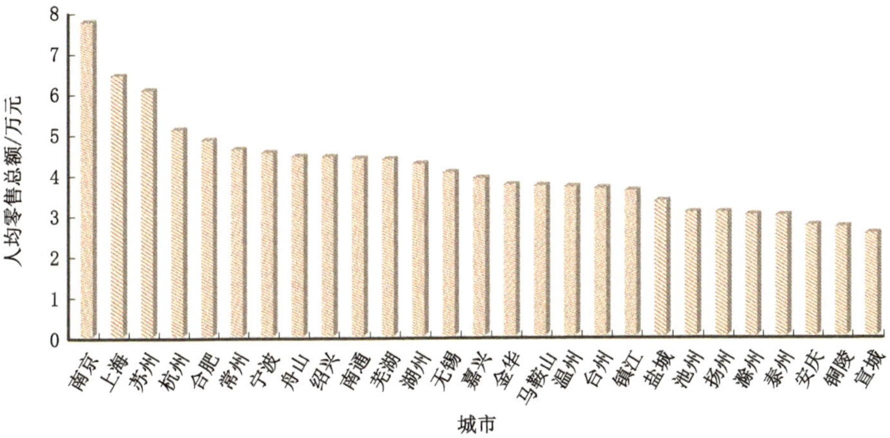

图 3-8　2020 年长三角城市群各市人均社会消费品零售总额排序

（数据来源：温州、湖州、绍兴和金华常住人口数据来自当地 2020 年第七次全国人口普查主要数据公报，其他城市常住人口数据来自当地 2021 年统计年鉴。下文数据若无特别注明，来源相同）

3.3　社会发展

3.3.1　人口规模与流动

长三角城市群各市的人口及变动特征呈现出明显的空间差异。如图 3-9 所示，2020 年 27 市中常住人口规模最大的是上海，接近 2 500 万人，最小的是舟山，仅 110 多万，相差近 2 400 万人，人口规模等级差距显著。上海、苏州、杭州、温州、宁波、合肥和南京 7 个城市的常住人口占长三角城市群的近 50%，反映出人口主要集聚在长三角的核心城市，这 7 个城市的常住人口均超过了 900 万，上海、苏州和杭州常住人口均已在千万以上，是名副其实的长三角人口大市。

再由 2005 年、2010 年和 2020 年 3 个年份的常住人口与户籍人口的关系剖析当地的人口变动状态，如图 3-10 所示。自 2005 年以来，上海→舟山共计 16 个城市的常住人口均大于户籍人口，说明这 16 个城市属于人口持续净流入城市；江苏区域南通和扬州的常住人口由小于户籍人口转为大于户籍人口，

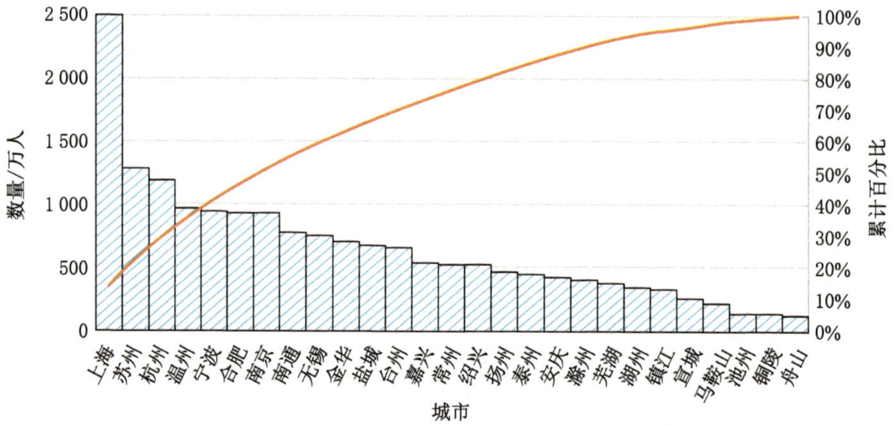

图 3-9　2020 年长三角城市群各市常住人口帕累托图

反映出两地由人口净流出向净流入状态转变，安徽区域的马鞍山则相反，由净流入向净流出转变；而芜湖、宣城、池州、铜陵、泰州、滁州、安庆和盐城均属于人口持续净流出城市，且安庆和盐城的两地户籍人口中在 2020 年已经有超过百万人流出。

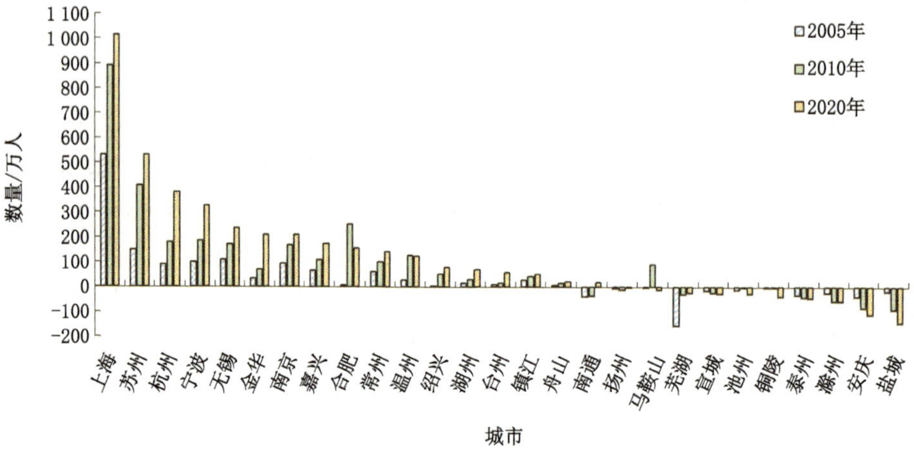

图 3-10　2005 年、2010 年和 2020 年长三角城市群各市常住人口与户籍人口之差
（数据来源：户籍人口数据来自 27 市 2006 年、2011 年和 2021 年统计年鉴）

3.3.2　城镇化水平

城镇化是拉动中国经济增长的重要动力之一，近些年来，长三角城市群各市常住人口城镇化率不断提高。如图 3-11 所示，至 2020 年，长三角城市群已经有 17 个城市的常住人口城镇化率超过了 70%，其中，上海城镇化水平最高，城镇化率已经接近 90%。与更大的尺度相比，长三角城市群 27 市中，上海→泰州共 19 个城市超过了长三角全域的平均城镇化率（66.69%），上海→盐城共 22 个城市超过了全国城镇化率（63.9%），低于全国城镇化率的 5 个城市中，有 4 个城市为安徽区域城市，包括滁州、宣城、池州和安庆，因此至 2025 年，长三角一体化发展要想完成常住人口城镇化率 70%的目标，安徽将是需要重点发力的地区。

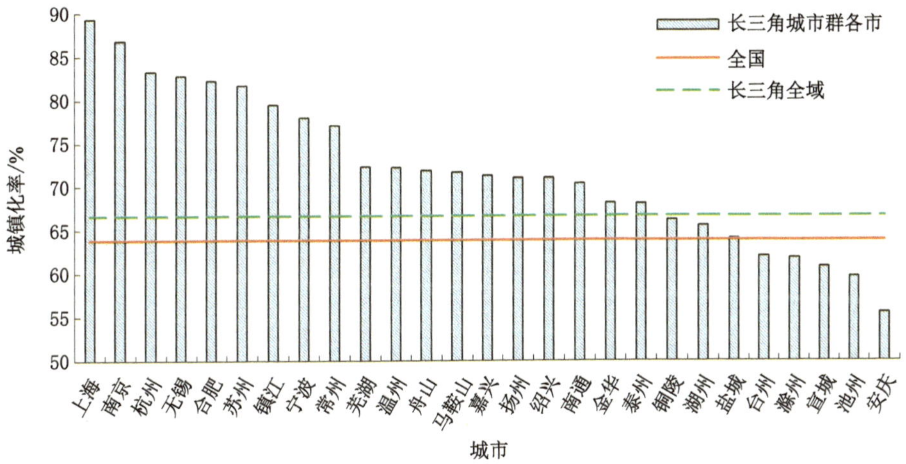

图 3-11　2020 年全国、长三角全域与长三角城市群各市常住人口城镇化率
（数据来源：上海市数据来自 2021 年中国统计年鉴，其他各市数据来自江苏省、浙江省、安徽省 2022 年统计年鉴，全国数据来自国家统计局网站）

3.4　城市环境

3.4.1　文化设施

博物馆是为社会服务的非营利性常设机构，它研究、收藏、保护、阐释和展

示物质与非物质遗产。在一个城市中，博物馆汇聚了最为重要的文化财富，代表着地区历史文化的形象，也是当下文化和旅游深度融合的重要目的地。如图 3-12 所示，至 2020 年，长三角城市群 27 市共有 989 个博物馆，其中上海的数量遥遥领先，有 149 个，上海→苏州共计 8 个城市的博物馆数量占长三角城市群的近 60%。排序在最后的 6 个城市共有博物馆 65 个，仅占长三角城市群的 6.57%，且这 6 个城市均属安徽区域，在城市居民的文化体验和消费需求日益增长的现实背景下，安徽区域应加强博物馆体系布局与发展，促进地域文化更为广泛地传播与传承，也为城市文旅融合的发展建设更多的创新阵地。

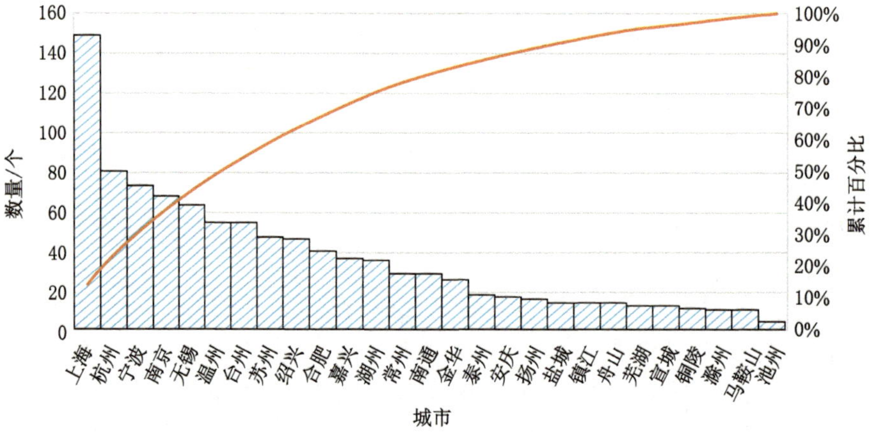

图 3-12　2020 年长三角城市群各市博物馆数量帕累托图
（数据来源：各市数据来自 2021 年中国城市统计年鉴）

3.4.2　绿地建设

“建成区绿地率”和“人均公园绿地面积”是我国相关统计中度量城市绿地建设水平最为重要的指标（刘志强 等，2015）。如图 3-13 所示，2020 年长三角城市群 27 市中，湖州→宁波共计 19 个城市建成区的绿化率超过了全国水平（42.1%），其余 8 个城市中，4 个为安徽区域城市，3 个为浙江区域城市，上海建成区绿化率最低，仅 37.32%。

人均公园绿地面积能切实衡量城市绿地建设与人居环境建设的水平（吴啸慧 等，2019）。如图 3-14 所示，至 2020 年，长三角城市群 27 市中，扬州人均公园绿地面积最高，达到 19.95 m^2，扬州→绍兴共计 17 个城市的人均公园绿地面积均超过了全国水平（14.78 m^2）。在人均公园绿地面积低于全国水平的

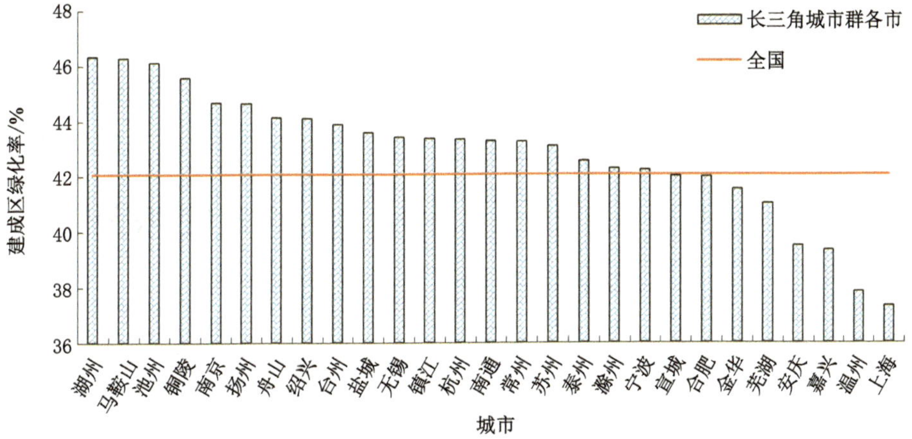

图 3-13　2020 年全国和长三角城市群各市建成区绿化率
（数据来源：各市数据来自 2021 年中国城市统计年鉴，全国数据来自国家统计局网站）

10 个城市中，有 7 个城市的常住人口数量位列长三角城市群前 10 位（图 3-9），这充分反映出长三角城市群中城市人口规模对人均公园绿地面积的制约十分显著，因此这些城市要在尊重城市人口集聚能力发展的客观规律的基础上，科学、高效地规划公园绿地建设，提高人均公园绿地面积，进而提升城市宜居环境。

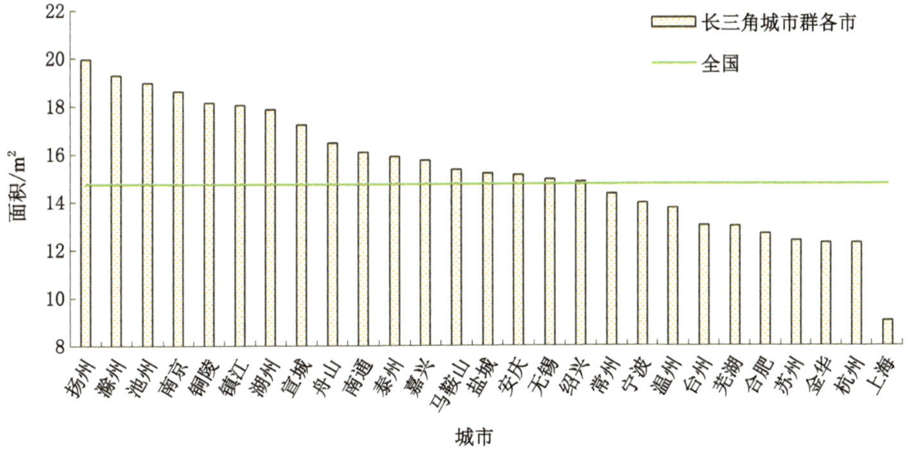

图 3-14　2020 年全国和长三角城市群各市人均公园绿地面积
（数据来源：各市数据来自 2021 年中国城市统计年鉴，全国数据来自国家统计局网站）

第4章 长三角城市群蓝绿景观格局时空演变及影响因素

在城市群旅游目的地景观体系中，蓝绿景观属于城市旅游体验的氛围景观，蓝绿景观的变化能够反映目的地的民生、文化、环境，展现城市形象和综合实力，并表征目的地人地关系的发展方向。如今，城市旅游发展与城市自身的发展日益相融成为有机体，良好的宜居、宜游、宜养的城市环境，可以满足人们追求美好物质生活和精神生活的愿望，目的地居民实现诗意栖居，旅游者前来寻求一段异地空间的、自由的体验以及诗意的生活(屈小爽 等，2019)。因此，本章针对长三角城市群的蓝绿景观展开研究，基于空间多尺度视角，运用景观生态学和空间计量模型等，剖析蓝绿景观格局的时空演变特征以及影响机理，以期为维护长三角城市群生态系统稳定性、促进人与自然和谐以及国土空间格局的优化等提供科学依据。

4.1 数据和方法

4.1.1 遥感数据来源及预处理

本研究选择美国陆地卫星 Landsat 系列影像，因其先进的空间探测性，可以长时间、大面积地对地表进行监测，所以被广泛地应用于火灾监测、草地退化、夜光监测、生态环保、军事行动以及农林牧渔等方面。数据包括 57 幅 Landsat 5 TM(Thematic Mapper)和 Landsat 8 OLI(Operational Land Imager)遥感影像，影像获取时间集中在 5—9 月，云量介于 0～5%之间，多为 0。影像来源于美国地质勘探局(USGS)。

Landsat TM/OLI 数据产品在发布前都已进行了基本的几何校正和地形校正，但卫星传感器在对地表进行拍摄的过程中，受到传感器本身及大气等诸多影响，在不同时空条件下拍摄的影像也存在差异。因此通过辐射定标和大气校正消除不变地物的辐射值差异是很有必要的。辐射矫正包括辐射定标和大气矫正两个步骤，通过上述处理可以消除由一系列外界因素对遥感影像数据的影响，得到记录地表真实反射率的数据。

4.1.2　遥感影像解译与土地利用分类

4.1.2.1　遥感解译分类方法

监督分类是指在已有经验的基础上，通过选取区分不同地类地物的区分样本，建立分类集合模板，从而自动匹配识别各种地类，进而提取各种地类总体的过程。目前 ENVI 监督分类中常用的分类器包括平行六面体、最小距离、马氏距离、最大似然、支持向量机等。支持向量机（SVM）在面对小样本、非线性的数据分类情况下，能够发挥其他机器学习方法难以达到的精度，具有独特优势（黄立贤 等，2011），SVM 已经广泛应用于图像识别、文本分类、生物信息等多个领域，故研究选用 SVM 方法对长三角城市群进行土地利用分类。

4.1.2.2　遥感影像波段选择

要选择合适的波段组合进行土地利用分类，需要了解各个波段所包含的信息，参考表 4-1 中各波段的波长及用途，Landsat 5 TM 影像选择波段 1、2、3、4、5 和 7 参与分类，Landsat 8 OLI 影像选择波段 2、3、4、5、6 和 7 参与分类。

表 4-1　Landsat TM/OLI 波段信息

Landsat 5 TM	Landsat 8 OLI	波段用途
无	B1：0.43～0.45 μm，海岸波段	用于海岸带观测
B1：0.45～0.52 μm，蓝光波段	B2：0.45～0.52 μm，蓝光波段	用于判别水深，研究浅海水下地形、水体浑浊度
B2：0.52～0.60 μm，绿光波段	B3：0.52～0.60 μm，绿光波段	可以识别植物类别和评价植物生产力，对水体具有一定穿透力，反映水下特征
B3：0.63～0.69 μm，红光波段	B4：0.63～0.68 μm，红光波段	处于叶绿素主要吸收带，用于区分植物类型、覆盖度，判断植物生长状况

表 4-1(续)

Landsat 5 TM	Landsat 8 OLI	波段用途
B4:0.76～0.90 μm,近红外波段	B5:0.85～0.89 μm,近红外波段	用于植物识别分类、生物量调查及作物长势测定
B5:1.55～1.75 μm,中红外波段	B6:1.56～1.66 μm,短波红外	用于分辨道路、裸露土壤和水,并且不同植被之间在该波段下的对比度较好
B6:10.40～12.50 μm,热红外波段	无	可根据辐射响应的差别进行农林区分,水体、岩石等地表特征识别,监测人类活动的热特征
B7:2.08～2.35 μm,远红外波段	B7:2.10～2.30 μm,短波红外	用于区分主要岩石类型,探测与交代岩石有关的黏土矿物
无	B8:0.5～0.68 μm,全色波段	覆盖的光谱范围较广,空间分辨率较其他波段高,多用于获取地面的几何特征
无	B9:1.36～1.39 μm,卷云波段	包含水汽强吸收特征,可用于云检测

4.1.2.3　土地利用分类及遥感解译标志

根据本研究的内容和目的,将研究区的地物分为6类,分别是:建设用地、草地、水域、耕地、林地和未利用地。同时,本研究的景观数据来自土地利用分类数据。

建立解译标志是地表土地利用类型提取的前提,关系分类的准确性和事实性。建立解译标志是通过识别不同地物类型的遥感特征来建立特征数据,并根据对应的特征影像从而找出不同地物样本的过程,所以为了提取土地利用数据,需要根据长三角城市群地区影像特征建立解译标志。对于6类地物,有不同的解译判读标志。① 建设用地:真彩色影像呈现淡蓝或白色,标准假彩色影像呈现墨绿色。成片状、线状或点状分布在河流或河谷旁。② 水域:真彩色影像呈现浅棕色,标准假彩色影像呈现浅绿色。几何特征明显,呈弯曲状或者大面积分布。③ 林地:真彩色影像呈现深绿色和绿色,标准假彩色影像呈现红色或暗红色。呈片状分布在一定坡度上,面积较大。④ 草地:真彩色影像呈现碧绿色,标准假彩色影像呈现粉红色。呈片状分布。⑤ 耕地:真彩色影像呈现土黄色或淡绿色,标准假彩色影像呈现灰色。呈片状或碎斑状分布在坡度较低处。⑥ 未利用地:真彩色影像呈现棕色,标准假彩色影像呈现暗浅绿色。呈小片状分布在山顶附近，周围分布有草地和林地。

4.1.2.4　分类后处理与精度评价

因为各期遥感影像时间跨度较大，影像质量之间存在差异，以及受分类方法的影响，所以在 ENVI 5.3 软件中基于 SVM 方法提取长三角城市群地区 2000—2020 年土地利用类型数据后，会使分类结果存在个别土地利用类型误分或混分的问题，因此需要进行过滤处理以及修改错误图斑等分类后处理，这样才能使长三角城市群地区 5 期土地利用分类结果与 Landsat 遥感影像均呈现出较高的一致性。

本研究中分类的精度主要取决于计算机监督分类的准确性。为了保证分类结果与实际情况相符，需要对分类结果进行评价，以确定分类的精度和可靠性。研究的方式采用了混淆矩阵，通过检验后，长三角地区的 5 期遥感影像分类的总体分类精度分别为：0.90、0.92、0.94、0.93、0.95，Kappa 系数分别为：0.88、0.92、0.91、0.87、0.90，分类精度均满足研究要求。最后，基于影像解译的土地利用分类，获得长三角城市群 2000 年、2005 年、2010 年、2015 年、2020 年 5 个时期的景观类型分布图，如图 4-1 所示。

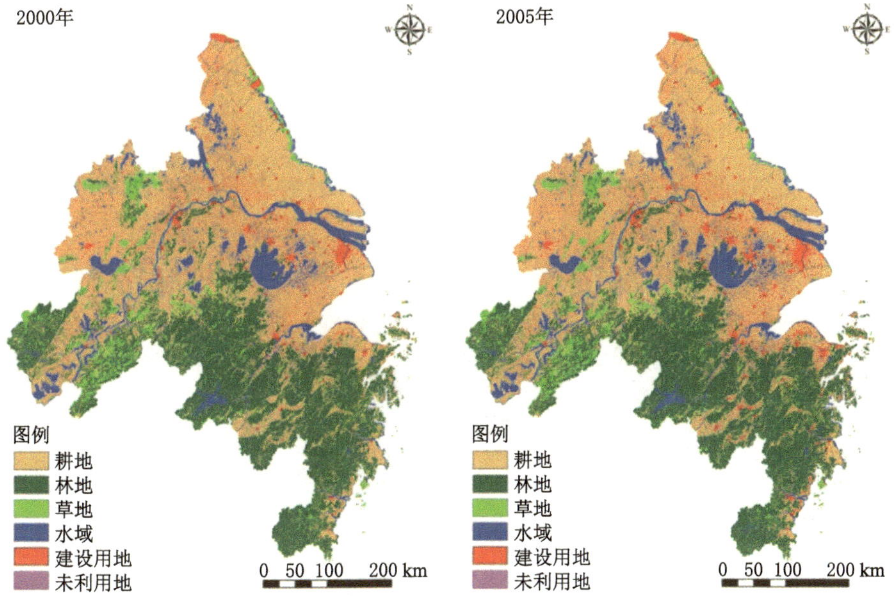

图 4-1　2000 年、2005 年、2010 年、2015 和 2020 年长三角城市群景观类型分布图

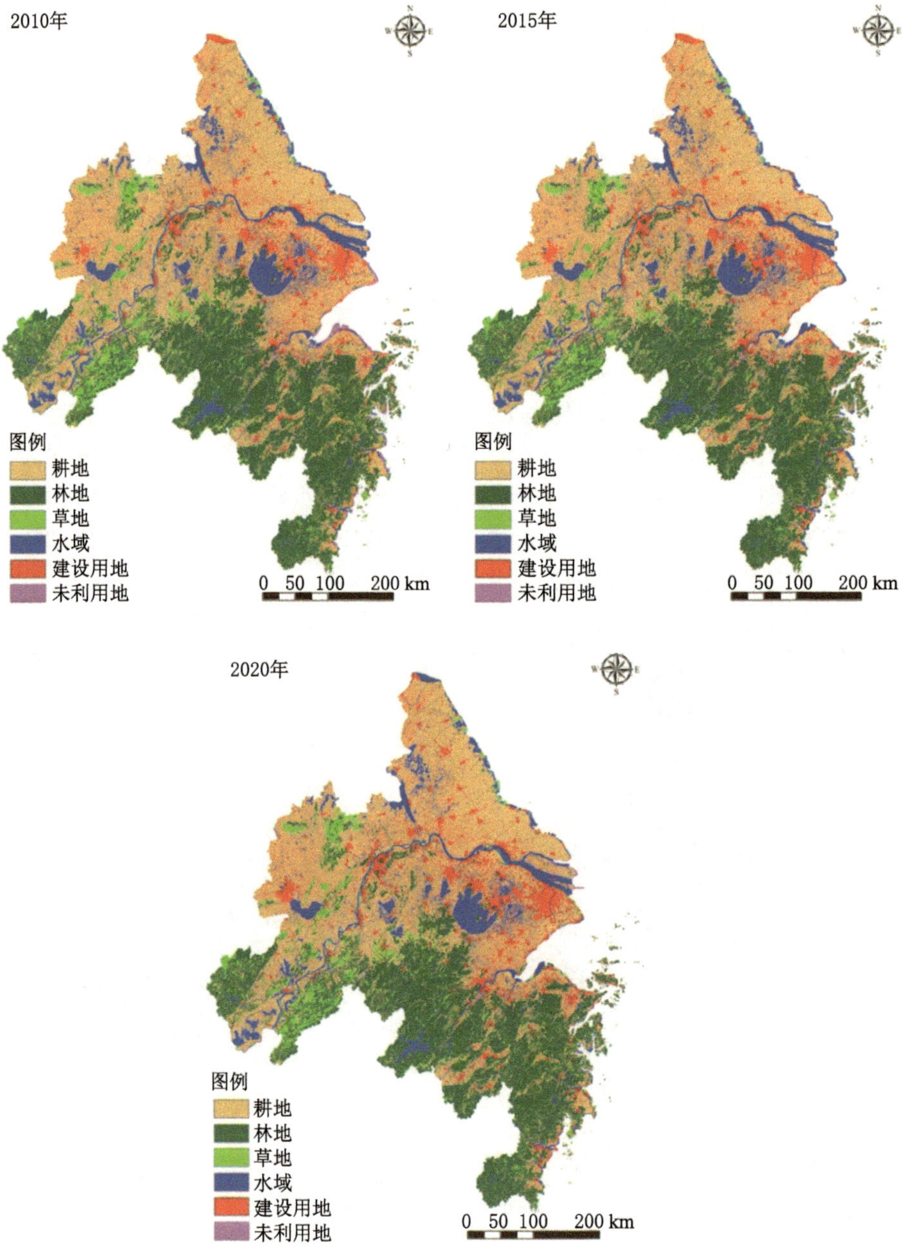
2010年
图例
耕地
林地
草地
水域
建设用地
未利用地
0 50 100 200 km
2015年
图例
耕地
林地
草地
水域
建设用地
未利用地
0 50 100 200 km
2020年
图例
耕地
林地
草地
水域
建设用地
未利用地
0 50 100 200 km

图 4-1 （续）

4.1.3　土地利用转移矩阵

土地利用转移矩阵来源于系统分析中对系统状态与状态转移的定量描述，它不仅能够反映一定时间内与结构特征相关的各种土地利用/覆被变化(LUCC)及改变的方向，还可以用来揭示土地利用构成的景观格局的时空演化过程(全斌，2010；朱振亚，2018)。常用的土地利用状态转移矩阵可以是土地利用/景观的面积，也可以是土地利用/景观转换的概率，其他称为 Markov 转移(概率)矩阵，表达形式为：

$$\boldsymbol{S}_{ij} = \begin{bmatrix} S_{11} & \cdots & S_{1n} \\ \vdots & \ddots & \vdots \\ S_{n1} & \cdots & S_{nn} \end{bmatrix} \quad (i = 1, \cdots, 6; j = 1, \cdots, 6; i \neq j) \tag{4-1}$$

根据式(4-1)，在本研究中，S_{ij} 是从t_1 时刻到t_2 时刻第 i 类景观转移为第 j 类景观的面积(概率)；n 为景观类型数量；S_{ii} 为从t_1 时刻到t_2 时刻第 i 类景观保持不变的面积(概率)。$\sum_{j=1}^{n} S_{ij}$ 是t_1 时刻第 i 类景观的总面积(概率)，$\sum_{i=1}^{n} S_{ij}$ 是 t_2 时刻第 j 类景观的总面积(概率)。$\sum_{j=1}^{n} (S_{ij} - S_{ii})$ 是$t_1 \rightarrow t_2$ 期间第 i 类景观面积(概率)的变化量，$\sum_{i=1}^{n} (S_{ij} - S_{jj})$ 是$t_1 \rightarrow t_2$ 期间第 j 类景观面积(概率)的变化量。

4.1.4　土地利用动态度

土地利用类型的动态度可以表征景观类型面积动态变化过程，反映景观类型变化的速度，从而了解景观类型变化的强度以及预测景观的变化趋势(吴琳娜 等，2014；张丽 等，2014)。通常可用综合动态度和单一动态度两个指标来度量景观的变化速率。

综合动态度能够反映人类活动对研究区所有景观变化的整体影响，计算公式为：

$$K_s = \sum_{i=1}^{n} |\Delta U_{i-j}| \Big/ 2\sum_{i=1}^{n} U_i \times T^{-1} \times 100\% \tag{4-2}$$

式中，K_s 为某研究期内的综合动态度；n 是景观类型数量；U_i是研究期某种景观类型的期初面积；ΔU_{i-j}是研究期内第 i 类景观类型转为非 i 类景观类型面积的绝对值；T 为研究期时长。本研究中，T 取值为年，那么K_s 即为研究区内所有景观类型面积的年综合变化率。

单一动态度可以反映人类活动对研究区某类景观的具体影响，计算公式为：

$$K=\frac{|U_b-U_a|}{U_a}\times\frac{1}{T}\times 100\% \tag{4-3}$$

式中，K 为某研究期内的单一动态度；U_a 和 U_b 分别是期初和期末面积；T 为研究时年。因此，K 又是研究区内某种景观类型面积的年变化率。

4.1.5 景观格局指数

利用景观格局指数用于对景观空间结构和配置等方面的特征进行定量分析，是景观格局演变研究的基础，也是目前常用的分析方法（陈玲玲 等，2016b；支林蛟 等，2021）。景观空间格局指数非常丰富，因此出现了专门针对于此的软件，即 FRAGSTATS，它所计算的指数包括 3 个等级，即景观斑块水平（patch-level）、景观类型水平（class-level）以及景观水平（landscape-level）尺度的度量指标（邬建国，2007）。斑块水平指数对解释整个景观结构意义有限，因此在广泛参考前人研究并结合实际需要的基础上，本研究在景观类型水平和景观水平上选择相对独立的指数进行分析，其生态学意义简要介绍如下（李广东 等，2019；邱成澜 等，2022）。

（1）CA

CA 为斑块类型面积，CA＞0，度量的是景观的组分，也是计算其他指标的基础。CA 具有重要的生态学意义，对物种丰度、数量等均有制约作用。一般来说，斑块中能量和矿物养分的总量与其面积成正比，为了理解和管理景观，往往需要首先了解斑块的面积大小。

（2）NP

NP 在景观类型水平上是指某一种景观类型的斑块总数，在景观水平上是指景观中所有的斑块总数，公式为：

$$\mathrm{NP}=N_i \tag{4-4}$$

式中，N_i 是景观中类型 i 所包含的斑块数量。NP≥1，NP 的值与景观破碎度联系紧密，NP 越大表明景观破碎化程度越高，NP 越小破碎化程度越低。

（3）PD

PD 为斑块密度，在景观类型水平上表示某种景观类型单位面积的斑块数量（PD_i），在景观水平上表示景观中全部异质景观要素斑块的单位面积斑块数量（PD），公式为：

$$\mathrm{PD}=\frac{1}{A}\sum_{j=1}^{m}N_i;\mathrm{PD}_i=\frac{N_i}{A_i} \tag{4-5}$$

式中，m 指景观要素类型总数；A 为景观总面积；A_i 是第 i 类景观要素总面积。PD＞0，可反映出景观整体的异质性与破碎度以及某一类型的斑块分化程度；PD 值越大，景观破碎化程度越高，也预示着景观生态过程比较活跃。

(4) ED

ED 包括景观水平上以及景观类型水平上的边缘密度，分别称为景观总体边缘密度和景观要素边缘密度，公式为：

$$\mathrm{ED}=\frac{1}{A}\sum_{i=1}^{m}\sum_{j=1}^{m}p_{ij}\quad(i\neq j) \tag{4-6}$$

式中，p_{ij} 为景观中第 i 类景观类型斑块与第 j 类景观类型斑块之间的边界长度。ED 用于揭示景观或类型被边界分割的破碎程度，在一定程度反映人为因素对景观的干扰强度。

(5) LPI

$$\mathrm{LPI}=\frac{\max(a_i)}{A}\times 100\% \tag{4-7}$$

式中，LPI 为最大斑块指数；$\max(a_i)$ 是某一种类型中最大斑块的面积。

LPI 为最大斑块面积与景观的面积比值，LPI∈(0，100]，LPI 的取值高低能够用来判断景观中的优势景观类型，其值的动态变化反映景观受干扰程度的大小。

(6) IJI

$$\mathrm{IJI}=\frac{-\sum_{i=1}^{m}\sum_{j=i+1}^{m}\left(\frac{p_{ij}}{E}\right)\cdot\ln\left(\frac{p_{ij}}{E}\right)}{\ln[0.5\times(m-1)]}\times 100\% \tag{4-8}$$

式中，IJI 为散布与并列指数；E 为整个景观中的边缘总长度，但是不包括背景部分。取值范围：0＜IJI≤100，IJI 表示各类斑块散布与并列的状况，也就是各个斑块类型混合分布的程度，当各斑块都仅与一种其他类型斑块相临时，IJI 趋向于 0；当各斑块与其他所有斑块类型相邻概率相同时，IJI 趋向于 100。

IJI 可以用来表征景观总体分散情况，指标越大，说明不同斑块交替出现的规律越明显，景观类型较为分散，形状复杂，同质斑块聚集程度低。

(7) PAFRAC

$$\mathrm{PAFRAC}=\frac{2}{\dfrac{n_i\sum_{j=1}^{n}(\ln p_{ij}-\ln a_{ij})-\left(\sum_{j=1}^{n}\ln p_{ij}\right)\left(\sum_{j=1}^{n}\ln a_{ij}\right)}{n_i\sum_{j=1}^{n}\ln p_{ij}^2-\sum_{j=1}^{n}\ln p_{ij}}} \tag{4-9}$$

式中，PAFRAC 为周长面积分维数，指景观不规则几何形状的非整数维数，反映景观形状复杂程度；n 是斑块总个数；n_i 是斑块类型 i 的数量；a_{ij} 是第 i 类景观类型中第 j 个斑块的面积；p_{ij} 是第 i 类景观类型中第 j 个斑块的周长。$1 \leqslant \text{PAFRAC} \leqslant 2$，PAFRAC 指数能在一定程度上反映出人类活动对景观格局的干扰程度。当指数值越趋于 1 时，说明景观中斑块形状较简单，受人类活动干预程度较大；指数值越接近 2，形状越复杂，受人类活动干扰程度越小。当指数值接近 1.5 时，说明景观类型处于不稳定的状态（范钦栋，2017）。

（8）AI

$$\text{AI} = \left[\frac{g_{ii}}{\max \rightarrow g_{ii}}\right] \times 100\% \tag{4-10}$$

式中，AI 指聚合度指数；g_{ii} 为相应景观类型的相似邻接斑块数量。$\text{AI} \in (0,100]$，AI 考察了每一种景观类型斑块间的连通性，AI 值越小，景观越离散。

（9）CONTAG

$$\text{CONTAG} = \left\{1 + \frac{\sum_{i=1}^{m}\sum_{k=1}^{m}\left[p_i\left(\frac{g_{ik}}{\sum_{k=1}^{m} g_{ik}}\right)\right]\left[\ln p_i\left(\frac{g_{ik}}{\sum_{k=1}^{m} g_{ik}}\right)\right]}{2\ln m}\right\} \times 100\% \tag{4-11}$$

式中，CONTAG 指蔓延度指数；p_i 为景观斑块类型 i 所占据的面积比率；m 为景观类型的个数；g_{ik} 是 i 类型斑块和 k 类型斑块毗邻的数目。$\text{CONTAG} \in (0,100]$，反映景观里不同斑块类型的团聚程度或延展趋势。由于该指标包含空间信息，是描述景观格局的最重要的指数之一。CONTAG 大，说明景观中的某种优势斑块类型形成了良好的连接性；反之，表明景观是具有多种要素的密集格局，景观的破碎化程度较高。

（10）SHDI

$$\text{SHDI} = -\sum_{1}^{m}(p_i \ln p_i) \tag{4-12}$$

式中，SHDI 为香农多样性指数，是景观水平的度量指标。$\text{SHDI} \geqslant 0$，当 $\text{SHDI} = 0$ 时，表明研究区景观类型单一，且整个景观只有一个斑块构成；SHDI 越大，表明景观类型越多，破碎化程度越高。

（11）SHEI

$$\text{SHEI} = \frac{-\sum_{1}^{m}(p_i \ln p_i)}{\ln m} \tag{4-13}$$

式中，SHEI 是香农均匀度指数，等于香农多样性指数除以给定景观丰度下的最大可能多样性(各拼块类型均等分布)。SHEI∈[0,1]，SHEI 值小，则景观中可能存在优势斑块类型支配该景观；SHEI 值大，接近于 1 时，表明景观中斑块类型分布均匀，不存在明显的优势类型。SHEI 与 SHDI 指数一样，是比较不同景观或同一景观不同时期多样性变化的有力工具。

4.1.6　空间计量模型

城市景观的演变是多种因素交织影响和共同作用的结果，学者通常利用定性或定量研究的方法进行分析，对于定量研究，可通过景观(因变量)与因素(自变量)之间的线性或非线性建模进行(刘汉初 等，2019；王海军 等，2021)。在考虑因变量与自变量空间相关性的基础上，空间计量模型通过对一般线性回归模型加以改进，引入空间权重矩阵，从而使回归估计系数更加准确(贾卓 等，2020)，它包括了空间误差模型(SEM)和空间滞后模型(SLM)两种，因此，本研究利用空间计量模型对城市群蓝绿景观演变的影响因素进行分析。

① 空间误差模型(SEM)，通过衡量相邻地区因变量误差项的变化来体现空间相关性，表达式为：

$$Y = X\beta + \lambda W_u + \varepsilon \tag{4-14}$$

式中，Y 为因变量；X 为自变量；β 为预估参数；λ 为空间自相关系数；W_u 为空间误差因变量；ε 为随机误差项。

② 空间滞后模型(SLM)，主要考察因变量在空间上是否有溢出效应，表达式为：

$$Y = X\beta + \rho W_y + \varepsilon \tag{4-15}$$

式中，Y 为因变量；X 为自变量；β 为预估参数；ρ 为空间滞后系数；W_y 为空间滞后因变量；ε 为随机误差项。

4.2　蓝绿景观总体变化

4.2.1　城市群尺度总体变化

如图 4-1 所示，在城市群尺度上，2000—2020 年，长三角景观整体发生了显著的变化，建设景观大幅度增加，挤占了原有其他景观类型的空间，极易导致研究区景观格局、过程、功能等发生连锁性的系列改变。

由表 4-2 可知，基于土地分类来看，长三角城市群以蓝绿景观为主，尤其是以耕地和林地为主导，二者的面积之和在 2000 年时超过总面积的 80%，其次是水域和建设用地，草地和未利用地的面积和比重则较小。经过 2000—2020 年的发展，蓝绿景观中，耕地的面积经历了先下降、后增加、又下降的过程，总体呈下降态势，面积共减少 13 089.43 km^2；林地和草地的面积也波动变化，整体面积的变化较小，20 年间分别减少了 514.72 km^2 和 279.78 km^2。蓝绿景观中的水域以及两类非蓝绿景观——建设景观和未利用地景观均呈现增加趋势，尤其是建设用地增加最为显著，20 年增加了 13 698.95 km^2，水域和未利用地分别增加了 1 138.39 km^2 和 282.61 km^2。

表 4-2　2000—2020 年长三角城市群景观面积及比重变化

年份	指标	蓝绿景观				非蓝绿景观		总计
		耕地	林地	草地	水域	建设用地	未利用地	
2000 年	面积/km^2	112 896.72	65 477.86	8 154.39	18 720.26	16 630.95	41.34	221 921.53
	比重/%	50.87	29.50	3.67	8.44	7.49	0.02	100
2005 年	面积/km^2	109 339.01	65 300.62	8 050.32	19 071.62	20 128.22	42.25	221 932.04
	比重/%	49.27	29.42	3.63	8.59	9.07	0.02	100
2010 年	面积/km^2	103 793.80	64 944.69	7 615.80	19 893.46	25 504.57	1 062.80	222 815.12
	比重/%	46.58	29.15	3.42	8.93	11.45	0.48	100
2015 年	面积/km^2	101 526.64	64 841.47	7 537.97	20 473.56	28 214.58	211.19	222 805.41
	比重/%	45.57	29.10	3.38	9.19	12.66	0.09	100
2020 年	面积/km^2	99 807.30	64 963.14	7 874.61	19 858.65	30 329.91	323.95	223 157.56
	比重/%	44.73	29.11	3.53	8.90	13.59	0.15	100

注：长三角地区泥沙在长江入海口处不断地沉积，使海岸线向外延伸，入海口冲积平原面积增大，同时浙江沿海一带陆海边界变化，使得整个研究区面积有所增大。

从比重上看，发展至 2020 年，景观类型的比重排序依次为耕地（44.73%）＞林地（29.11%）＞建设景观（13.59%）＞水域（8.90%）＞草地（3.53%）＞未利用地景观（0.15%）。其中，建设景观的占比相比 2000 年已经远远超过了水域。总体来看，经过 20 年的城市（群）化快速发展，长三角城市群的绿色空间受到建设空间的极大挤占，蓝色空间面积虽略有增长，但远远无法与非蓝绿空间过于显著的扩张态势相提并论。

4.2.2　区域尺度总体变化

分区域来看(表 4-3),研究初期(2000 年),上海、江苏、浙江和安徽区域的土地利用景观均以蓝绿景观为主,但具体的景观类型有较大差异。上海和江苏均以耕地和水域为主,两者的面积之和均约为区域总面积的 80%,其次是建设景观,而后是林草景观;浙江以林地和耕地景观为主,两者面积占比近 90%,其次是建设景观、水域和草地景观;安徽以耕地和林地景观为主,两者面积占比约 80%,其次是草地和水域景观,面积占比约 15%,而后是建设景观。

表 4-3　2000—2020 年长三角城市群各区域景观面积及比重变化

区域	年份	指标	蓝绿景观				非蓝绿景观	
			耕地	林地	草地	水域	建设用地	未利用地
上海	2000 年	面积/km^2	4 550.33	103.08	12.82	1 734.83	1 450.11	0.00
		比重/%	57.96	1.31	0.16	22.10	18.47	0.00
	2005 年	面积/km^2	4 235.76	111.23	20.00	1 635.41	1 848.83	0.00
		比重/%	53.95	1.42	0.25	20.83	23.55	0.00
	2010 年	面积/km^2	3 769.72	101.48	19.67	1 610.51	2 349.63	149.32
		比重/%	47.12	1.27	0.25	20.13	29.37	1.87
	2015 年	面积/km^2	3 596.38	98.26	14.84	1 728.41	2 562.02	0.00
		比重/%	44.96	1.23	0.19	21.61	32.03	0.00
	2020 年	面积/km^2	3 330.08	109.35	75.80	1 472.50	2 876.41	183.57
		比重/%	41.38	1.36	0.94	18.30	35.74	2.28
江苏	2000 年	面积/km^2	45 531.17	2 091.29	1 083.94	8 913.23	7 617.41	12.94
		比重/%	69.78	3.21	1.66	13.66	11.67	0.02
	2005 年	面积/km^2	44 410.88	2 092.56	1 003.32	9 159.00	8 571.43	12.96
		比重/%	68.06	3.21	1.54	14.04	13.14	0.02
	2010 年	面积/km^2	40 805.51	2 026.00	563.03	10 028.39	11 679.10	205.38
		比重/%	62.48	3.10	0.86	15.36	17.88	0.31
	2015 年	面积/km^2	40 163.91	2 023.35	543.12	9 990.77	12 413.95	172.30
		比重/%	61.50	3.10	0.83	15.30	19.01	0.26
	2020 年	面积/km^2	39 736.33	1 978.64	634.18	9 955.15	12 906.13	98.78
		比重/%	60.84	3.03	0.97	15.24	19.76	0.15

表 4-3(续)

区域	年份	指标	蓝绿景观				非蓝绿景观	
			耕地	林地	草地	水域	建设用地	未利用地
浙江	2000 年	面积/km²	24 730.90	44 130.44	1 622.01	2 756.12	3 364.59	23.82
		比重/%	32.27	57.59	2.12	3.60	4.39	0.03
	2005 年	面积/km²	22 835.34	43 944.71	1 597.59	2 911.06	5 323.54	24.69
		比重/%	29.80	57.34	2.08	3.80	6.95	0.03
	2010 年	面积/km²	22 275.98	43 742.68	1 636.99	2 852.78	6 102.67	703.00
		比重/%	28.81	56.58	2.12	3.69	7.89	0.91
	2015 年	面积/km²	21 573.64	43 715.07	1 626.01	3 272.21	7 089.88	30.39
		比重/%	27.91	56.55	2.10	4.23	9.17	0.04
	2020 年	面积/km²	20 574.66	43 859.08	1 781.11	3 026.35	8 342.36	26.99
		比重/%	26.51	56.51	2.29	3.90	10.75	0.03
安徽	2000 年	面积/km²	38 084.31	19 153.05	5 435.62	5 316.08	4 198.84	4.58
		比重/%	52.75	26.53	7.53	7.36	5.82	0.01
	2005 年	面积/km²	37 857.04	19 152.12	5 429.41	5 366.15	4 384.42	4.60
		比重/%	52.44	26.53	7.52	7.43	6.07	0.01
	2010 年	面积/km²	36 942.59	19 074.53	5 396.10	5 401.77	5 373.18	5.12
		比重/%	51.17	26.42	7.47	7.48	7.44	0.01
	2015 年	面积/km²	36 192.71	19 004.79	5 354.00	5 482.17	6 148.72	8.50
		比重/%	50.13	26.33	7.42	7.59	8.52	0.01
	2020 年	面积/km²	36 166.22	19 016.07	5 383.52	5 404.65	6 205.01	14.61
		比重/%	50.10	26.34	7.46	7.49	8.60	0.02

20 年来，4 个区域的建设景观均大幅增加，安徽的建设景观增幅最小，浙江的增幅最大。4 个区域的蓝绿景观均有不同程度的减少，上海的耕地和水域景观逐渐减少；江苏和安徽的耕地、林地和草地景观逐渐减少；浙江的耕地和林地景观逐渐减少。经过建设景观和蓝绿景观的增减更迭，各个区域的景观结构也随之改变，至 2020 年，上海和江苏的土地利用景观改变为耕地和建设景观为主，其次是水域景观，而后是林草景观；浙江各景观类型面积有变，但景观整体结构并没有受到影响；安徽仍以耕地和林地景观为主，其次调整为建设景观、水域和草地景观。

4.3　蓝绿景观空间转移变化

4.3.1　城市群尺度蓝绿景观空间转移特征

通过土地利用转移矩阵研究蓝绿景观的具体变化，既能了解长三角城市群城市化进程的发展，又能把握长三角城市群旅游资源基础和生态基础的变化。因此，根据式(4-1)获得蓝绿景观等各类型景观分别在 4 个样本研究期内的转移矩阵，具体见表 4-4。

表 4-4　长三角城市群蓝绿景观转移矩阵

(2000—2005 年，2005—2010 年，2010—2015 年，2015—2020 年)　单位：km^2

景观类型			2005 年						转出面积
			蓝绿景观				非蓝绿景观		
			耕地	林地	草地	水域	建设用地	未利用地	
2000 年	蓝绿景观	耕地	—	472.73	20.80	719.05	3 621.73	0.91	4 835.21
		林地	444.26	—	105.08	65.06	196.56	2.30	813.26
		草地	63.49	119.52	—	38.99	24.72	1.59	248.30
		水域	333.28	27.85	21.64	—	110.70	0.00	493.48
	非蓝绿景观	建设用地	319.33	19.19	1.76	24.18	—	0.08	364.54
		未利用地	0.21	0.81	0.02	0.34	2.52	—	3.89
转入面积			1 160.57	640.09	149.30	847.62	3 956.23	4.87	—
景观类型			2010 年						转出面积
			蓝绿景观				非蓝绿景观		
			耕地	林地	草地	水域	建设用地	未利用地	
2005 年	蓝绿景观	耕地	—	508.80	45.01	798.57	5 894.47	59.63	7 306.49
		林地	501.26	—	114.75	37.92	287.62	33.19	974.75
		草地	67.14	78.47	—	344.76	116.43	65.56	672.35
		水域	312.12	22.63	42.28	—	303.11	8.96	689.09
	非蓝绿景观	建设用地	694.05	47.60	33.15	276.88	—	36.50	1 088.17
		未利用地	0.24	1.82	0.29	0.33	1.57	—	4.25
转入面积			1 574.80	659.32	235.47	1 458.45	6 603.20	203.85	—

表 4-4(续)

景观类型			2015 年						转出面积
			蓝绿景观				非蓝绿景观		
			耕地	林地	草地	水域	建设用地	未利用地	
2010 年	蓝绿景观	耕地	—	486.42	46.03	382.80	2 912.68	1.65	3 829.57
		林地	459.72	—	82.86	33.68	185.10	3.11	764.46
		草地	55.64	96.71	—	19.37	47.41	1.59	220.71
		水域	286.11	25.72	12.32	—	241.52	0.35	566.02
	非蓝绿景观	建设用地	637.62	49.87	6.33	46.62	—	1.46	741.91
		未利用地	55.64	4.49	0.50	655.52	139.64	—	855.80
转入面积			1 494.73	663.21	148.04	1 137.99	3 526.34	8.15	—
景观类型			2020 年						转出面积
			蓝绿景观				非蓝绿景观		
			耕地	林地	草地	水域	建设用地	未利用地	
2015 年	蓝绿景观	耕地	—	2 081.61	247.37	888.77	4 873.89	16.98	8 108.61
		林地	1 769.13	—	401.81	110.76	465.66	9.02	2 756.38
		草地	257.76	367.69	—	137.95	77.42	0.95	841.76
		水域	1 200.41	122.09	373.59	—	588.20	145.67	2 429.96
	非蓝绿景观	建设用地	2 979.55	230.15	108.78	589.45	—	20.45	3 928.38
		未利用地	63.14	9.47	25.10	15.14	6.46	—	119.31
转入面积			6 270.00	2 811.00	1 156.65	1 742.06	6 011.63	193.07	—

由表 4-4 可知，2000—2005 年，从转出角度看，长三角城市群蓝绿景观中，耕地主要转向建设用地(5 894.47 km^2)和水域(798.57 km^2)，林地主要转向耕地(501.26 km^2)和建设用地(287.62 km^2)，草地主要转向林地(119.52 km^2)和耕地(63.49 km^2)，水域主要转向耕地(333.28 km^2)和建设用地(303.11 km^2)。从转入贡献来看，对耕地贡献最大的是林地(444.26 km^2)和水域(333.28 km^2)，对林地贡献最大的是耕地(472.73 km^2)和草地(119.52 km^2)，对草地贡献最大的是林地(105.08 km^2)，对水域贡献最大的是耕地(719.05 km^2)。从转出和转入总量看，2000—2005 年，对蓝绿景观贡献最大的仍是蓝绿景观之间的相互变换，但蓝绿景观共转出了 6 390.24 km^2，仅转入了 2 797.58 km^2，蓝绿景观在这一阶段属于面积净转出状态。

2005—2010 年，蓝绿景观中，耕地主要转向水域和林地，林地主要转向耕地和建设用地，草地主要转向水域和建设用地，水域主要转向耕地和建设用地。从转入视角看，对耕地贡献最大的是建设用地和林地，对林地贡献最大的是耕地，对草地贡献最大的是林地，对水域贡献最大的是耕地和草地。与 2000—2005 年相比，非蓝绿景观，尤其是建设景观对蓝绿景观的转入贡献有较大提升，增加了 687.21 km^2；但是，相较之下，蓝绿景观对建设景观的转入贡献更大，相比上一阶段增加了 2 646.97 km^2。因此，2005—2010 年，蓝绿景观仍属于净转出状态，且净转出面积由上一阶段的 3 592.66 km^2 急剧提升至 5 714.64 km^2。

再看 2010—2015 年的情况，耕地主要转向建设用地和林地，林地主要转向耕地和建设用地，草地主要转向林地和耕地，水域主要转向耕地和建设用地。对耕地转入贡献最大的是建设用地和林地，对林地转入贡献最大的是耕地，对草地转入贡献最大的是耕地和林地，对水域转入贡献最大的是未利用地和耕地。在这一阶段，蓝绿景观共转出面积 5 380.76 km^2，各类景观共转入蓝绿景观 3 443.97 km^2，因此，蓝绿景观继续净转出，净转出面积较前两个阶段有大幅下降，为 1 936.79 km^2。

2015—2020 年，耕地主要转向建设用地和林地，林地主要转向耕地和建设用地，草地主要转向林地和耕地，水域主要转向耕地和建设用地。对耕地转入贡献最大的是建设用地和林地，对林地转入贡献最大的是耕地，对草地转入贡献最大的是林地和水域，对水域转入贡献最大的是耕地和建设用地。在这一时期，蓝绿景观的转入和转出贡献均显著提升，共转出 14 136.71 km^2，各类景观转入蓝绿景观 11 979.71 km^2，因此，蓝绿景观净转出的趋势并未改变，相比上一阶段略有回升。

图 4-2 清晰勾勒了 2000—2020 年 4 个研究样本阶段的蓝绿景观净转出动态变化，蓝绿景观整体始终处于净转出状态，主要由耕地景观形成并主导，自 2010 年起净转出面积显著降低。林地和草地景观的变化也比较类似，自 2010 年起，净转出面积相比之前两个阶段显著下降，并且到了 2015—2020 年，林地和草地景观转变为了净转入状态；相反，水域景观在前三个样本阶段均为净转入状态，却在 2015—2020 年转变为了净转出状态。

在把握了每个样本阶段蓝绿景观的动态变化后，表 4-5 给出了 2000—2020 年长三角城市群景观整体变化的转移矩阵。20 年间，蓝绿景观中，耕地主要用于城市开发建设，且转出面积远大于转入面积；林地主要转向了耕地和用于城市建设，导致转出面积略大于转入面积；草地主要转向了其他蓝绿景观，且贡献出去的要更多；水域是唯一一类转入面积大于转出面积的蓝绿景观，得益于耕地对其具有最大的转入贡献。

图 4-2　长三角城市群蓝绿景观净转出面积变化

表 4-5　2000—2020 年长三角城市群蓝绿景观转移矩阵　单位：km²

景观类型			2020 年						转出面积
			蓝绿景观				非蓝绿景观		
			耕地	林地	草地	水域	建设用地	未利用地	
2000 年	蓝绿景观	耕地	—	2 399.29	255.55	1 925.22	14 661.85	33.95	19 275.85
		林地	2 011.30	—	485.30	170.39	888.59	37.71	3 593.28
		草地	361.35	440.44	—	499.21	183.66	7.00	1 491.67
		水域	1 150.09	97.66	303.84	—	792.70	146.86	2 491.15
	非蓝绿景观	建设用地	2 108.15	99.77	30.07	610.90	—	12.08	2 860.97
		未利用地	1.46	5.10	0.30	1.84	4.72	—	13.42
转入面积			5 632.36	3 042.27	1 075.05	3 207.56	16 531.50	237.60	—

综合表 4-4、图 4-2、表 4-5 及转移矩阵特征分析可知，耕地主导了长三角城市群蓝绿景观的动态变化，并为建设空间做出了主要贡献，从而推动了长三角城市(群)化的快速发展。但是，耕地、林地和草地自 2010 年起净转出面积均不同程度下降，林草景观在 2015—2020 年还实现了净转入，说明随着生态文明建设以及还林还草工程的进行，蓝绿空间的流失程度在减弱，城市蓝绿景观的生态功能和重要性在实践中受到了重视。此外，尽管水域面积在 2015—

2020 年处于净转出状态，但却是唯一一类在整个研究期内实现面积净转入的蓝绿景观。

4.3.2　区域尺度蓝绿景观空间转移特征及对比

4.3.2.1　上海区域分析

运用同样的方法分别计算 4 个区域在各个样本研究期蓝绿景观转换的面积，结果见表 4-6、表 4-7、表 4-8 和表 4-9。

表 4-6　上海区域蓝绿景观转移矩阵

（2000—2005 年，2005—2010 年，2010—2015 年，2015—2020 年及 2000—2020 年）

单位：km^2

景观类型			2005 年						转出面积
			蓝绿景观				非蓝绿景观		
			耕地	林地	草地	水域	建设用地	未利用地	
2000 年	蓝绿景观	耕地	—	11.76	0.09	20.55	393.93	0.00	315.09
		林地	1.76	—	0.00	0.61	4.96	0.00	−8.16
		草地	0.67	1.96	—	0.19	0.07	0.00	−7.17
		水域	81.27	1.01	9.95	—	29.03	0.00	99.32
	非蓝绿景观	建设用地	27.56	0.76	0.01	0.59	—	0.00	−399.08
		未利用地	0.00	0.00	0.00	0.00	0.00	—	0.00
景观类型			2010 年						转出面积
			蓝绿景观				非蓝绿景观		
			耕地	林地	草地	水域	建设用地	未利用地	
2005 年	蓝绿景观	耕地	—	2.02	0.10	5.99	484.62	0.05	466.23
		林地	1.36	—	0.00	0.19	11.22	0.00	9.76
		草地	0.12	0.00	—	0.33	0.11	0.01	0.33
		水域	4.45	0.47	0.12	—	27.36	0.04	24.97
	非蓝绿景观	建设用地	20.61	0.53	0.01	0.97	—	0.03	−501.15
		未利用地	0.00	0.00	0.00	0.00	0.00	—	−0.13

表 4-6(续)

景观类型			2015 年						转出面积
			蓝绿景观				非蓝绿景观		
			耕地	林地	草地	水域	建设用地	未利用地	
2010 年	蓝绿景观	耕地	—	0.90	0.07	3.17	202.92	0.00	173.48
		林地	0.91	—	0.00	0.23	3.52	0.00	3.23
		草地	3.40	0.00	—	0.33	1.26	0.00	4.83
		水域	10.90	0.16	0.07	—	1.57	0.00	−117.97
	非蓝绿景观	建设用地	18.36	0.37	0.02	0.86	—	0.00	−212.82
		未利用地	0.01	0.00	0.01	126.07	23.16	—	149.25
景观类型			2020 年						转出面积
			蓝绿景观				非蓝绿景观		
			耕地	林地	草地	水域	建设用地	未利用地	
2015 年	蓝绿景观	耕地	—	23.43	16.40	90.40	435.07	1.37	267.34
		林地	14.08	—	6.23	4.00	10.79	0.00	−11.12
		草地	0.97	0.00	—	1.90	1.68	0.01	−60.64
		水域	129.96	14.65	30.46	—	89.18	129.84	262.80
	非蓝绿景观	建设用地	154.31	8.14	12.12	34.99	—	14.40	−312.77
		未利用地	0.00	0.00	0.00	0.00	0.00	—	−145.61
景观类型			2020 年						转出面积
			蓝绿景观				非蓝绿景观		
			耕地	林地	草地	水域	建设用地	未利用地	
2000 年	蓝绿景观	耕地	—	28.79	21.39	111.10	1 306.23	0.28	1 252.68
		林地	14.16	—	2.15	4.20	20.86	0.00	7.59
		草地	4.79	0.20	—	1.37	1.86	0.05	−45.80
		水域	147.34	2.16	26.69	—	105.84	134.43	286.71
	非蓝绿景观	建设用地	48.82	2.63	3.84	13.08	—	0.11	−1 366.31
		未利用地	0.00	0.00	0.00	0.00	0.00	—	−134.88

表 4-7　江苏区域蓝绿景观转移矩阵

（2000—2005 年，2005—2010 年，2010—2015 年，2015—2020 年及 2000—2020 年）

单位：km^2

景观类型			2005 年						转出面积
			蓝绿景观				非蓝绿景观		
			耕地	林地	草地	水域	建设用地	未利用地	
2000 年	蓝绿景观	耕地	—	9.48	0.35	339.55	949.93	0.00	1 120.56
		林地	1.75	—	0.04	0.41	8.30	0.03	−1.21
		草地	40.96	0.02	—	35.17	10.54	0.00	80.69
		水域	100.79	1.15	5.34	—	31.07	0.00	−245.33
	非蓝绿景观	建设用地	35.25	1.06	0.28	8.55	—	0.01	−954.70
		未利用地	0.00	0.01	0.00	0.00	0.01	—	−0.01
景观类型			2010 年						转出面积
			蓝绿景观				非蓝绿景观		
			耕地	林地	草地	水域	建设用地	未利用地	
2005 年	蓝绿景观	耕地	—	48.47	8.83	539.07	3 334.67	60.05	3 609.46
		林地	28.18	—	0.11	5.36	67.87	32.86	66.40
		草地	31.10	1.65	—	336.48	80.28	65.18	440.45
		水域	66.40	0.95	35.23	—	224.35	0.34	−816.85
	非蓝绿景观	建设用地	255.89	15.74	30.06	262.92	—	36.54	−3 107.22
		未利用地	0.05	1.17	0.00	0.30	1.20	—	−192.24
景观类型			2015 年						转出面积
			蓝绿景观				非蓝绿景观		
			耕地	林地	草地	水域	建设用地	未利用地	
2010 年	蓝绿景观	耕地	—	10.05	0.73	129.30	785.97	0.44	642.60
		林地	9.80	—	0.12	0.89	6.46	1.01	2.83
		草地	13.28	0.13	—	3.30	10.96	0.05	19.81
		水域	59.04	0.95	6.51	—	136.14	0.12	37.43
	非蓝绿景观	建设用地	191.67	3.66	0.50	15.17	—	1.23	−735.74
		未利用地	10.11	0.66	0.05	16.66	8.46	—	33.08

表 4-7(续)

景观类型			2020 年						转出面积
			蓝绿景观				非蓝绿景观		
			耕地	林地	草地	水域	建设用地	未利用地	
2015 年	蓝绿景观	耕地	—	26.22	18.05	122.96	1 170.84	6.65	428.89
		林地	47.40	—	0.40	3.65	30.66	1.84	44.46
		草地	74.83	0.26	—	99.25	23.04	0.53	−90.22
		水域	308.99	2.66	219.74	—	150.97	15.49	31.77
	非蓝绿景观	建设用地	425.41	8.63	27.62	426.49	—	2.70	−488.26
		未利用地	59.21	1.73	22.32	13.72	3.59	—	73.35
景观类型			2020 年						转出面积
			蓝绿景观				非蓝绿景观		
			耕地	林地	草地	水域	建设用地	未利用地	
2000 年	蓝绿景观	耕地	—	75.82	25.14	859.20	5 762.98	25.84	5 802.06
		林地	68.09	—	0.41	7.91	101.36	32.53	112.48
		草地	157.23	1.74	—	456.00	83.11	5.51	463.56
		水域	253.15	3.61	201.88	—	356.67	12.86	−1 009.96
	非蓝绿景观	建设用地	468.37	15.29	12.60	514.27	—	12.49	−5 282.26
		未利用地	0.08	1.34	0.01	0.76	1.15	—	−85.89

表 4-8　浙江区域蓝绿景观转移矩阵

(2000—2005 年,2005—2010 年,2010—2015 年,2015—2020 年及 2000—2020 年)

单位:km^2

景观类型			2005 年						转出面积
			蓝绿景观				非蓝绿景观		
			耕地	林地	草地	水域	建设用地	未利用地	
2000 年	蓝绿景观	耕地	—	761.34	19.88	333.43	3 999.66	0.42	4 217.43
		林地	474.07	—	154.04	90.52	587.51	2.65	383.38
		草地	18.35	110.43	—	10.64	37.47	1.59	−44.80
		水域	257.12	28.81	44.72	—	250.87	1.79	99.26
	非蓝绿景观	建设用地	146.91	23.64	4.58	48.71	—	0.02	−4 655.33
		未利用地	0.86	1.20	0.05	0.74	3.69	—	0.07

表 4-8(续)

景观类型			2010 年 蓝绿景观 耕地	林地	草地	水域	非蓝绿景观 建设用地	未利用地	转出面积
2005 年	蓝绿景观	耕地	—	200.19	9.09	99.88	748.05	0.48	558.78
		林地	237.80	—	68.28	21.10	127.35	1.80	200.06
		草地	8.11	26.99	—	0.94	3.37	0.16	−39.70
		水域	145.19	11.79	0.74	—	29.04	6.58	62.64
	非蓝绿景观	建设用地	107.71	16.85	0.85	8.76	—	0.20	−774.01
		未利用地	0.10	0.45	0.32	0.01	0.56	—	−7.77
景观类型			2015 年 蓝绿景观 耕地	林地	草地	水域	非蓝绿景观 建设用地	未利用地	转出面积
2010 年	蓝绿景观	耕地	—	201.24	5.94	28.32	863.32	0.09	704.39
		林地	176.53	—	24.87	11.62	81.11	0.43	23.12
		草地	5.80	29.91	—	0.56	6.16	0.02	10.29
		水域	68.49	14.03	0.52	—	69.48	0.04	−420.78
	非蓝绿景观	建设用地	98.24	22.90	0.75	16.11	—	0.04	−989.70
		未利用地	45.45	3.36	0.08	516.75	107.67	—	672.69
景观类型			2020 年 蓝绿景观 耕地	林地	草地	水域	非蓝绿景观 建设用地	未利用地	转出面积
2015 年	蓝绿景观	耕地	—	699.99	43.53	94.13	971.39	0.15	1 021.76
		林地	408.92	—	80.57	43.56	287.42	1.06	−31.31
		草地	11.97	66.42	—	8.93	20.07	0.05	−135.19
		水域	125.26	32.95	86.78	—	260.97	2.55	316.57
	非蓝绿景观	建设用地	240.24	52.20	29.82	44.87	—	0.75	−1 173.92
		未利用地	1.02	1.28	1.93	0.45	1.94	—	2.08

表 4-8(续)

景观类型			2020 年						转出面积
			蓝绿景观				非蓝绿景观		
			耕地	林地	草地	水域	建设用地	未利用地	
2000 年	蓝绿景观	耕地	—	252.03	7.73	241.76	1 874.74	0.86	1 900.22
		林地	256.55	—	72.23	56.13	173.81	2.15	189.05
		草地	10.34	85.85	—	2.18	10.69	1.58	25.21
		水域	89.75	21.51	5.01	—	42.27	0.01	−153.10
	非蓝绿景观	建设用地	120.12	11.74	0.44	11.22	—	0.04	−1 960.52
		未利用地	0.14	0.69	0.02	0.36	2.56	—	−0.86

表 4-9 安徽区域蓝绿景观转移矩阵

(2000—2005 年,2005—2010 年,2010—2015 年,2015—2020 年及 2000—2020 年)

单位:km²

景观类型			2005 年						转出面积
			蓝绿景观				非蓝绿景观		
			耕地	林地	草地	水域	建设用地	未利用地	
2000 年	蓝绿景观	耕地	—	54.15	7.77	81.18	193.31	0.02	227.37
		林地	55.82	—	17.25	1.50	5.57	0.03	1.64
		草地	7.19	21.62	—	0.53	3.12	0.03	6.73
		水域	29.23	1.55	0.49	—	2.70	0.00	−50.01
	非蓝绿景观	建设用地	16.81	1.17	0.23	0.77	—	0.00	−185.72
		未利用地	0.01	0.03	0.02	0.00	0.00	—	−0.02
景观类型			2010 年						转出面积
			蓝绿景观				非蓝绿景观		
			耕地	林地	草地	水域	建设用地	未利用地	
2005 年	蓝绿景观	耕地	—	79.51	14.87	63.36	940.34	0.09	916.03
		林地	80.56	—	22.28	2.09	78.34	0.48	77.22
		草地	15.41	23.24	—	1.95	31.89	0.02	33.30
		水域	21.10	1.95	1.48	—	8.58	0.00	−35.50
	非蓝绿景观	建设用地	65.06	1.79	0.56	1.22	—	0.01	−990.53
		未利用地	0.01	0.04	0.02	0.00	0.00	—	−0.52

表 4-9(续)

景观类型			2015 年						
			蓝绿景观				非蓝绿景观		转出面积
			耕地	林地	草地	水域	建设用地	未利用地	
2010 年	蓝绿景观	耕地	—	100.20	22.65	159.50	791.36	0.83	749.62
		林地	103.54	—	27.50	12.50	74.73	1.61	68.25
		草地	18.06	39.01	—	10.90	28.05	1.32	41.68
		水域	86.04	2.20	1.68	—	17.41	0.00	−79.56
	非蓝绿景观	建设用地	117.25	10.15	3.79	3.99	—	0.01	−776.61
		未利用地	0.03	0.07	0.04	0.00	0.24	—	−3.38
景观类型			2020 年						
			蓝绿景观				非蓝绿景观		转出面积
			耕地	林地	草地	水域	建设用地	未利用地	
2015 年	蓝绿景观	耕地	—	206.40	39.56	142.12	783.17	6.40	29.52
		林地	199.34	—	70.77	5.18	57.87	1.13	−14.49
		草地	43.65	55.73	—	3.87	22.88	0.23	−28.60
		水域	195.93	15.40	13.15	—	19.64	0.43	72.92
	非蓝绿景观	建设用地	708.38	69.85	30.26	20.45	—	1.70	−53.25
		未利用地	0.84	1.39	1.23	0.00	0.34	—	−6.10
景观类型			2020 年						
			蓝绿景观				非蓝绿景观		转出面积
			耕地	林地	草地	水域	建设用地	未利用地	
2000 年	蓝绿景观	耕地	—	215.47	45.70	197.99	1 997.35	7.22	1 920.87
		林地	213.36	—	62.28	5.67	138.63	2.27	132.62
		草地	42.82	64.05	—	4.77	55.77	0.25	52.92
		水域	87.75	5.38	4.40	—	25.87	0.09	−90.32
	非蓝绿景观	建设用地	198.90	4.59	2.29	5.37	—	0.41	−2 006.07
		未利用地	0.03	0.10	0.06	0.00	0.02	—	−10.02

表 4-6 给出了各个研究期上海蓝绿景观的转移面积，从表中“净转出面积”的正负清晰可知蓝绿景观要素类型在该研究期内是增加还是减少。据此可知，2000—2005 年，上海蓝绿景观属于净流失状态，共损失 399.08 km^2，其中，耕地

和水域为净流失，而林草面积小幅增加。从景观类型转出与转入的对比结果看，耕地主要转出为建设用地（366.37 km^2），水域主要转出为耕地（60.72 km^2）和建设用地（28.45 km^2）；对林地贡献最大的是耕地（10.00 km^2），对草地贡献最大的是水域（9.76 km^2）。

2005—2010 年，上海蓝绿景观净流失程度加剧，其建设空间的增加也主要发生在这一时期。4 种蓝绿景观类型均为净转出，耕地、林地和水域均主要转为建设用地（464.01 km^2、10.69 km^2、26.39 km^2），草地面积的损失微小，转为其他景观总计 0.33 km^2。

2010—2015 年，上海蓝绿景观净流失程度得以大幅好转，主要因为水域面积在这一时期为净增加，其得益于未利用地的转入贡献。其余三种蓝绿景观的面积依旧进一步减少，耕地和林地继续转换为建设用地空间（184.56 km^2、3.15 km^2），草地主要转为了耕地（3.33 km^2）。

2015—2020 年，上海蓝绿景观净流失状态再次严峻，耕地和水域面积大幅减少，林草面积有少量增加。从具体类型的转出和转入对比可知，耕地主要转为建设用地（280.76 km^2），水域主要转为未利用地和建设用地（129.84 km^2、54.20 km^2），还有少量转为耕地、林地和草地，而林地、草地的主要贡献均来自耕地和水域，也有少量建设用地空间为草地面积增加做出了贡献，这也体现出自 2015—2020 年，上海首次出现非蓝绿景观少量成为蓝绿景观的转移变化。

从 2000—2020 年整体看，上海的耕地、水域和林地均为净流失的蓝绿景观类型，尤其是耕地流失面积占蓝绿景观流失总面积的 83.45%，唯有草地有小幅增加。从转出与转入贡献看，水域主要转出为未利用地（134.43 km^2）、建设用地（92.76 km^2）和耕地（36.24 km^2），耕地、林地主要用于城市建设（1 257.41 km^2、18.22 km^2）；草地净增加的贡献主要来自水域（25.32 km^2）、耕地（16.60 km^2）以及少量建设用地（1.98 km^2）。

4.3.2.2 江苏区域分析

在所有样本期内，江苏区域的蓝绿景观整体均为净流失状态，见表 4-7。2000—2005 年，蓝绿景观中耕地和草地面积净流失，林地和水域净增加。具体来说，耕地主要转出为建设空间，草地主要转出为耕地和水域；林地和水域净增加的主要贡献均来自耕地。

2005—2010 年，蓝绿景观中耕地、林地和草地面积均减少，唯有水域面积增加。耕地大幅转换成为建设用地（3 078.78 km^2）、一部分转成水域（472.66 km^2），林地主要转出成为建设用地，草地则主要转换成水域；水域面积增加的贡献主要来自耕地（472.66 km^2）和草地（301.25 km^2）。

2010—2015 年，4 种蓝绿景观类型面积均减少，林地、草地和水域均主要转成耕地和建设用地，而耕地依然大量转为建设用地（594.30 km^2）。2015—2020 年，草地在这一阶段成为唯一面积增加的蓝绿景观。耕地主要转出为建设用地，林地主要转出为耕地和建设用地，水域主要转为耕地和草地，而草地面积增加的贡献主要来自水域（120.49 km^2）。但要注意的是，在这一阶段，有275.52 km^2 的建设空间净转化成水域，4.58 km^2 净转化成草地，说明从 2015—2020 年开始，江苏首次有非蓝绿景观转化为蓝绿景观的转移特征。

从 2000—2020 年这 20 年整体来看，江苏蓝绿景观整体净流失面积高达 5 368.15 km^2，耕地、林地和草地为面积净流失景观，水域为面积净增加景观。从转出与转入角度看，耕地主要转出为建设用地（5 294.62 km^2）和水域（606.05 km^2），林地主要转出为建设用地（86.07 km^2），草地主要转出为水域（254.12 km^2）、耕地（132.09 km^2）和建设用地（70.25 km^2），而水域增加的贡献主要来自耕地（606.05 km^2）、草地（254.12 km^2）和建设用地（157.59 km^2）。

4.3.2.3　浙江区域分析

与上海、江苏相似，在各个样本期内，浙江区域的蓝绿景观整体均为净损失状态，见表 4-8。2000—2005 年，唯有草地面积为小幅增加状态。从转出与转入角度相比而言，耕地主要转出为建设用地（3 852.75 km^2）和林地（287.27 km^2），林地主要转出为建设用地（563.87 km^2），水域主要转出为建设用地（202.16 km^2），而草地面积增加的贡献主要来自林地（43.61 km^2）和水域（34.09 km^2）。

2005—2010 年，草地依然小幅净增加。耕地主要转出为建设用地（640.34 km^2），林地主要转出为建设用地（110.50 km^2）、草地（41.29 km^2）和耕地（37.61 km^2），水域主要转为耕地（45.31 km^2）和建设用地（20.28 km^2），而草地增加的贡献主要来自林地（41.29 km^2）。

2010—2015 年，浙江水域面积首次净增加。从转出与转入角度相比来看，耕地和林地均主要转换成建设用地（765.08 km^2、58.21 km^2），草地主要转换成林地（5.04 km^2）和建设用地（5.41 km^2），而水域净流入的贡献主要来自未利用地空间（516.71 km^2）。

2015—2020 年，林草景观均实现了净增加。耕地主要转为建设用地（731.15 km^2）和林地（291.07 km^2），水域主要转为建设用地（216.10 km^2）和草地（77.85 km^2）；林地净增加的主要贡献来自耕地（291.07 km^2），草地净增加的贡献来自水域（77.85 km^2）、耕地（31.56 km^2）、林地（14.15 km^2）和建设用地（9.75 km^2），这也是浙江非蓝绿景观向蓝绿景观的第一次面积净转移。

从 2000—2020 年整体来看，浙江蓝绿景观净流失面积为 1961.38 km^2。其中，耕地、林地和草地为面积净减少，水域为面积净增加。从景观类型转出与转入后比较发现，耕地主要转出为建设用地（1 754.62 km^2）和水域（152.01 km^2），林地主要转出为建设用地（162.07 km^2）和水域（34.62 km^2），草地主要转出为林地（13.62 km^2）和建设用地（10.25 km^2），而水域增加的贡献则主要来自耕地（152.01 km^2）和林地（34.62 km^2），即蓝绿景观内部的相互转换。

4.3.2.4 安徽区域分析

与上海、江苏和浙江相似，安徽区域在各个样本期的蓝绿景观面积均为净流失状态，见表 4-9。2000—2005 年、2005—2010 年和 2010—2015 年三个阶段，蓝绿景观的转移变化非常相似，只是净流失程度不同。2000—2005 年，耕地主要转为建设用地（176.50 km^2）和水域（51.95 km^2），水域的增加也正主要来自耕地的贡献，林地主要转为建设用地（4.39 km^2），草地主要转为林地（4.37 km^2）和建设用地（2.89 km^2）。

2005—2010 年，蓝绿景观净流失程度加剧。耕地主要转为建设用地（875.26 km^2）和水域（42.26 km^2），水域面积的净增加主要来自耕地的转移贡献，林地和草地均主要转为建设用地（76.55 km^2、31.33 km^2）。

2010—2015 年，耕地主要转为建设用地（674.12 km^2）和水域（73.46 km^2），也促进了水域面积的净增加，林地主要转为建设用地（64.58 km^2），而草地主要转为建设用地（24.26 km^2）和林地（11.51 km^2）。

在 2015—2020 年研究期内，蓝绿景观净流失程度大幅好转，仅损失59.35 km^2，且林草面积均是净增加。具体来看，耕地主要转为建设用地（74.79 km^2），水域主要转为耕地（53.81 km^2），还有少量水域转为林草空间；林地增加的贡献主要来自水域（10.21 km^2）和建设用地（11.98 km^2），草地增加的贡献主要来自林地（15.04 km^2）、水域（9.28 km^2）和建设用地（7.38 km^2），这个阶段林草面积的增加也是安徽非蓝绿景观向蓝绿景观的第一次面积净转移。

从 2000—2020 年整体来看，安徽蓝绿景观共损失了 2016.09 km^2，其中水域为面积小幅净增加景观。其余三种净流失景观类型中，耕地转化面积最多，主要转出为建设用地（1 798.45 km^2）和水域（110.24 km^2），并且耕地也成为安徽建设用地和水域增加的最主要贡献者。此外，林地和草地均主要转换成了建设用地空间（134.04 km^2、53.47 km^2）。

4.3.2.5 蓝绿景观空间转移的区域比较

根据表 4-6～表 4-9 的数据可知，2000—2020 年，经过 20 余年的发展，4 个区域蓝绿景观流失的面积排序为江苏（5 368.15 km^2）＞安徽（2 016.08 km^2）＞浙江（1 961.38 km^2）＞上海（1 501.19 km^2）。结合表 4-2 的数据，至

2020 年，蓝绿景观流失面积分别占各个区域面积的比重排序分别为上海(19.12%)>江苏(8.23%)>安徽(2.79%)>浙江(2.56%)。这说明江苏蓝绿景观面积流失的绝对值最多，上海最少；但相对量而言，上海最高，浙江最低。

结合前述分析，并从各个景观要素类型的净转出面积占区域蓝绿景观流失面积的比重来看，如图 4-3 所示，耕地的占比都是最大的，高达 83.45%～108.08%，也就是说，各区域的城市建设空间主要都由耕地转化而来。林地在 4 个区域同样属于净转出的景观类型，均主要转换用于城市建设；浙江的林地景观原是优势类型，转出面积也最多，占区域蓝绿景观流失面积的 9.64%；上海林地转出面积最少，占比仅为 0.51%。

图 4-3 还展现出草地和水域在上海的转入和转出情况与其他区域有所差异。由于上海的草地面积最少，2000 年时仅占上海总面积的 0.16%(表 4-3)，因此，唯有上海的草地面积在这 20 年中是净转入的，有效维持了上海蓝绿景观的多样性，而其余 3 个区域的草地面积均是净转出的。又由于研究初期 4 个区域中上海的水域面积占比最高，达 22.10%(表 4-3)，因此也唯有上海的水域面积是净转出，转出后主要成了未利用地及用于城市建设。

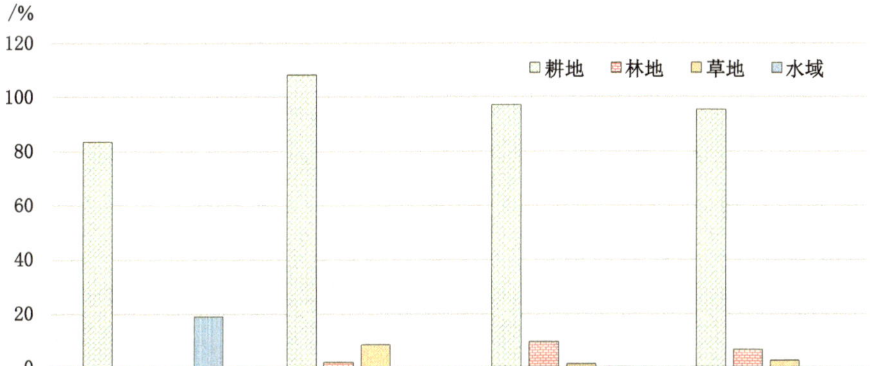

图 4-3　2000—2020 年景观类型净转出面积占蓝绿景观流失面积比重

图 4-4 进一步给出了图 4-3 中各个区域面积净增加的蓝绿景观的转入来源，上海的草地面积增加主要来自水域、耕地、建设用地和林地；江苏的水域面积增加最多，具体来自水域、草地、建设用地的大幅贡献以及林地的少量贡献；浙江水域得益于耕地、林地和少量未利用地的贡献，而安徽水域则受益于耕地

和少量林地、草地的贡献。从这些转入来源及面积可知，耕地不仅是城市建设空间扩展的主力，也是面积净增加的蓝绿空间的主要来源；同样，林地在 4 个区域中也属于面积净减少景观，其部分面积补给了耕地本身，少量贡献给了草地（上海/1.95km²）和水域（江苏/4.29 km²、浙江/34.62 km²、安徽/0.29 km²）。

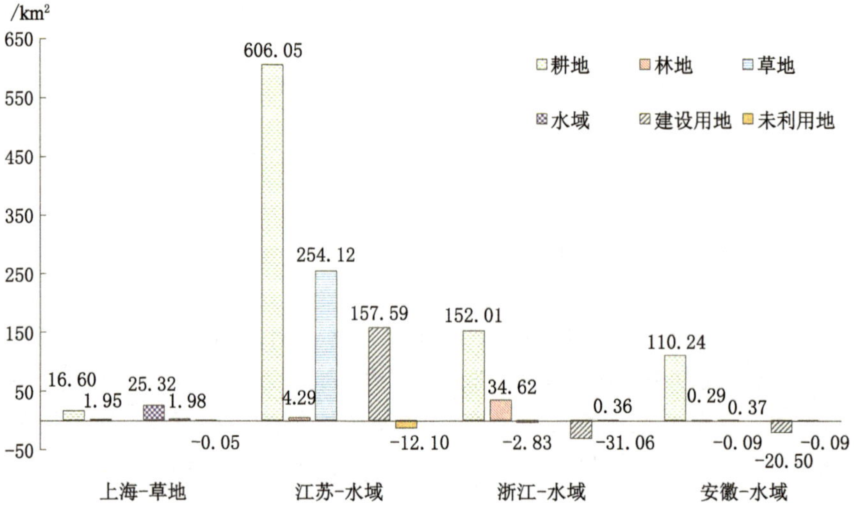

图 4-4　2000—2020 年面积净增加蓝绿景观的转入来源及面积

此外，20 余年的城市化建设，蓝绿景观空间并非一味地流失并用于城市开发建设，建设空间也在一定程度上“回馈”了蓝绿空间，如图 4-4 所示，上海 1.98 km² 的建设用地转化成了草地，江苏 157.59 km² 的建设用地贡献给了水域。事实上，对表 4-6～表 4-9 的详细分析已经发现，在 2015—2020 年这一研究期内，4 个区域的非蓝绿景观均首次不同程度地净转出了部分面积给某一类或两类蓝绿景观。可以说，这是长三角 4 个区域践行“绿水青山就是金山银山”、推动生态文明和美丽中国建设的实实在在的行动和成效。

4.4　蓝绿景观利用动态变化

4.4.1　多时空尺度的综合动态度

综合动态度的大小能够表征区域景观受人为活动影响的强度，根据式(4-2)分别计算不同空间尺度下蓝绿景观的综合动态度，结果见表 4-10。

表 4-10　蓝绿景观的综合动态度　　　单位：%

样本期	地区					
	城市群尺度	区域尺度				
	长三角	上海	江苏	浙江	安徽	标准差
2000—2005 年	0.21	0.67	0.25	0.65	0.04	0.31
2005—2010 年	0.36	0.84	0.87	0.12	0.16	0.41
2010—2015 年	0.16	0.54	0.13	0.16	0.14	0.20
2015—2020 年	0.15	1.11	0.11	0.21	0.02	0.50
2000—2020 年	0.19	0.62	0.32	0.08(0.077)	0.08(0.081)	0.26

从各个研究期来看，2000—2005 年，上海和浙江蓝绿景观的综合利用动态度最大，安徽蓝绿景观的综合利用变化微小，江苏和整个长三角的情况差不多。2005—2010 年，上海和江苏进一步加大了对蓝绿景观的综合利用，浙江和安徽的利用程度相差不大，但由标准差的值可知 4 个区域的整体差异比上一个阶段有所加大，且长三角整体对蓝绿景观的综合利用速度相比上一阶段增加了 71.43%。

2010—2015 年，除了浙江蓝绿景观综合利用动态度略有上升外，其他三个区域均全面下降，尤其是江苏的降幅最大，比上一阶段降幅达 85.06%，4 个区域在这一阶段的标准差也是所有研究时段中最小的，且长三角整体的蓝绿景观动态变化速度进一步减小，仅为 0.16%。2015—2020 年，江苏和安徽的综合动态度继续减小，浙江略有回升，上海波动较大，综合动态度最高，为 1.11%。这一阶段的区域内综合动态度差异也是最大的，标准差为 0.50，但这一阶段长三角整体的综合动态度却降至最小，仅为 0.15%。

总的来说，从城市群尺度看，随着研究期推移，蓝绿景观的综合利用动态度先增加（2000—2005 年、2005—2010 年），后持续减小（2010—2015 年、2015—2020 年），这与 2012 年党的十八大提出“把生态文明建设纳入五位一体总布局”并深入推进与践行的时间线是吻合的，反映出长三角城市（群）对蓝绿景观的利用不是无度的，尽管长三角城市（群）化的建设与发展依然需要大量蓝绿空间转移成非蓝绿空间，但蓝绿空间景观受人为活动影响的强度是在持续减弱的。

再从区域尺度看，上海、江苏、浙江和安徽蓝绿景观的综合动态度在变化特征上不尽相同，说明各区域发展速度、特点不一致，区域发展也并不均衡。从 2000—2020 年中的 4 个研究期平均动态度比较来看，蓝绿景观在各区域受到的人类活动影响强度排序为：上海（0.79%）＞江苏（0.34%）＞浙江（0.29%）＞安徽（0.09%）。但是，若直接以 2000—2020 年为监测期，计算 4 个区域蓝绿景观的综合动态度，则蓝绿景观在各区域受到的人类活动影响强度排序为：上海（0.62%）＞江苏（0.32%）＞安徽（0.081%）＞浙江（0.077%）。这说明，从时间演变的角度来比较不同区域蓝绿景观的动态时，短时间尺度（每 5 年）和长时间尺度（20 年）的研究结果是可能具有较大差异的。事实上，时间和空间尺度包含于任何景观的生态过程之中，一般的研究往往更重视景观空间尺度对景观的影响而忽略时间尺度的影响。

4.4.2 多时空尺度的单一动态度

4.4.2.1 城市群尺度的单一动态度

考察人类活动对各个类型蓝绿景观的影响程度，根据式（4-3）分别计算长三角城市群尺度蓝绿景观的单一动态度，结果如图 4-5 所示。

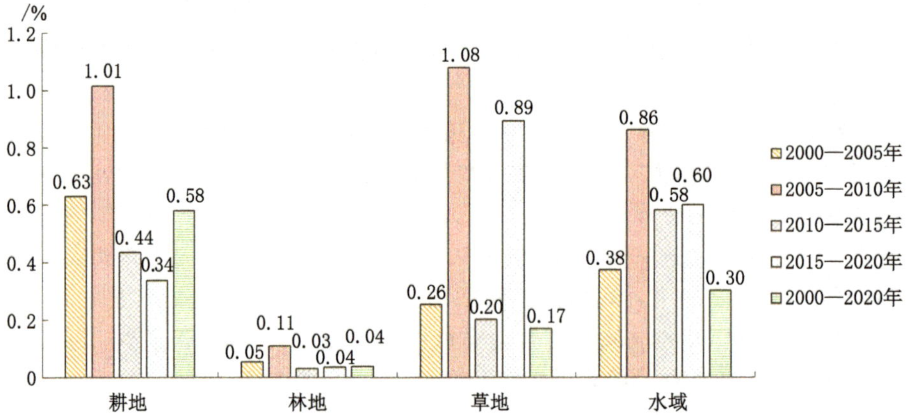

图 4-5 长三角城市群蓝绿景观的单一动态度

2000—2020 年，耕地、林地、草地面积减少，水域面积增加。4 类蓝绿景观的单一动态度均在 2005—2010 年阶段达到峰值，而后下降。总体来看，20 年的时间，蓝绿景观演变的单一动态度排序为：耕地＞水域＞草地＞林地，尽管林地损失的比重最小，但由于长三角城市（群）林地面积基数仅次于耕地，且林地的单位面积生态服务价值最高，因此在未来的发展中仍要加强保护；耕地的单位面积生态服务价值虽然没有林地高，但长三角城市群耕地面积基数最大，损失比重也最高，因此近 20 年耕地面积的减少也值得关注。

4.4.2.2　区域尺度的单一动态度

分别计算长三角城市群中 4 个区域蓝绿景观的单一动态度，结果见表 4-11。总体来看，2000—2020 年，上海的各类蓝绿景观单一动态度均最大，体现出城市化进程中上海蓝绿景观的变化幅度最大。

表 4-11　长三角城市群各区域蓝绿景观的单一动态度　　单位：%

样本期	上海区域蓝绿景观			
	景观类型			
	耕地	林地	草地	水域
2000—2005 年	1.38	1.58	11.20	1.15
2005—2010 年	2.20	1.75	0.33	0.30
2010—2015 年	0.92	0.63	4.91	1.46
2015—2020 年	1.48	2.26	82.16	2.96
2000—2020 年	1.34	0.30	24.56	0.76
样本期	江苏区域蓝绿景观			
	景观类型			
	耕地	林地	草地	水域
2000—2005 年	0.49	0.01	1.49	0.55
2005—2010 年	1.62	0.64	8.78	1.90
2010—2015 年	0.31	0.03	0.71	0.08
2015—2020 年	0.21	0.44	3.35	0.07
2000—2020 年	0.64	0.27	2.07	0.58
样本期	浙江区域蓝绿景观			
	景观类型			
	耕地	林地	草地	水域
2000—2005 年	1.53	0.08	0.30	1.12
2005—2010 年	0.49	0.09	0.49	0.40
2010—2015 年	0.63	0.01	0.13	2.94
2015—2020 年	0.93	0.07	1.91	1.50
2000—2020 年	0.84	0.03	0.49	0.49

表 4-11(续)

样本期	安徽区域蓝绿景观			
	景观类型			
	耕地	林地	草地	水域
2000—2005 年	0.12	0.00	0.02	0.19
2005—2010 年	0.48	0.08	0.12	0.13
2010—2015 年	0.41	0.07	0.16	0.30
2015—2020 年	0.01	0.01	0.11	0.28
2000—2020 年	0.25	0.04	0.05	0.08

从耕地看,安徽区域的耕地单一动态度最小,为 0.25%,由于安徽是我国产粮大省,应进一步保护地区耕地,为我国粮食安全做出更大的贡献。江苏的耕地单一动态度虽然也仅为 0.64%,但由于江苏耕地基数大,也同为产粮大省,且江苏耕地的空间转移变化最大,因此应高度重视江苏耕地的保护与恢复。

对林地而言,尽管浙江和安徽的林地单一动态度整体较小,但是浙皖区域林地面积基数大,因此两地林地的变化幅度会很大,需要重点关注。就草地动态度变化来说,上海的草地动态度最高,高达 24.56%,草地的增加能够为城市人口和建筑均十分密集的上海提升景观多样性和丰富性,并为游客和居民提供更多的游憩绿地空间,也为形成更为丰富的户外旅游景观和产品奠定资源基础。此外,上海的水域景观单一动态度也最大,尤其是 2015—2020 年变化速度最大,动态度高达 2.96%。

4.5 蓝绿景观格局变化

4.5.1 城市群尺度蓝绿景观格局变化

4.5.1.1 景观水平格局指数变化

由图 4-6 可知 2000—2020 年长三角城市群蓝绿景观空间格局的整体变化。斑块数量 NP 在波动中整体呈现增加态势,增幅为 3.87%,斑块密度指数 PD、边缘密度指数 ED 变化与 NP 的变化特征非常相似,总体呈现上升趋势,涨幅分别为 7.51%和 4.71%[图 4-6(a)、(b)]。这说明蓝绿景观异质性不断提高,边缘分割情况趋于复杂,斑块稳定性减弱,破碎化程度加剧,反映出蓝绿景观生态的过程比较活跃，这将对景观中各种物种及其次生种的空间分布特征产生一定影响，同时也会改变物种间的相互作用和协同共生的稳定性。此外，图 4-6(b)还给出了周长面积分维数 PAFRAC 指数变化，反映景观形状的复杂程度，可见 20 年的发展，蓝绿景观形状复杂，PAFRAC 指数始终接近 1.5，说明景观一直处于人类活动干扰中，并表现出不稳定的状态特征。

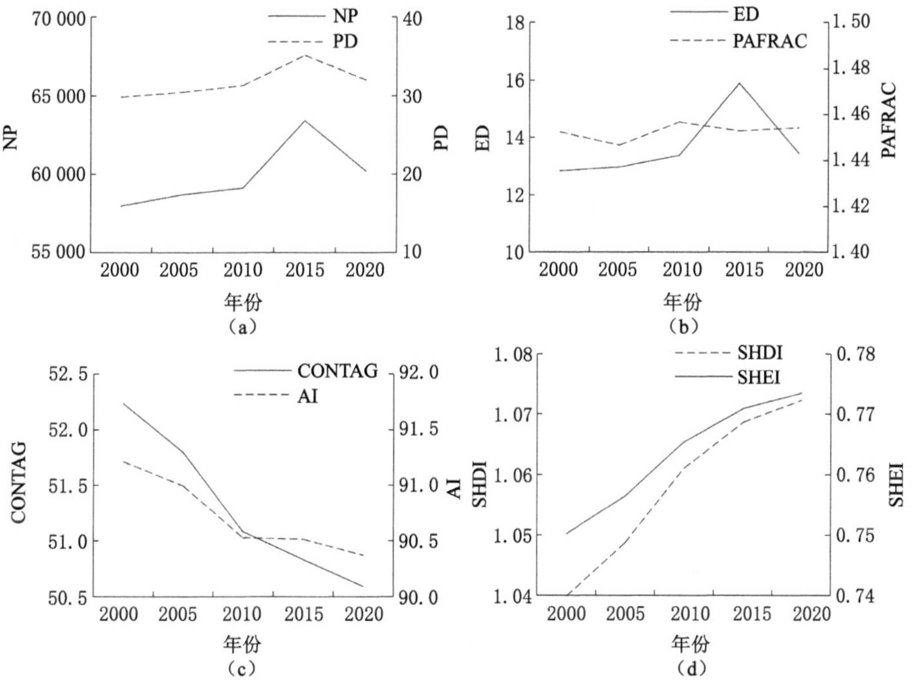

图 4-6　2000—2020 年长三角城市群蓝绿景观水平格局指数变化

图 4-6(c)直观反映出蔓延度指数 CONTAG 从 52.24%下降至 50.59%，聚合度指数 AI 也从 91.21%减少至 90.37%，说明优势斑块的连接性降低，形成了要素增多的散布格局，景观要素中破碎化程度增加，这将使得蓝绿景观的生态功能受损，从而增加了以蓝绿空间为生境的种群灭绝的可能性(邱廉 等，2017)。

研究区在 20 年间，香农多样性指数 SHDI 由 1.04 增加至 1.07，反映出景观类型趋于丰富多样，景观破碎化程度也增加，其不定性的信息含量也逐渐加大。香农均匀度 SHEI 由 0.75 提升至 0.77，与 SHDI 的变化趋势基本一致，说明原有的某些景观类型优势减弱，且斑块分布的均匀性增强[图 4-6(d)]。

因此,2000—2020 年,由景观水平格局指数动态变化可知,蓝绿景观破碎化日趋增强,斑块边缘复杂性增加,稳定性减弱,优势景观的连接性降低,这将显著影响景观内的物种流、信息流、能源流,从而对生物多样性(林世滔 等,2017)和景观生态安全格局(陈玲玲 等,2016c)产生显著影响。

4.5.1.2 景观类型水平格局指数变化

图 4-7 给出了在长三角城市群尺度上,蓝绿景观类型水平上的格局指数变化。由图 4-7(a)可知,从 2000—2020 年整体看,水域景观的 NP 增加最多,增幅为 8.53%,其余 3 种景观增幅较小,但耕地景观斑块数量在这 20 余年中的波动最大;图 4-7(b)反映的 PD 与 NP 的变化也极为相似,说明耕地和水域受人类活动影响最为显著,这将伴随着活跃的景观生态过程。尽管人类活动对 4 种蓝绿景观的干扰程度不同,但 20 年的城市化建设使得耕地、林地、草地和水域景观的 ED 均总体呈现小幅上升态势[图 4-7(c)],反映出景观单位面积斑块的边缘长度增加,景观斑块容易受到外围环境或本底中各种干扰的影响,其稳定性将受到影响,破碎化程度也将加剧。

就 LPI 指数而言[图 4-7(d)],耕地下降显著,林地和草地下降幅度微小,而水域上升,反映出蓝绿景观中,耕地景观可能是人为活动干扰的景观方向,导致其优势性显著下降,而水域 LPI 指数得以提高,可能是希望通过人为干预手段增加水域景观最大斑块面积或提升水域景观的类型优势。

利用 IJI 指数了解各类型景观的相邻变化情况[图 4-7(e)],林地、草地和水域的 IJI 指数均整体上升,反映景观斑块间相邻的类型在增加,相互接壤的景观丰富程度有所提高,而耕地的邻接景观类型数量则有微小的减少。此外,聚合度指数 AI 均呈现不同程度的下降[图 4-7(f)],说明 4 种景观均呈现破碎化特征,景观异质性增强且空间分布趋于离散。

综上,长三角的蓝绿景观中,人类活动对耕地、水域景观干扰程度大,对林草景观干扰程度相对略小,4 类蓝绿景观均呈现破碎化、斑块稳定性下降以及空间分布离散化的特征,并且耕地的优势度显著下降,这些均反映出蓝绿景观在人为干扰下的发展特征与方向。

4.5.2 区域尺度蓝绿景观格局变化

4.5.2.1 景观水平格局指数变化的区域分析及比较

图 4-8 给出了上海、江苏、浙江和安徽 4 个区域的蓝绿景观水平格局指数的动态变化。2000—2020 年,上海和江苏斑块数量有明显增加,分别从 2000 年的 1 258、10 112 增加至 2020 年的 1 392 和 11 883,增幅分别为 10.65%和

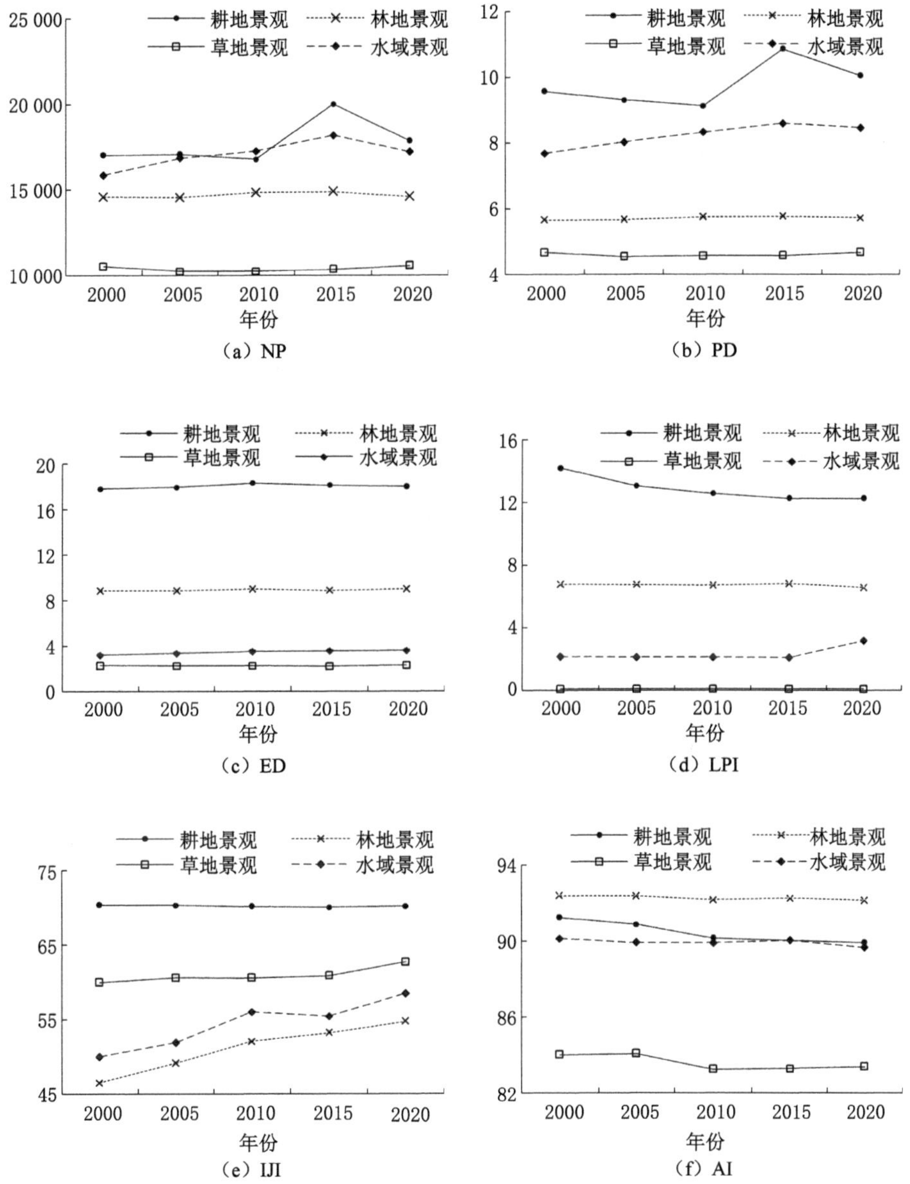

图 4-7　2000—2020 年长三角城市群蓝绿景观类型水平格局指数

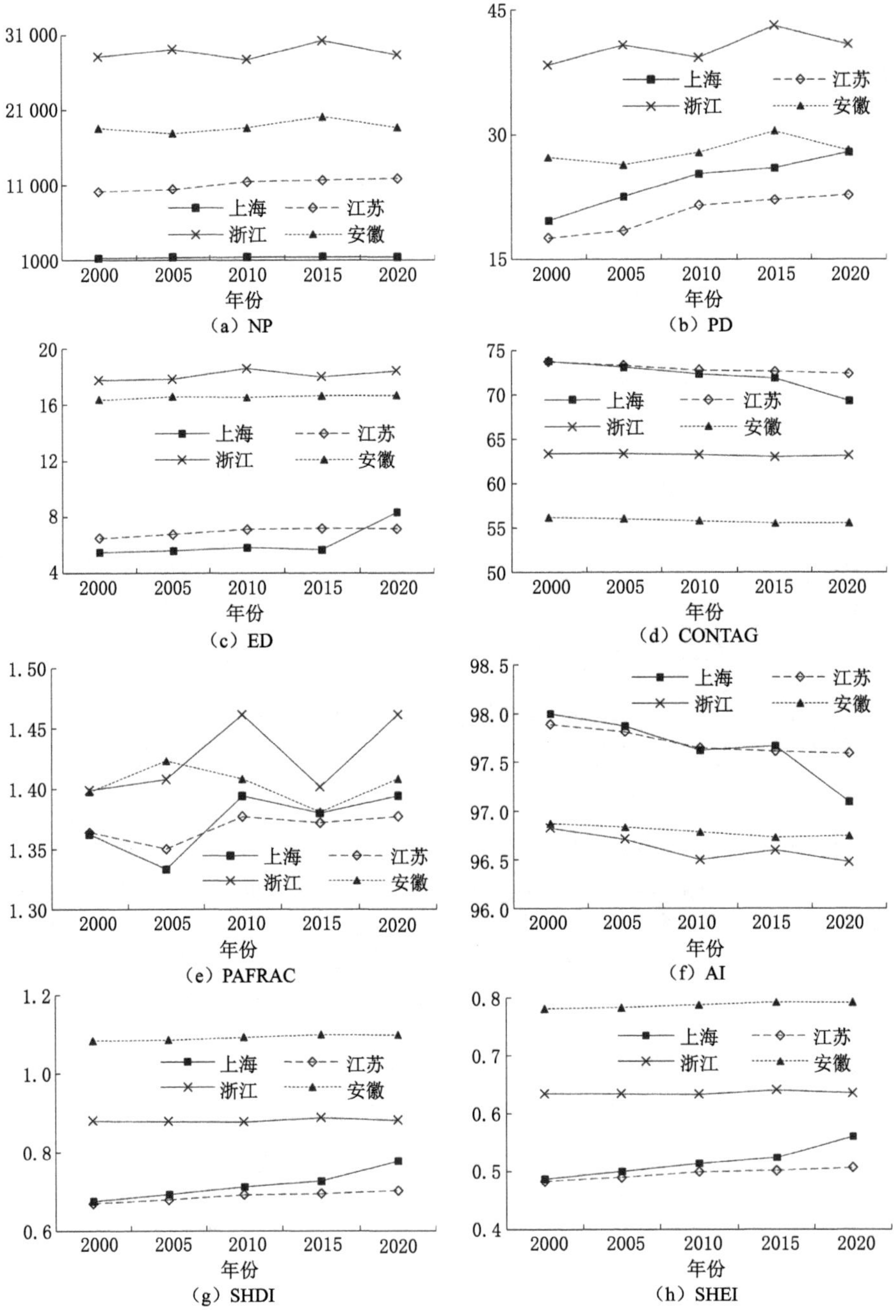

图 4-8　2000—2020 年长三角城市群各区域的蓝绿景观水平格局指数

17.51%；而浙江和安徽的 NP 在各个研究阶段波动变化，整体变化微小，分别增加 0.81%和 0.60%[图 4-8(a)]。PD 和 ED 的变化与 NP 相似[图 4-8(b)、(c)]，在整个研究期内，上海、江苏的 PD 增幅分别为 42.04%、29.46%，ED 增幅分别为 52.55%、10.19%，而浙江、安徽的 PD、ED 增幅均较小。这说明在人为活动干扰下，4 个区域的景观异质性均有所提高，但斑块稳定性均下降，且上海和江苏的景观破碎化的幅度要比浙江和安徽更为显著。需要注意的是，浙江的景观指数值 NP、PD、ED 在 4 个区域中均最大，反映出浙江的景观生态发展过程比其他区域始终更为活跃。

再看蔓延度指数(CONTAG)[图 4-8(d)]，江苏的值最大，安徽的值最小，说明江苏优势景观的连接性最好，安徽优势景观的连接性最差；又知上海 CONTAG 指数下降幅度最大，说明上海优势景观的连接性受到的人为影响最大。斑块形状指数(PAFRAC)反映了景观斑块的复杂性[图 4-8(e)]，各个区域均在波动中不同程度地上升。其中，浙江的 PAFRAC 指数上升至 1.46，接近 1.5，说明景观形状复杂，且已处于不稳定的状态，上海、江苏和安徽的 PAFRAC 指数同样说明区域景观形状趋向复杂，但不稳定状态好于浙江。各区域的 AI 指数不同程度下降，上海降幅最大，反映出上海蓝绿景观在人类活动影响下离散性最强，但从 AI 指数大小整体来看，江苏 AI 值最大，浙江最小，反映出江苏蓝绿景观聚合性最强，而浙江蓝绿景观离散性最强[图 4-8(f)]。

香农多样性指数(SHDI)和香农均匀度指数(SHEI)的变化特征几乎一致[图 4-8(g)、(h)]，指数值排序为安徽＞浙江＞上海＞江苏，且不同程度提高，上海增幅最大，浙江增幅最小，反映出各区域中的斑块类型呈均衡化趋势分布。相比之下，安徽区域景观中的土地利用最为丰富，而在江苏蓝绿景观可能受到其中一种或少数几种优势斑块类型支配，且分布的聚集性相比其他区域要强。

4.5.2.2　上海区域蓝绿景观类型水平的格局指数变化

2000—2020 年，整体来看，上海草地、耕地的 NP 显著增加，增幅分别为 325%、241.18%，林地和水域 NP 减少，分别下降 23.53%和 23.49%；尤其在 2015—2020 年研究期中，这 4 类蓝绿景观斑块数量增幅、减幅均最为凸显，分别增加 254.17%、36.47%以及减少 17.27%、20.61%，见表 4-12。PD 指数的变化特征与 NP 基本一致，耕地和草地的 PD 指数大幅上升，而林地和水域的 PD 指数下降。由 NP 和 PD 指数值的大小及其变化可知，上海水域景观斑块数量最多，景观生态过程最为活跃，破碎性也最强，但是耕地和草地受人为影响斑块分化的程度最为剧烈。

表 4-12　2000—2020 年上海区域蓝绿景观类型水平的格局指数

景观类型	景观指数									
	NP					PD				
	2000	2005	2010	2015	2020	2000	2005	2010	2015	2020
耕地	136	227	300	340	464	1.73	2.89	3.75	4.25	5.77
林地	357	359	343	330	273	4.55	4.57	4.29	4.12	3.39
草地	20	28	28	24	85	0.25	0.36	0.35	0.3	1.06
水域	745	740	720	718	570	9.49	9.42	9	8.97	7.08
景观类型	景观指数									
	ED					LPI				
	2000	2005	2010	2015	2020	2000	2005	2010	2015	2020
耕地	16.01	16.04	16.19	15.52	15.11	15.85	18.52	11.27	11.4	3.47
林地	1.38	1.36	1.32	1.26	1.25	0.09	0.1	0.09	0.09	0.1
草地	0.15	0.19	0.2	0.14	0.61	0.03	0.09	0.09	0.09	0.12
水域	3.96	3.91	4.01	4.01	6.71	19.6	18.3	17.81	18.34	16.95
景观类型	景观指数									
	IJI					AI				
	2000	2005	2010	2015	2020	2000	2005	2010	2015	2020
耕地	52.57	51.41	42.97	49	52.1	97.93	97.77	97.43	97.41	97.25
林地	60.97	64.71	58.67	68.95	66.88	92.4	93.06	92.48	92.56	93.23
草地	61.98	62.51	64.18	67.08	75.07	93.75	94.68	94.43	95.04	95.28
水域	49.58	53.75	54.26	58.52	64.64	98.55	98.5	98.44	98.5	97.12

再看其他景观类型指数的变化，草地和水域景观的 ED 指数有较大幅度上升，说明斑块稳定性受到影响，耕地和林地边缘密度小幅下降。耕地和水域最大斑块指数 LPI 下降，说明人类活动导致其景观优势性下降，尤其是耕地优势性下降最为显著；同时，耕地的散布并列指数 IJI 也略有减小，而其他景观的 IJI 指数却不同程度地提高，反映出耕地与其他景观斑块类型的邻接概率减小，而其他景观与不同类型景观斑块的邻接概率大幅增加，相同斑块之间的密集程度减少，同时也有助于提高林、草、水景观中的生物多样性。此外，聚

合度指数 AI 的变化反映出耕地和水域景观的分布离散性增加，而林草景观分布聚合性增强。

综合来看，上海蓝绿景观格局变化特征为：

① 水域景观破碎性最强，在人为活动干扰下，破碎化程度好转，但斑块稳定性明显变差，景观优势性下降，邻接斑块类型增加，分布离散性增强。

② 草地景观聚集性最强，但受干扰影响斑块破碎性显著增强，斑块稳定性下降而景观优势性明显提升，邻接斑块类型增加，且空间分布聚合性增强。

③ 耕地景观在干扰影响下斑块分化剧烈，破碎性及稳定性略有下降，景观优势性影响最为严重，邻接斑块类型略有减少，空间分布离散性增强。

④ 林地景观在干扰影响下破碎化程度及斑块稳定性好转，景观优势性略有增强，邻接斑块类型增加，且空间分布聚合性增强。

4.5.2.3　江苏区域蓝绿景观类型水平的格局指数变化

2000—2020 年，耕地、水域的 NP 和 PD 值显著增加，分别提高 67.70%、14.05%和 67.55%、13.86%；而林地 NP、PD 值小幅下降，草地景观 NP、PD 值在波动中小幅增加，见表 4-13。随着外界干扰的持续，耕地和水域的 ED 指数不同程度提高，相反林草的 ED 指数下降。NP、PD、ED 指数的变化反映出江苏的耕地和水域在人类干扰下斑块分化程度最为剧烈，且斑块稳定性变差，尤其是水域，因其 NP、PD 指数值在 4 类景观中始终最大，说明在研究初期，江苏水域的破碎化程度就最高，那么在其剧烈的斑块分化过程中，将改变水域空间为生境的物种间的相互作用和协同共生的稳定性，同时水域景观的生态过程也将更为活跃。

表 4-13　2000—2020 年江苏区域蓝绿景观类型水平的格局指数

景观类型	景观指数									
	NP					PD				
	2000	2005	2010	2015	2020	2000	2005	2010	2015	2020
耕地	1 226	1 254	1 714	1 875	2 056	1.88	1.92	2.62	2.87	3.15
林地	1 739	1 738	1 730	1 731	1 723	2.67	2.66	2.65	2.65	2.64
草地	416	414	375	368	427	0.64	0.63	0.57	0.56	0.65
水域	6 731	7 040	7 651	7 696	7 677	10.32	10.79	11.71	11.78	11.75

表 4-13(续)

景观类型	景观指数									
	ED					LPI				
	2000	2005	2010	2015	2020	2000	2005	2010	2015	2020
耕地	17.57	17.78	17.99	18.01	17.99	34.75	34.58	32.83	32.17	32.16
林地	1.77	1.78	1.76	1.76	1.75	0.41	0.41	0.41	0.41	0.4
草地	0.63	0.61	0.46	0.44	0.49	0.15	0.2	0.1	0.09	0.13
水域	4.71	4.96	5.32	5.36	5.33	7.57	7.56	7.67	7.62	7.39
景观类型	景观指数									
	IJI					AI				
	2000	2005	2010	2015	2020	2000	2005	2010	2015	2020
耕地	50.64	50.91	50.49	50.28	49.88	98.11	98.04	97.84	97.8	97.78
林地	48.78	49.83	58.24	58.48	59.4	95.84	95.83	95.71	95.72	95.65
草地	63.65	64.17	64.83	64.49	65.21	97.09	96.96	95.92	95.92	96.09
水域	44.18	44.21	46.98	47.06	48.16	97.34	97.28	97.34	97.32	97.33

就最大斑块指数 LPI 而言,4 种蓝绿景观的 LPI 指数均不同程度地下降,反映出非蓝绿景观优势性的大幅提升才是江苏景观在人为干扰下的发展方向。再从散布并列指数 IJI 看,耕地邻接的景观类型减少,其他景观邻接的景观类型增多,同质斑块聚集程度降低。AI 指数能够反映景观的分布特征,从表中数据变化可以看出,4 类蓝绿景观空间分布的聚合性降低、离散性增强。

综合来看,江苏蓝绿景观格局变化特征为:

① 水域景观破碎性最强,在人为干扰下,斑块进一步分化、破碎,斑块稳定性减弱,优势性下降,邻接斑块类型增多,空间分布离散性增强。

② 受城市化干扰影响,耕地景观斑块破碎性增强、稳定性下降,景观优势性减弱,邻接斑块类型略有减少,空间分布离散性增强。

③ 受景观转移的人为干扰影响,林地景观斑块破碎性和稳定性略有好转,景观优势性略有减弱,邻接斑块类型增多,空间分布离散性略有增强。

④ 在人为干扰下,草地景观斑块分化和破碎化略有增强,斑块稳定性有所提高,景观优势性略有下降,邻接不同斑块类型概率稍有增加,空间分布聚合性降低。

4.5.2.4 浙江区域蓝绿景观类型水平的格局指数变化

2000—2020 年,浙江区域唯有水域的 NP 有所增加,同时其 PD 也随之增加，其他景观的 NP 和 PD 均有所下降，见表 4-14。4 类景观的 ED 指数均在波动中略有提高，说明蓝绿景观斑块被边界分割的程度均有所提高，这将使斑块稳定性受到影响。4 类景观的 LPI 指数均不同程度地减少，反映出人为干扰将蓝绿景观类型转移成为了非蓝绿景观，非蓝绿景观才是浙江景观的重点发展方向。4 类景观的 IJI 指数均不同程度地提高，反映出浙江蓝绿景观相同斑块之间的邻接概率均有所降低，有利于整个景观的传播与扩散，从而有助于提升生物多样性。AI 指数的变化特征略有不同，唯有草地景观的 AI 指数是增加的，其余景观的 AI 指数都是下降的。

表 4-14　2000—2020 年浙江区域蓝绿景观类型水平的格局指数

景观类型	景观指数									
	NP					PD				
	2000	2005	2010	2015	2020	2000	2005	2010	2015	2020
耕地	11 522	12 101	10 740	13 007	11 298	15.03	15.79	13.89	16.82	14.56
林地	6 261	6 203	6 377	6 384	6 217	8.17	8.09	8.25	8.26	8.01
草地	6 171	5 887	5 885	5 983	5 998	8.05	7.68	7.61	7.74	7.73
水域	4 105	4 864	4 647	4 863	4 773	5.36	6.35	6.01	6.29	6.15

景观类型	景观指数									
	ED					LPI				
	2000	2005	2010	2015	2020	2000	2005	2010	2015	2020
耕地	19.36	19.65	20.61	19.75	19.86	6.83	6.28	5.72	5.63	5.22
林地	15.47	15.42	15.99	15.57	16.03	13.9	13.89	13.63	13.79	13.51
草地	2.37	2.27	2.38	2.33	2.45	0.06	0.06	0.06	0.06	0.05
水域	2.57	2.79	2.97	2.88	2.94	1.47	0.77	0.76	0.72	0.76

景观类型	景观指数									
	IJI					AI				
	2000	2005	2010	2015	2020	2000	2005	2010	2015	2020
耕地	57.85	59.06	59.76	59.42	59.3	95.48	95.03	94.61	94.67	94.36
林地	44.52	48.58	50.94	52.13	54.74	97.94	97.94	97.83	97.89	97.83
草地	36.57	38.61	39.72	39.3	43.52	91.29	91.57	91.33	91.46	91.75
水域	54.91	59.5	65.4	63.69	66.02	94.34	94.2	93.77	94.65	94.11

综合来看，在人为干扰下，浙江的蓝绿景观斑块边界分割程度提高，斑块稳定性下降，蓝绿景观优势性明显降低，斑块邻接类型更为多样性，此外：

① 水域景观在人为干扰下斑块数量增加，破碎化程度加剧，空间分布离散性增强。

② 草地景观斑块数量减少，斑块分化程度减弱，空间分布聚合性增强。

③ 耕地和林地景观斑块数量减少，分化程度减弱，空间分布离散性增强。

4.5.2.5　安徽区域蓝绿景观类型水平的格局指数变化

2000—2020 年，从 NP 和 PD 指数来看，林地和草地景观略有增加，耕地和水域景观略有下降，见表 4-15。蓝绿景观的 ED 指数均有一定程度地提升，使得斑块稳定性受到一定的影响。耕地的 LPI 指数最大，但呈下降态势，反映出耕地原来是优势景观，但其优势已经受到干扰；LPI 指数降幅更大的是林地，2000—2020 年降幅为 10.42%，水域的优势性略有小幅提升，而草地优势性受到微弱干扰。从 IJI 指数看，耕地的邻接斑块类型多样性有所下降，其他景观邻接斑块多样性有所增强；从 AI 指数了解景观分布的离散情况，耕地、林地、草地的空间分布离散性略有增强，水域分布聚合性略有提升。

表 4-15　2000—2020 年安徽区域蓝绿景观类型水平的格局指数

景观类型	景观指数									
	NP					PD				
	2000	2005	2010	2015	2020	2000	2005	2010	2015	2020
耕地	4 125	3 490	4 021	4 786	4 011	5.71	4.83	5.57	6.63	5.56
林地	6 227	6 245	6 390	6 441	6 389	8.62	8.65	8.85	8.92	8.85
草地	3 919	3 915	3 958	3 980	4 070	5.43	5.42	5.48	5.51	5.5
水域	4 266	4 210	4 236	4 886	4 178	5.91	5.83	5.87	6.77	5.79

景观类型	景观指数									
	ED					LPI				
	2000	2005	2010	2015	2020	2000	2005	2010	2015	2020
耕地	20.56	20.71	20.8	20.96	20.71	21.48	21.33	20.77	20.14	20.14
林地	11.09	11.24	11.17	11.07	11.19	7.45	6.75	6.68	7.4	6.67
草地	4.35	4.38	4.36	4.33	4.37	0.32	0.32	0.32	0.32	0.31
水域	3.09	3.12	3.14	3.31	3.13	2.49	2.52	2.54	2.49	2.54

表 4-15(续)

景观类型	景观指数									
	IJI					AI				
	2000	2005	2010	2015	2020	2000	2005	2010	2015	2020
耕地	74.69	74.68	74.37	74.47	74.35	97.07	97.03	96.94	96.86	96.89
林地	42.76	42.76	45.36	47.05	46.13	96.83	96.79	96.8	96.81	96.78
草地	56.3	56.49	58.44	59.63	59.18	95.66	95.63	95.62	95.62	95.59
水域	38.57	38.8	41.37	42.82	43.18	96.82	96.83	96.83	96.71	96.83

综合来看,安徽蓝绿景观在类型水平上的景观格局整体变化不大,4 类蓝绿景观格局变化相同的是边界分割程度略有增强,对斑块稳定性有一定影响。此外:

① 耕地景观斑块数量和分化程度略有下降,景观优势性受到干扰,邻接斑块类型多样性小幅下降,空间分布离散性略有增强。

② 林地景观斑块数量和分化程度略有提高,景观优势性干扰最为强烈,邻接斑块类型多样性提高,景观空间分布离散性略有增强。

③ 草地景观斑块数量和分化程度略有提升,景观优势性受到微弱干扰,邻接斑块类型多样性提高,景观空间分布离散性略有增强。

④ 水域景观斑块数量和分化程度略有下降,景观优势小幅提升,邻接景观斑块类型多样性提高,空间分布聚合性略有提升。

4.6 蓝绿景观演变的影响因素

4.6.1 因素选择与数据来源

影响蓝绿景观变化的因素是多样且复杂的,参考已有研究(宋爽 等,2022),并考虑数据收集的科学性和可行性,本研究选取了社会经济因素 11 项、自然因素 4 项。社会经济因素包括常住人口、GDP、人均 GDP、城镇化率、第三产业占比、农业产值、林业产值、房地产业投资额、绿地面积、建成区绿化覆盖率、人均公园绿地面积。其中,常住人口、GDP、人均 GDP、城镇化率、房地产业投资额几个要素均反映城市的社会、经济以及城镇化的进程,第三产业占比、农业产值、林业产值体现当地产业链结构,以及农林产业投入,绿地面积、建成区绿化覆盖率、人均公园绿地面积体现对绿地、绿化水平的投入和重视，这些要素从不同的角度将会影响对蓝绿空间的调控，从而导致蓝绿空间的变化。自然因素包括 DEM、降水、坡度、气温，这些自然条件对景观的发育、形成等具有重要的影响和约束。因此，选择以上 15 个因素探索 2000—2020 年长三角城市群蓝绿景观的演变原因，同时因为此期间长三角并未发生重大自然灾害或社会动荡，故不考虑突发性因素的影响。

社会经济因素数据来源于 27 个城市的统计年鉴，各市国民经济和社会发展统计公报，以及城市统计年鉴。自然要素中气象数据来源于中国科学院资源环境科学数据中心，DEM 数据来自地理空间数据云 ASTER GDEM 数据集，坡度数据也一并提取。

4.6.2　影响因素的 SEM 与 SLM 模型检验

运用 GeoDa095i 软件对 SEM 模型和 SLM 模型进行估计检验（表 4-16），基于拉格朗日乘数（LM）和稳健拉格朗日乘数（Robust LM）可以判断 SEM 模型的拟合程度更好（姜磊 等，2020）。同时，SEM 模型的拟合优度（R^2）与似然比率（LR）要高于 SLM 模型，而赤池信息准则（AIC）和施瓦茨准则（SC）更小，说明 SEM 模型能够较好地拟合数据的全局性结构，也更适合对蓝绿景观演变影响因素的研究。

表 4-16　空间计量模型检验

模型	拉格朗日乘数（LM）	稳健拉格朗日乘数（Robust LM）	拟合优度（R^2）	似然比率（LR）	赤池信息准则（AIC）	施瓦茨准则（SC）
SEM	0.235 7	2 517.940 5	0.872 1	264.487	501.400	520.838
SLM	0.199 2	2 210.347 1	0.825 3	261.384	503.227	523.960

4.6.3　蓝绿景观影响因素 SEM 回归结果

表 4-17 给出了蓝绿景观演变影响因素的 SEM 模型回归结果，社会经济因素中，农业产值和常住人口数量是耕地演变最重要的正向驱动要素，且均通过 1% 显著性水平检验，相关性系数分别为 0.357 7 和 0.115 6；GDP 和城镇化率是对耕地演变产生负向影响的主要要素，相关性系数分别为 −0.738 9 和 −0.761 1，均通过 5% 显著性水平检验。伴随着长三角的快速城市化进程，人口持续增加，对农产品等物质产品需求等驱动耕地规模提高，但 GDP 和城镇化率的提升又需要不断牺牲耕地等蓝绿类型景观来满足城市发展，从而导

致耕地演变被负向影响。自然因素中，降水对耕地演变具有强烈的负向驱动作用，相关性系数为−0.457 4，并通过 5%显著性水平检验。这说明降水量越高的地区在一定程度上越不利于大面积耕地的耕种。

表 4-17　长三角城市群蓝绿景观空间演变影响因素的回归结果

指标	解释变量	耕地	林地	草地	水体
社会经济因素	常数项	0.251 9	−0.861 4	−0.073 9	−0.139 3
	常住人口	0.115 6***	−0.131 8	0.625 4	0.106 4
	GDP	−0.738 9**	0.127 9	−0.409 4	0.177 6
	人均 GDP	0.015 4	0.099 7	−0.499 1	0.600 8
	城镇化率	−0.761 1**	−0.372 6*	0.237 1	−0.379 6
	第三产业占比	0.154 4	−0.124 5**	0.874 2**	0.005 4
	农业产值	0.357 7***	0.564 9***	−0.003 8	0.060 1
	林业产值	0.284 4**	0.364 9***	−0.397 2*	−0.022 8*
	房地产业投资额	0.198 9	0.072 6	0.647 7	0.268 4
	绿地面积	−0.019 1*	−0.838 3***	0.724 1*	−0.830 8**
	建成区绿化覆盖率	−0.069 1*	−0.075 9*	0.325 4*	0.454 8**
	人均公园绿地面积	0.211 6*	−0.097 1*	0.346 6**	−0.392 9**
自然因素	DEM	−0.115 4*	0.092 0*	−0.093 5*	−0.152 9*
	降水	−0.457 4**	0.109 9***	0.562 3**	0.180 0*
	坡度	−0.200 6	−0.187 1	−0.029 1	−0.154 7
	气温	0.052 1*	0.289 1*	−0.202 4**	−0.544 9**

注：*表示在 10%水平显著；**表示在 5%水平显著；***表示在 1%水平显著。

林地演变影响因素分析中，农业产值和林业产值是对林地演变正向影响作用最强的社会经济因素，显著性水平均达到 1%，相关性系数分别为 0.564 9 和 0.364 9。与林地演化呈负相关的经济社会因子是绿地面积和第三产业占比，分别通过了 1%和 5%显著性水平检验，但这一结论与宋爽等(2022)对哈尔滨中心城区的研究结果有一定差异，其认为农业总产值对林地演变作用不显著，但认同第三产业占比对林业演变具有负向驱动。就自然因素而言，降水对林地演变高度正向驱动，相关系数为 0.109 9，同时，地面高程与温度也对林地扩张具有一定的促进作用。

草地方面，社会经济因素中，第三产业占比和人均公园绿地面积是最主要的驱动因素，通过了 5%显著性检验，相关性系数分别为 0.874 2 和 0.346 6，绿地面积、建成区绿化覆盖率对草地增加也有一定的推动。已有研究表明，城市化率的提高必然促进草地斑块数量及面积的增长（张远景 等，2016），在本研究中二者也呈正相关关系，但未通过显著性检验。此外，林业产值属于负向驱动因素，通过了 10%显著性检验，相关性系数为－0.397 2。自然因素中，降水是长三角城市群草地扩张的最重要驱动因素，通过了 5%显著性检验，而气温和高程则对草地面积均有一定的负向影响。

水域方面，建成区绿化覆盖率是驱动其正向演化的最大驱动力，通过 5%显著性检验，相关性系数为 0.454 8，绿地面积和人均公园绿地面积对水域负向演化最强烈，相关性系数分别为－0.830 8 和－0.392 9，在 5%水平上显著。自然因素中，气温是影响水域扩大的最重要因素，相关系数为－0.544 9，并通过 1%水平检验。已有研究也表明，降水量对水域具有一定的促进作用，高程、气温则对水域面积有一定的抑制作用（宋爽 等，2022）。

4.7 本章小结

本章在多源遥感数据解译基础上，获取 2000 年、2005 年、2010 年、2015 年和 2020 年基于土地利用的长三角城市群景观变化数据，通过 GIS 技术、统计分析、景观格局分析、空间计量模型等的综合运用，从多层次、多尺度对 2000—2020 年长三角城市群蓝绿景观的空间数量分异、转移变化特征、蓝绿景观变化的综合动态度和单一动态度、蓝绿景观在景观水平和景观类型水平上的格局指数变化，以及蓝绿景观时空演变的影响因素展开了细致、深入的分析。得出以下结论：

① 总体上看，2000—2020 年，长三角城市群尺度上，城市（群）化快速发展，景观整体发生了显著变化。蓝绿景观空间受到极大挤占，主要以耕地面积减少为主，下降总量达 13 089.43 km^2，占比从 2000 年的 50.87%减少至 2020 年的 44.73%；蓝绿景观中唯有水域面积略有增加，绝对量提升了 1 138.39 km^2，占比提高了 0.46%；非蓝绿景观中建设用地景观扩张显著，20 年增加了 13 698.95 km^2。

区域尺度上，4 个区域的蓝绿景观均不同程度地减少，而建设景观增加。尤其是江苏耕地面积减少最多，达 5 794.84 km^2，建设景观面积增加最多，达 5 288.72 km^2；上海耕地面积占比下降最多，达 16.58%，建设景观面积占比提升最多，达 17.27%。

② 蓝绿景观的空间转移变化表明，城市群尺度上，2000—2020 年，耕地主要转移用于城市建设，林地主要转化为耕地和城市建设，草地主要转化成其他蓝绿景观，而水域是唯一一类净转入的蓝绿景观，得益于耕地对其具有最大的转入贡献。整体上看，耕地主导了长三角城市群蓝绿景观的动态变化，并为建设空间做出了主要贡献。此外，耕地、林地和草地自 2010 年起净转出面积均不同程度下降，林草景观在 2015—2020 年还实现了净转入，说明随着生态文明建设以及还林还草工程实施的进行，蓝绿空间的流失程度在减弱。

区域尺度上，经过 20 年的发展，4 个区域蓝绿景观流失的面积排序为江苏（5 368.15 km^2）＞安徽（2 016.08 km^2）＞浙江（1 961.38 km^2）＞上海（1 501.19 km^2），流失面积比重排序为上海（19.12％）＞江苏（8.23％）＞安徽（2.79％）＞浙江（2.56％）。4 个区域的城市建设空间主要都由耕地和林地转化而来。其中，江苏区域的耕地转出最多，浙江的林地转出最多。草地和水域在上海的转入与转出情况与其他区域均不同。上海的草地面积在这 20 年中实现了净转入，有效维持了上海蓝绿景观的多样性，也唯有上海的水域面积呈现了净转出状态。

此外，20 年的城市化建设，蓝绿景观空间并非一味地流失并用于城市开发建设，建设空间也在一定程度上“回馈”了蓝绿空间，在 2015—2020 年这一研究期内，4 个区域的非蓝绿景观均首次不同程度地净转出了部分面积给某一类或两类蓝绿景观。可以说，这是长三角 4 个区域践行“绿水青山就是金山银山”、推动生态文明建设的实实在在的行动和成效。

③ 蓝绿景观的利用动态变化特征表明，城市群尺度上，蓝绿景观的综合利用动态度先持续增加（2000—2010 年）、后持续减小（2010—2020 年），这与 2012 年党的十八大提出“把生态文明建设纳入五位一体总布局”并深入推进与践行的时间线是吻合的。蓝绿景观单一动态度排序为：耕地＞水域＞草地＞林地，均在 2005—2010 年达到峰值。

区域尺度看，20 年间，4 个区域蓝绿景观的综合动态度和单一动态度在变化特征上不尽相同，说明各区域发展速度、特点不一致，区域发展并不均衡。其中，上海蓝绿景观的综合动态度和单一动态度均最大，体现出人类活动干扰下上海各类蓝绿景观的变化均最为剧烈。

④ 2000—2020 年，景观水平格局指数表明长三角城市群蓝绿景观破碎化日趋增强，斑块边缘复杂性增加，稳定性减弱，优势景观的连接性降低；景观类型水平指数表明人类活动对城市群耕地、水域景观干扰程度大，对林草景观干扰程度相对略小。4 类蓝绿景观均呈现破碎化、斑块稳定性下降以及空间

分布离散化的特征，且耕地的优势度下降显著。

区域尺度上，从景观水平格局指数看。4个区域的景观异质性均有所提高，但斑块稳定性均下降，且斑块类型趋于均衡化分布，尤其是安徽的景观类型更加均匀；浙江的景观生态变化比其他区域始终更为活跃，其景观形状最为复杂，且已处于不稳定的状态；江苏优势景观的连接性最好，安徽优势景观的连接性最差；江苏蓝绿景观聚合性最强，而浙江蓝绿景观离散性最强。从景观类型水平指数看，上海草地景观破碎性增强，其他类型蓝绿景观破碎化程度好转。江苏蓝绿景观优势下降，空间分布离散性增强，耕地和草地破碎性增强，水域和林地破碎化好转。浙江蓝绿景观优势降低，斑块邻接类型更为多样，水域破碎化程度加剧。安徽蓝绿景观格局整体变化不大，边界分割程度略有增强。

⑤ SEM模型能够更好拟合数据的全局性结构，也更适合对蓝绿景观演变影响因素的研究。2000—2020年，长三角城市群各类蓝绿景观空间演变受多种因素共同驱动，社会经济因素是直接驱动力，自然因素的驱动作用不如社会经济因素显著，这是由于长三角城市群在长期的自然历史形成过程中，已经形成了较为稳定的景观形态，其受到的自然作用和变化远没有人类社会活动对景观的干扰来得剧烈。

整体来看，林业产值、绿地面积、建成区绿化覆盖率、人均公园绿地面积是长三角城市群各类蓝绿景观演变的社会经济驱动要素，农业产值对耕地和林地正向驱动非常显著，城镇化发展对草地面积的正向促进和水域面积的负向抑制均不显著。高程、降水和气温是主要的自然驱动因素。

第 5 章　长三角城市群蓝绿景观服务的生态福祉效应

第 2 章"国内外研究进展"中"景观格局-服务-福祉相关研究"部分详细阐述了基于 LUCC 的景观格局变化、利用生态系统服务表征的景观服务与人类福祉之间的关系，同时指出采用生态福祉来表征蓝绿景观格局变化对区域人类的福祉效应，更能了解和把握当前区域人类自身需求与生产力水平所获得的终端产品与服务价值，并解决传统生态系统服务评价过程中存在的重复计算问题。因此，本章针对长三角城市群蓝绿景观服务的生态福祉价值及其效应展开深入研究，并对长三角城市群 27 市的人均生态福祉进行空间分析，以期从不同空间尺度全面理解蓝绿景观服务为长三角城市群提供的人类福祉，为进一步增进城市蓝绿景观服务的福祉并提高其空间公平性提供科学依据。

5.1　研究方法

5.1.1　基于生态系统服务的生态福祉核算

生态福祉与生态系统服务在本质上有着深刻的内在联系，只是视角不同而已，生态福祉主要着眼于人类消费与需求，包括人类自身依靠当前需求及生产力水平所能获得的终端产品和服务价值；生态系统服务则基于生态系统生产与供给视角，不仅包括直接价值，还包括各种间接使用价值、选择价值以及存在价值等（臧正 等，2017）。千年生态系统评估（MA）将生态系统服务功能划分为供给服务、调节服务、支持服务和文化服务四大类，获得了大多数研究者的认可，生态系统服务的科学分类工作为臧正等（2016b）细分生态福祉提供了理论基础。表 5-1 将生态福祉与生态系统服务相对应，将生态系统产品和服务从以往的人类经济与社会福祉概念整体中剥离。此外，臧正等（2016a）

还提出将资源福祉、环境福祉以及与生态系统间接相关的经济和社会福祉统称为广义生态福祉。

表 5-1　生态福祉与生态系统服务的对应关系

生态系统服务		生态福祉	
类型	内涵	内涵	类型
供给服务	食物生产	食物生产与供给	资源福祉
	原材料生产	能源与原材料供应	
文化服务	美学景观	娱乐及文化服务	
调节服务	气体调节	释氧固碳及净化空气	环境福祉
	气候调节	调节区域小气候	
	净化环境	废弃物吸纳与处理	
	水文调节	调洪灌溉及涵养水源	
支持服务	土壤保持	土壤水分及营养盐保持	
	生物多样性	生物多样性保护	

臧正等(2016b)提出,根据生态福祉的定义,可由生态系统服务价值评估方法评价区域生态系统总的生态福祉供给能力。谢高地等(2015a)根据中国民众和决策者对生态服务的理解状况,将生态系统服务划分为食物生产、原材料生产等 9 项服务功能,已经囊括了从人类需求出发的生态系统的 9 种生态需求类型,即生态系统给予人类的 9 种生态福祉。他们建立了不同生态系统类型、不同生态服务功能价值的时间和空间动态评估方法,更适合我国的情况,且可根据各地具体情况加以调整。表 5-2 给出了谢高地等(2015a)修正后的 9 种生态系统服务的单位面积服务价值的基础当量。

表 5-2　单位面积生态系统服务价值当量

生态系统服务		供给服务		调节服务				支持服务		文化服务
一级分类	二级分类	食物生产	原料生产	气体调节	气候调节	净化环境	水文调节	土壤保持	生物多样性	美学景观
农田	旱地	0.85	0.40	0.67	0.36	0.10	0.27	1.03	0.13	0.06
	水田	1.36	0.09	1.11	0.57	0.17	2.72	0.01	0.21	0.09

表 5-2(续)

生态系统服务		供给服务		调节服务				支持服务		文化服务
一级分类	二级分类	食物生产	原料生产	气体调节	气候调节	净化环境	水文调节	土壤保持	生物多样性	美学景观
森林	针叶	0.22	0.52	1.70	5.07	1.49	3.34	2.06	1.88	0.82
	针阔混交	0.31	0.71	2.35	7.03	1.99	3.51	2.86	2.60	1.14
	阔叶	0.29	0.66	2.17	6.50	1.93	4.74	2.65	2.41	1.06
	灌木	0.19	0.43	1.41	4.23	1.28	3.35	1.72	1.57	0.69
草地	草原	0.10	0.14	0.51	1.34	0.44	0.98	0.62	0.56	0.25
	灌草丛	0.38	0.56	1.97	5.21	1.72	3.82	2.40	2.18	0.96
	草甸	0.22	0.33	1.14	3.02	1.00	2.21	1.39	1.27	0.56
湿地	湿地	0.51	0.50	1.90	3.60	3.60	24.23	2.31	7.87	4.73
荒漠	荒漠	0.01	0.03	0.11	0.10	0.31	0.21	0.13	0.12	0.05
	裸地	0.00	0.00	0.02	0.00	0.10	0.03	0.02	0.02	0.01
水域	水系	0.80	0.23	0.77	2.29	5.55	102.24	0.93	2.55	1.89
	冰川积雪	0.00	0.00	0.18	0.54	0.16	7.13	0.00	0.01	0.09

基于谢高地等(2015b)提出的中国各类陆地生态系统服务价值修正算法，并参考臧正等(2016a)、郑德凤等(2020)提出的生态福祉核算模型，应用如下基于生态系统服务价值的蓝绿景观生态福祉核算公式：

$$\mathrm{GEW} = \sum_{i=1}^{4}\sum_{j=1}^{9} e'_{ij} \times E_{\mathrm{a}} \times s_i \tag{5-1}$$

$$E_{\mathrm{a}} = \frac{1}{7} v \times g \tag{5-2}$$

式中，GEW 表示现期生态福祉，元；e'_{ij} 表示第 i 类蓝绿景观生态系统中第 j 种生态系统服务价值当量因子，根据谢高地等(2015b)的动态当量因子法，具体的生态系统服务当量需要结合研究区的实际情况进行修正；E_{a} 为单位生态系统服务价值当量因子的经济价值；根据谢高地等(2003)的研究，确定 1 个生态系统服务价值当量因子的经济价值量等于当年平均粮食单产市场价值的 1/7，因此 v 为当年研究区粮食平均价格，元/kg；g 代表研究区在研究期间平均粮食单产，$\mathrm{kg/hm^2}$(管青春 等，2018)；e'_{ij} 与E_{a} 的乘积可以认为是第 i 类蓝绿景观生态系统中第 j 种生态系统服务的价值系数，这个系数与第 i 类蓝绿景观生态系统对应的土地面积s_i($\mathrm{hm^2}$)相乘即测算出该景观类型给予区域人类的生态福祉。

5.1.2 生态系统服务价值当量修订

根据表 5-2 的单位面积生态系统服务价值当量，查阅相关资料并结合长三角的现实情况，将长三角蓝绿景观类型与表中的用地类型相对应。① 参考江苏省、安徽省、浙江省、上海市《第三次全国国土调查主要数据公报》，三省一市水田与旱地比重约为 2∶1，因此耕地根据研究区域内水田和旱地 2∶1 比例加权计算该当量[①]；② 参考三省一市《第三次全国国土调查主要数据公报》，乔木林地与灌木林地面积比重约为 24∶1[②]，并通过借鉴毛佳园（2016）和谢长坤等（2021）分别对长三角城市和乡村地区森林群落景观的调查研究，获得长三角地区针叶林、针阔混交林与阔叶林之比约为 5∶1∶30，因此取 5∶1∶30∶1.5 比例加权计算林地景观生态系统服务价值当量；③ 参考杨俊博等（2021）对江苏植被调查中有关草甸和稀灌草丛的介绍、汪清川（2021）研究中有关淮海经济核心区草甸和灌草丛的比例以及长三角草地资源实际状况，长三角草地主要为灌草丛和草甸，取二者平均值计算生态系统服务价值当量；④ 由于研究区域内冰川积雪不存在，故将水域与水系对应。由此得到长三角各蓝绿景观的单位面积生态系统服务价值当量，见表 5-3。

表 5-3 长三角城市群蓝绿景观单位面积生态系统服务价值当量

生态系统服务	景观类型			
	耕地	林地	草地	水域
食物生产	1.19	0.28	0.30	0.80
原料生产	0.19	0.63	0.45	0.23

① 江苏省自然资源厅于 2021 年 12 月 31 日发布《江苏省第三次全国国土调查主要数据公报》、安徽省自然资源厅于 2022 年 1 月 14 日发布《安徽省第三次全国国土调查主要数据公报》、浙江省自然资源厅于 2021 年 12 月 3 日发布《浙江省第三次全国国土调查主要数据公报》、上海市规划资源局于 2021 年 11 月 23 日发布《上海市第三次全国国土调查主要数据公报》，三省一市的水田面积（万 hm^2）分别为 283.84、269.38、106.28、12.16，三省旱地面积（万 hm^2）分别为 51.18、262.62、22.76。

② 江苏省、安徽省、浙江省、上海市的《第三次全国国土调查主要数据公报》显示，乔木林地面积（万 hm^2）分别为 25.22、315.94、459.04、2.40，灌木林地面积（万 hm^2）分别为 0.84、8.60、23.19 和 0.002 7。

表 5-3(续)

生态系统服务	景观类型			
	耕地	林地	草地	水域
美学景观	0.08	1.02	0.76	1.89
气体调节	0.96	2.08	1.56	0.77
气候调节	0.50	6.23	4.12	2.29
净化环境	0.15	1.85	1.36	5.55
水文调节	1.90	4.46	3.02	102.24
土壤保持	0.35	2.54	1.90	0.93
生物多样性	0.18	2.31	1.73	2.55

如图 5-1 所示，根据江苏省、安徽省、浙江省和上海市的历年统计年鉴资料，获得 2000—2020 年三省一市的粮食产量变化数据，计算得到 2000—2020 年研究区的平均粮食单产 $g=5\ 919.31\ kg/hm^2$。为了消除年与年间的粮食价格波动对不同年际生态系统服务价值产生影响，本研究统一按照 2020 年的市场价格核算，因此，根据《全国农产品成本收益资料汇编(2021)》中相关数据，计算获得江苏、安徽和浙江的 2020 年粮食平均出售价格 $v=2.52$ 元/kg（以籼稻、粳稻、小麦和玉米平均出售价格计算）。

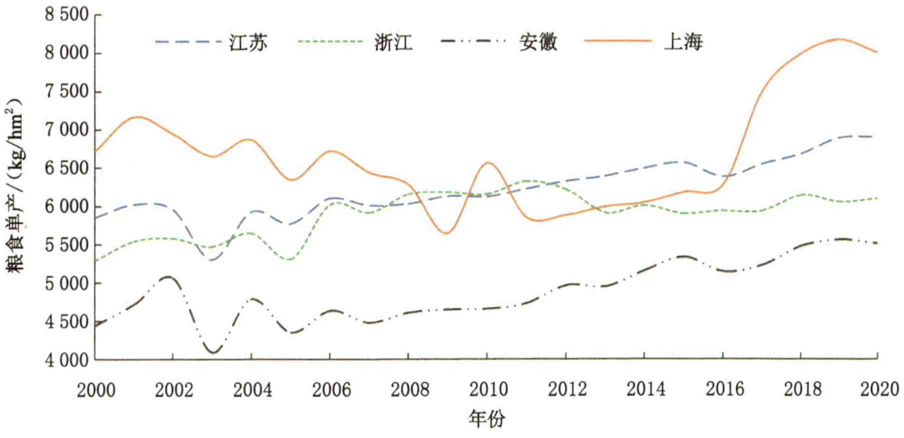

图 5-1　2000—2020 年长三角地区三省一市粮食单产变化

依据式(5-2),得到2000—2020年长三角城市群单位生态系统服务当量因子的经济价值为E_a=2 130.95元/hm^2。

因此,基于长三角城市群的现实状况,修订后的单位面积生态系统服务价值系数见表5-4。

表5-4 长三角城市群各蓝绿景观类型单位面积生态系统服务价值系数

单位:元/hm^2

生态系统服务	景观类型			
	耕地	林地	草地	水域
食物生产	2 535.83	590.70	639.29	1 704.76
原料生产	411.98	1 349.89	948.27	490.12
美学景观	170.48	2 163.62	1 619.52	4 027.50
气体调节	2 052.82	4 436.07	3 313.63	1 640.83
气候调节	1 065.48	13 281.50	8 768.86	4 879.88
净化环境	312.54	3 935.72	2 898.09	11 826.77
水文调节	4 055.91	9 514.55	6 424.81	217 868.33
土壤保持	745.83	5 412.04	4 038.15	1 981.78
生物多样性	390.67	4 924.20	3 675.89	5 433.92

5.1.3 人均生态福祉测算

$$\mathrm{PGEW} = \mathrm{GEW}/\mathrm{P} \tag{5-3}$$

式中,PGEW指研究区人均生态福祉,元/人;P指研究区人口,采用常住人口数据,因为基于公平性原则,相比户籍人口,每位常住人口都有公平享有生态福祉的权利。PGEW越大,说明研究区景观生态系统生态福祉的供给能力越大。

5.1.4 生态福祉分类评价

PGEW表示的是人均生态福祉的绝对量,为了使福祉评价更利于制定因地制宜的政策,参考郑德凤等(2020)提出的基于相对公平的视角,通过采用城市人均生态福祉与区域平均值的比值即可获得无量纲的相对福祉指数,从而对城市生态福祉供给能力进行分类,即:

$$\mathrm{REWI} = \mathrm{PGEW}_i / \mathrm{PGEW}_{\mathrm{Total}} \tag{5-4}$$

式中，REWI 表示相对福祉指数，反映了相对视角的公平性原则，REWI 越大，表明城市 i 的人均生态福祉对提高整个长三角城市群生态福祉供给能力的贡献越大，$i=1,\cdots,27$ 为长三角城市群 27 个城市；$PGEW_i$ 为第 i 个城市的人均生态福祉；$PGEW_{Total}$ 为长三角城市群的人均生态福祉。

根据城市生态福祉供给能力与城市群整体生态福祉供给能力的比值，本研究将 REWI 划分为 5 个等级，REWI≥2 时，为超高生态福祉区；1.5≤REWI<2 时，为高生态福祉区；1≤REWI<1.5 时，为较高生态福祉区；0.5≤REWI<1 时，为较低生态福祉区；0≤REWI<0.5 时，为低生态福祉区。

5.1.5　探索性空间数据分析

探索性空间数据分析（Exploratory Spatial Data analysis，ESDA）具有空间识别功能，主要用于探索城市人均生态福祉的空间相关性和聚集效应，分为全局自相关和局域自相关。全局自相关用于探测整个研究区域的空间模式，使用单一的值来反映该区域的自相关程度；局域自相关计算每一个空间单元与邻近单元就某一属性的相关程度（Wang et al，2020a）。

全局自相关常用 Moran's I 指数来衡量，其公式为：

$$I^t = \frac{n \times \sum_{i=1}^{n}\sum_{m=1}^{n} \omega_{im}(Y_i^t - \bar{Y}^t)(Y_m^t - \bar{Y}^t)}{\sum_{i=1}^{n}\sum_{m=1}^{n} \omega_{im} \sum_{i=1}^{n}(Y_i^t - \bar{Y}^t)} \tag{5-5}$$

式中，I^t 是第 t 年的全局 Moran's I 指数，其范围在[−1，1]之间；$n=27$ 为样本城市总数；Y_i^t 和 Y_m^t 分别是第 t 年空间单元 i 和 m 的值；$\bar{Y}^t$ 是第 t 年的平均值；ω_{im} 为空间权重矩阵。如果 $I^t>0$，存在显著的正相关，相似的观测值（高值或低值）趋于空间集聚；如果 $I^t<0$，存在显著的负相关，相似的观测值趋于分散分布；当 $I=0$ 时，则没有空间相关性。

采用 Z 值对 Moran's I 值进行统计检验：

$$Z = \frac{I - E(I)}{\sqrt{\mathrm{var}(I)}} \tag{5-6}$$

式中，$E(I)$ 和 $\mathrm{var}(I)$ 是 Moran's I 指数的理论期望和理论方差，那么人均生态福祉在空间分布上明显正相关需要满足两个条件：① $Z>0$；② Z 值通过显著性检验，即 $|Z|\geq 1.96$。

全局 Moran's I 指数衡量了人均生态福祉在整个研究区域的空间特征，但并不能进一步描述其在局部区域的空间关联性。因此，局域的空间关联指标(LISA)被用于分析每个城市与周边城市之间景区的局部空间关联及差异程度,目前常用的LISA统计量是Moran's I的局部化版本(Anselin,1995;邹建琴 等,2021),公式为:

$$I_i^t = \frac{n \times (Y_i^t - \bar{Y}^t)\sum_{m=1}^{n} \omega_{im}(Y_m^t - \bar{Y}^t)}{\sum_{i=1}^{n}(Y_i^t - \bar{Y}^t)^2} \tag{5-7}$$

式中,如果$I_i^t > 0$,表示该城市与邻近城市的属性值相似;如果$I_i^t < 0$,表示该城市与邻近城市的属性值相异。

5.2 长三角城市群蓝绿景观服务的生态福祉总体变化

5.2.1 基于景观服务的生态福祉变化

根据长三角城市群各蓝绿景观面积数据(表4-2),利用式(5-1),获得2000—2020年长三角城市群尺度上蓝绿景观服务给予人类的生态福祉及其中各项景观服务价值。

如图5-2所示,2000—2020年,长三角城市群生态福祉总值整体呈提升趋势,由2000年的9 252.85×10^8元提高至2020年的9 351.07×10^8元,增幅为1.06%。就各项景观生态系统服务功能带来的福祉变化而言,供给服务(食物生产、原材料生产)和文化服务(美学景观)形成的资源福祉整体是下降的,由2000年的763.42×10^8元下降至2020年的726.67×10^8元,降幅达4.81%;调节服务(气体调节、气候调节、净化环境、水文调节)和支持服务(土壤保持、生物多样性)形成的环境福祉整体是上升的,由2000年的8 489.43×10^8元提高至2020年的8 624.40×10^8元,增幅为1.59%。从变化幅度具体来看,蓝绿景观服务功能呈现下降趋势的共6项,根据降幅排序为:食物生产(8.76%)>气体调节(4.86%)>原料生产(3.82%)>土壤保持(2.25%)>气候调节(1.53%)>生物多样性(0.50%),呈现上升趋势的共3项,根据增幅排序为:水文调节(3.61%)>净化环境(1.21%)>美学景观(0.32%)。

5.2.2 基于景观类型的生态福祉变化

LUCC不仅仅表现在对景观格局的改变,还体现在对景观内部物质循环

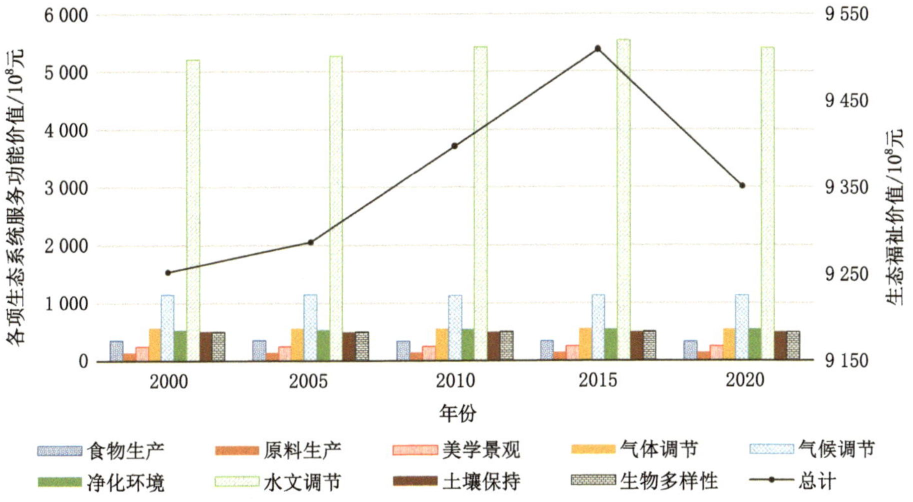

图 5-2　2000—2020 年长三角城市群各项生态系统服务功能价值及生态福祉变化

和能量流动中的影响，进而引致生态系统服务供给发生改变。从各景观类型的变化来看，水域景观是研究区生态福祉的主要来源，且在城市群尺度上，水域景观的生态福祉价值是提升的，2000—2020 年共增加了 6.08%，见表 5-5。

耕地、林地、草地的生态系统服务价值呈下降趋势，且耕地生态系统服务价值的总降幅最大，达 11.59%；林草景观是城市绿地的重要组成部分，但二者的生态福祉也是下降的。从第 4 章的分析已知长三角城市群蓝绿景观类型均不同程度地净转移成为城市建设景观(表 4-5)，不同的土地利用景观类型提供生态系统服务的种类和能力有差异，当耕地、林地、草地等不断转化成城镇建筑，必将导致食物生产、气体调节、气候调节、土壤保持等服务的降低，还会导致生物多样性的急剧减少(李双成，2014)。

表 5-5　2000—2020 年长三角城市群不同蓝绿景观类型服务的生态福祉价值变化

景观类型	生态福祉价值/×10^8元				
	2000 年	2005 年	2010 年	2015 年	2020 年
耕地	1 325.58	1 283.81	1 218.70	1 192.08	1 171.89
林地	2 986.33	2 978.25	2 962.02	2 957.31	2 962.86
草地	263.60	260.24	246.19	243.68	254.56
水域	4 677.33	4 765.12	4 970.46	5 115.40	4 961.76

表 5-5(续)

景观类型	2000—2005 年		2005—2010 年		2010—2015 年		2015—2020 年		2000—2020 年	
	变化量/$\times10^8$元	变化率/%	变化量/$\times10^8$元	变化率/%	变化量/$\times10^8$元	变化率/%	变化量/$\times10^8$元	变化率/%	变化量/$\times10^8$元	变化率/%
耕地	−41.77	−3.15	−65.11	−5.07	−26.62	−2.18	−20.19	−1.69	−153.69	−11.59
林地	−8.08	−0.27	−16.23	−0.55	−4.71	−0.16	5.55	0.19	−23.48	−0.79
草地	−3.36	−1.28	−14.05	−5.40	−2.52	−1.02	10.88	4.47	−9.04	−3.43
水域	87.79	1.88	205.34	4.31	144.94	2.92	−153.64	−3.00	284.43	6.08

5.2.3 基于不同区域的生态福祉变化

表 5-6 展示了 2000—2020 年长三角城市群各个区域的生态福祉价值及其变化。从价值上看，上海的生态福祉价值较低，这与上海面积较小有关；江苏、浙江和安徽区域的生态福祉价值相差不大。但是，从历时性变化上看，区域间具有显著差别。上海和安徽的生态福祉呈现下降态势，其中上海的降幅高达 15.76%，安徽降幅微小，仅 0.29%，江苏和浙江呈现上升特点，江苏增幅为 5.97%，浙江增幅微小，为 0.38%。

表 5-6　2000—2020 年长三角城市群各区域的生态福祉价值变化

单位：$\times10^8$元

生态福祉	上海区域					变化方向
	2000 年	2005 年	2010 年	2015 年	2020 年	
资源福祉	25.45	23.91	22.26	22.42	20.24	↙
环境福祉	466.55	440.16	429.66	456.62	394.21	↙
总计	492.00	464.07	451.92	479.04	414.45	↙
生态福祉	江苏区域					变化方向
	2000 年	2005 年	2010 年	2015 年	2020 年	
资源福祉	209.50	207.28	199.76	197.46	196.01	↙
环境福祉	2 682.53	2 730.45	2 895.59	2 880.20	2 868.63	↗
总计	2 892.03	2 937.74	3 095.36	3 077.66	3 064.64	↗

表 5-6(续)

生态福祉	浙江区域					变化方向
	2000 年	2005 年	2010 年	2015 年	2020 年	
资源福祉	280.59	274.80	271.99	272.26	268.71	↙
环境福祉	2 763.57	2 776.55	2 750.29	2 844.95	2 786.93	↗
总计	3 044.16	3 051.35	3 022.28	3 117.22	3 055.64	↗
生态福祉	安徽区域					变化方向
	2000 年	2005 年	2010 年	2015 年	2020 年	
资源福祉	247.88	247.46	244.40	242.14	241.72	↙
环境福祉	2 576.79	2 586.81	2 583.41	2 592.41	2 574.62	↙
总计	2 824.66	2 834.26	2 827.81	2 834.55	2 816.34	↙

从构成生态福祉的两类福祉要素来看，上海、江苏、浙江和安徽 4 个区域的资源福祉均呈减弱趋势，其中上海的降幅最大，达 20.47%，安徽资源福祉降幅最小，为 2.48%；江苏和浙江的环境福祉有所增强，尤其是江苏的环境福祉提升了 6.94%。

5.3　城市群和区域尺度下蓝绿景观服务的资源福祉效应

5.3.1　基于供给服务的资源福祉效应

5.3.1.1　供给服务的资源福祉价值

蓝绿景观的资源福祉效应主要来自蓝绿景观的供给服务和文化服务。供给服务包括蓝绿景观生态系统提供的食物生产服务和原料生产服务，能够满足人类对食物、能源和原材料等的消费需求。长三角城市群蓝绿景观供给服务的资源福祉价值变化见表 5-7，可知 2000—2020 年唯有水域景观生态系统的供给服务价值整体是提高的，其他 3 类蓝绿景观生态系统的供给服务价值总体均是下降的。

表 5-7 长三角城市群蓝绿景观生态系统供给服务的资源福祉价值

单位：$\times 10^8$元

样本期	食物生产服务				原料生产服务			
	耕地	林地	草地	水域	耕地	林地	草地	水域
2000 年	286.29	38.68	5.21	31.91	46.51	88.39	7.73	9.18
2005 年	277.27	38.57	5.15	32.51	45.05	88.15	7.63	9.35
2010 年	263.20	38.36	4.87	33.91	42.76	87.67	7.22	9.75
2015 年	257.45	38.30	4.82	34.90	41.83	87.53	7.15	10.03
2020 年	253.09	38.37	5.03	33.85	41.12	87.69	7.47	9.73

5.3.1.2 实例分析：长三角耕地粮食生产服务

通过 5.1.2 小节已知长三角耕地类型主要是水田，其次是旱地，因此从粮食作物种类来看，长三角地区稻谷生产规模较大，同时也是我国油料、茶叶、蚕茧、柑橘、水产品等特色农产品的重要产区。从长三角地区看，安徽和江苏省是我国棉花主产区、油菜籽的主要产区，更列于我国 13 个粮食主产区之中。

以粮食生产为例，做进一步分析。如图 5-3 所示，2000—2021 年，长三角三省一市中，浙江和上海的粮食产量整体呈现下降趋势，江苏和安徽呈现上升趋势，自 2015 年两省粮食产量均超过 3 500 万 t，2018 年起安徽更是超过 4 000万 t，而安徽又一直是我国 6 个粮食净调出省区之一，在保障我国粮食安全方面具有重要作用。至 2021 年，江苏位列全国粮食产量第 8 位，安徽位列第 4 位，占全国粮食的份额分别是 5.5%、6.0%，远高于全国各省市3.23%的平均份额(以 31 个省市计算)。

从生态福祉的核算公式可知，研究区单位生态系统服务当量因子、单位生态系统服务当量因子的经济价值(即粮食平均价格和单产乘积的 1/7)以及各景观类型的面积，对生态福祉价值十分重要。在这些研究区变量因子中，生态系统服务当量主要受研究区自然环境影响，其实是一个既定结果；粮食价格在市场供求和国家保护政策的整体影响与协调下，也很难有自控性；而粮食单产和景观类型面积是研究区发展中能够自主把握的变量因子。粮食单产的持续提升能够有效提升粮食生产所带来的供给服务价值，从而提升资源福祉，而粮食生产所需的耕地面积的减少则会削弱耕地景观生态系统的供给服务价值，从而降低带给人类的资源福祉。就长三角城市群的实际情况而言，2000—2020 年，上海、江苏、浙江和安徽区域的耕地年均减少率分别为 1.43%、0.64%、0.84%和 0.25%(表 4-3)；但是 4 个区域的粮食单产均在波动中呈现

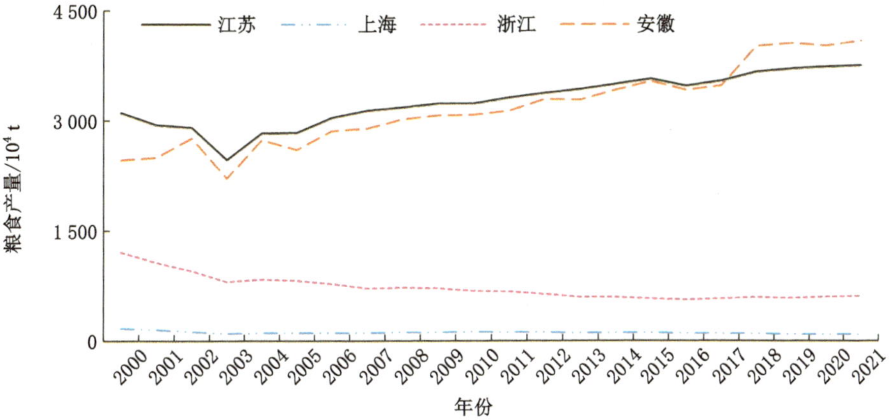

图 5-3　2000—2021 年长三角三省一市粮食产量变化

上升趋势，2000—2020 年，上海、江苏、浙江和安徽省的粮食单产年均提高率分别为 0.95%、0.89%、0.76%和 1.21%（图 5-1）。可见在整个研究期中，上海的耕地年均减少率最高，而安徽和江苏区域均属于耕地年均减少率低于粮食单产提升率的类型。那么，从区域尺度看，若 4 个区域拥有相同的初始粮食单产和耕地面积值，安徽和江苏的耕地景观生态系统将产生更高的资源福祉效应。

由表 5-8 可知，从长三角城市群各个区域蓝绿景观生态系统供给服务产生的实际资源福祉价值来看，江苏和安徽区域的食物生产供给服务价值的确高于上海和浙江，在各个景观类型的食物生产供给服务价值系数中，耕地和水域的系数最高，分别是 2 535.83 元/hm^2 和 1 704.76 元/hm^2（表 5-4），并且江苏和安徽区域的耕地面积也远高于上海和浙江，因此两地的粮食生产供给服务形成的资源福祉价值就比较高。但是，值得注意的是，自 2015 年起，上海的粮食单产大幅度提升，2015—2020 年，年均提升率高达 5.88%，这是上海持续实施科技兴农项目的成果，目前上海已成为全国粮食单产最高的省市，高达 8 003 kg/hm^2，远高于其他省市。在《上海市乡村振兴“十四五”规划》（沪府发〔2021〕9 号）、《上海市粮食和物资储备“十四五”规划》（沪发改粮〔2021〕13 号）中，均对上海粮食产业高质量发展，稳定粮食种植面积、提升粮食安全保障能力等提出了具体要求，足见上海对粮食生产数量、质量和供给能力的高度重视。那么，在长三角区域一体化发展背景下，上海应协同江苏、浙江、安徽三地，通过联合开展粮食单产提升行动项目或技术人员交流培训项目等，推广应用现代技术来支持长三角地区的粮食单产得以进一步地全面提升，形成上海科技兴农的溢出效应，从而促进长三角成为全国科技兴农的一体化标杆发展区域。

表 5-8　长三角城市群各区域蓝绿景观供给服务的资源福祉价值

单位：$\times 10^8$元

供给服务	上海区域				
	2000 年	2005 年	2010 年	2015 年	2020 年
食物生产	14.57	13.61	12.38	12.13	11.07
原料生产	2.88	2.72	2.50	2.48	2.31
供给服务	江苏区域				
	2000 年	2005 年	2010 年	2015 年	2020 年
食物生产	132.58	130.11	122.13	120.42	119.31
原料生产	26.98	26.56	25.00	24.69	24.52
供给服务	浙江区域				
	2000 年	2005 年	2010 年	2015 年	2020 年
食物生产	94.52	89.85	88.24	87.15	84.38
原料生产	72.65	71.67	71.18	71.04	70.85
供给服务	安徽区域				
	2000 年	2005 年	2010 年	2015 年	2020 年
食物生产	120.43	119.93	117.61	115.77	115.60
原料生产	49.30	49.23	48.73	48.33	48.32

事实上，对粮食生产起决定作用的耕地，不仅是最宝贵的农业资源和最重要的生产要素，也是农业现代化的根基命脉，但在过去的 20 余年里，耕地为城市化发展做出了巨大的贡献，耕地面积的减少将直接影响耕地景观供给服务的资源福祉价值（表 5-7）。随着生态文明建设和乡村振兴战略的实施，习近平生态文明思想逐步贯穿于农业发展的各个领域，农业农村部等 6 部门联合印发《“十四五”全国农业绿色发展规划》（农规发〔2021〕8 号），这是我国首部农业绿色发展专项规划，针对当前耕地保护和质量建设出现的问题，提出了稳数量、提质量、保生态的“三位一体”举措。在《江苏省“十四五”自然资源保护

和利用规划》(苏政办发〔2021〕41 号)中明确提出要落实最严格的耕地保护制度。强化耕地数量、质量和生态“三位一体”保护;构建保护有力、集约高效、监管严格的永久基本农田特殊保护新格局,创新耕地和永久基本农田保护机制。同样,浙江、安徽在“十四五”自然资源发展规划中,均明确强化耕地数量、质量和生态“三位一体”的保护。可见,随着长三角地区耕地的严格保护、占补平衡和质量提升以及粮食单产的持续提升,长三角城市群的耕地景观生态系统将会持续、有效地保障粮食供给服务。

5.3.1.3　实例分析:江苏水域水产供给服务

在蓝绿景观中,除了耕地之外,水域生态系统也具有较高的食物生产供给服务价值系数。在长三角 4 个区域中,水域是上海和江苏区域的优势景观,且在江苏的绝对面积最大,因此以江苏为例简要介绍该区域的水产供给资源福祉效应。江苏是我国大江、大海、大河、大湖、大运河皆备的唯一省份。长江横穿江苏东西,大运河纵贯南北,连接微山湖、骆马湖、洪泽湖、高邮湖和太湖五大湖泊。江苏海岸线 954 km,有大小河流 2 900 多条,面积在 0.5 km^2 以上的湖泊 290 多个,面积 50 km^2 以上的湖泊 15 个,面积超过 1 000 km^2 的太湖、洪泽湖分列全国第三、四大淡水湖。丰富的水域环境使得江苏自古便是“鱼米之乡”,江苏水产养殖业规模庞大,如图 5-4 所示,2000—2021 年,江苏水产品产量由 300×10^4 t 发展至约 500×10^4 t,年均增长率 2.88%,始终位列全国前列。

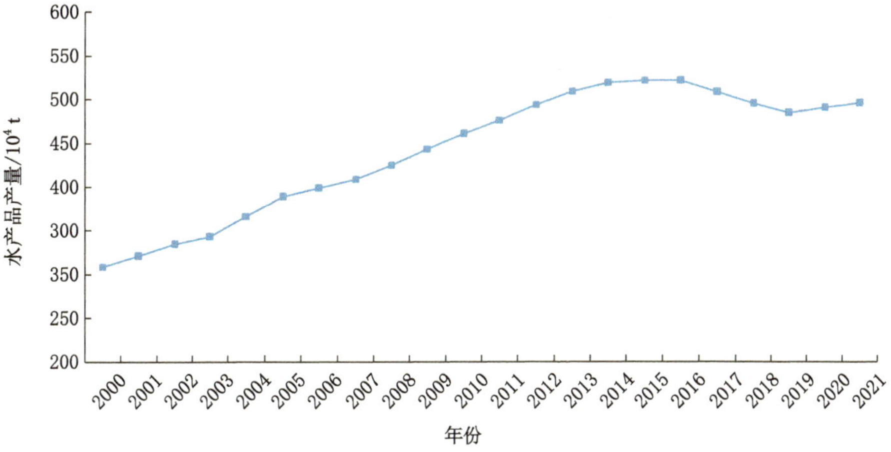

图 5-4　2000—2021 年江苏省水产品产量

从水产品种类上看，江苏主要的淡水鱼养殖品种包括鲫鱼、草鱼、鳊鱼、泥鳅、鲤鱼等，而且盛产刀鱼、鮰鱼、河豚、河蟹等名贵水产品。由于江苏海洋渔场面积十分辽阔，因此更有世界闻名的辐射沙脊群，文蛤、紫菜、对虾、鲳鱼等多种海产品(张宗利 等，2014)。目前，江苏"一蟹四虾"经济已经形成了突出的品牌效应，在我国具有较高的知名度和影响力。"一蟹"即河蟹，作为江苏名特优水产品的代表，品牌价值突出，主要包括阳澄湖大闸蟹、固城湖大闸蟹、洪泽湖大闸蟹、高邮湖大闸蟹、长荡湖大闸蟹、兴化大闸蟹等，久负盛名。"四虾"即小龙虾、青虾、南美白对虾和罗氏沼虾。如图 5-5 所示，近十年来，江苏的"一蟹四虾"淡水养殖产量总量呈现整体上升态势，尤其是小龙虾产量迅猛上升、河蟹产量稳步提高。就市场份额而言，江苏的河蟹、青虾和南美白对虾占全国产量的比重始终分别保持在 45%、46%和 20%左右；罗氏沼虾的比重在近 3 年下滑严重，由 2018 年的 48.20%下降到 2021 年的 36.59%，这是由于近年来广东省罗氏沼虾养殖产量的迅速提升所致，即便如此，江苏仍稳居全国小龙虾淡水养殖产量全国第二的位置；类似的，江苏小龙虾在全国总产量中的比重也略有下降，但仍与湖北、湖南、安徽、江西几省共同占据全国养殖市场的绝对主导地位。可见，江苏的"一蟹四虾"养殖经济在全国市场占据重要份额，为江苏本地和全国的消费市场提供了大量的地域特色水产品。

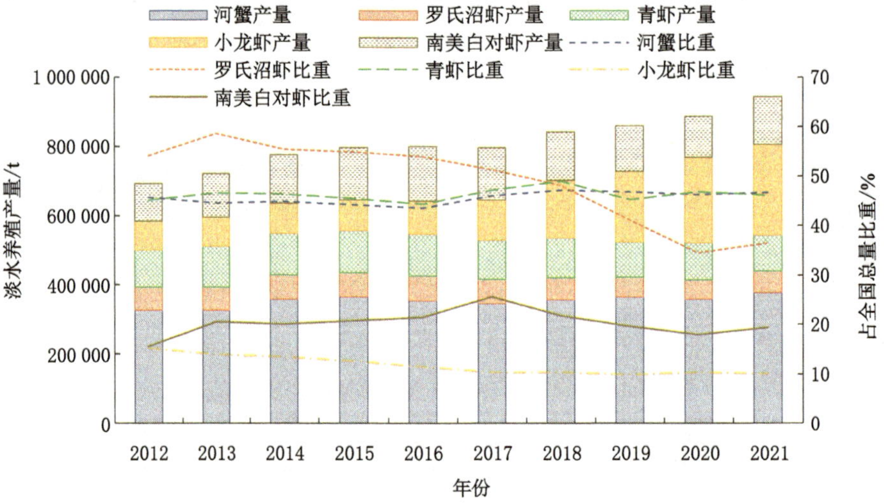

图 5-5　2012—2021 年江苏"一蟹四虾"淡水养殖产量及占全国产量比重

5.3.2　基于文化服务的资源福祉效应

5.3.2.1　文化服务的资源福祉价值

除了供给服务，资源福祉效应还来自文化服务，文化服务主要是蓝绿景观生态系统提供的美学景观服务，能够满足人类对具有(潜在)娱乐用途、文化和艺术价值的景观消费的需求(谢高地 等，2008)。长三角城市群蓝绿景观文化服务价值的变化见表 5-9。2000—2020 年，蓝绿景观生态系统提供的美学景观服务价值整体是提升的，主要得益于水域景观生态系统提供的美学景观服务，从 2000 年的 75.40×10^8元增加至 2020 年的 79.98×10^8元，引致的福祉价值提升了 6.07%。

表 5-9　长三角城市群蓝绿景观文化服务的资源福祉价值

单位：×10^8元

样本期	文化服务				总计
	耕地	林地	草地	水域	
2000 年	19.25	141.67	13.21	75.40	249.52
2005 年	18.64	141.29	13.04	76.81	249.77
2010 年	17.69	140.52	12.33	80.12	250.67
2015 年	17.31	140.29	12.21	82.46	252.27
2020 年	17.01	140.56	12.75	79.98	250.30

5.3.2.2　实例分析：长三角水体美学景观服务

在 4 类蓝绿景观中，单位面积水域景观生态系统的美学景观服务价值系数最高，为 4 027.50 元/hm^2，林地和草地系数分别为 2 163.62 元/hm^2 和 1 619.52 元/hm^2，耕地系数最低，仅 170.48 元/hm^2(表 5-4)。同时，美学景观服务也是最容易被感知的，尤其是在湖泊、森林、草地、山地等特定的研究对象中(戴培超，2020)。因此首先以水域景观生态系统为例，分析美学景观服务及其带来的资源福祉效应。

长三角城市群拥有大量的水域景观资源，形成了丰富的水体旅游目的地(景区)，并带给旅游者和居民不同形式的休闲娱乐体验和不同程度的美学感知价值。根据长三角的地理环境特征，最典型的水体旅游目的地(景区)即水利风景区。水利风景区是以水域(水体)或水利工程为依托，具有一定规模和质量的风景资源与环境条件，可以开展观光、娱乐、休闲、度假或者科学、文化、教育活动的区域。根据水利部印发的《水利风景区发展纲要》(水综合〔2005〕125号),水利风景区分为水库型、自然河湖型、城市河湖型、水土保持型、湿地型和灌区型六大类。主要特点包括:① 水库型水利风景区具有改善区域小气候、涵养水源、美化环境的作用,有益于完善基础设施,开展娱乐活动,挖掘当地民俗风情,具有一定的自然美学、休闲娱乐、生态旅游以及人文价值。② 自然河湖型水利风景区主要以自然水系和水域风光为基础,通过完善相关设施,建设休闲娱乐项目,突出地域人文特色,并具有娱乐、旅游、自然美学与工程美学价值。③ 城市河湖型水利风景区立足于城市内的河流、湖泊建设,能够改善城市区域小气候和生态环境,可供人们休闲娱乐、放松身心,拥有娱乐、美学和文化体验价值。④ 湿地型水利风景区以良好的生态环境与湿地资源为最大优势。湿地生态具有水景多样、环境优美、动植物资源丰富的特点,因此具有生态美学、科普教育价值等。⑤ 灌区型水利风景区依水而建,具有改善局部小气候的功能。灌区因其工程形式多进行农作物灌溉使用,具有工程美学价值,同时通过利用水土资源、完善设施,还具有改善生态环境、塑造优美景观、实现一定的休闲娱乐和科普教育的价值。⑥ 水土保持型水利风景区利用一定的防止措施,减少人为活动对景观生态的干扰,使植物、生态等恢复其自我修复功能,达到减少水土流失的作用,具有一定的美学价值和科普教育的价值(孙琨 等,2013;路晶京,2022)。

国家水利风景区自2001年开始创建,每年设立一次,因国家机构改革和新冠肺炎疫情影响,2019和2020年未开展国家水利风景区设立工作,因此,图5-6给出了2001—2018年即第1～18批长三角三省一市入选国家水利风景区的数量变化。由图可知,发展至今,国家级水利风景区的数量排序为江苏>安徽>浙江>上海。从发展速度上看,18批国家级水利风景区的整体增速排序依旧为江苏>安徽>浙江>上海。再从发展阶段上看,快速增长期(2001—2004年),此时三省一市的平均增速都非常快,整体的平均增速为60.95%;稳步增长期(2005—2012年)三省一市的平均增速均相对稳定,上海因水域面积小,进入停滞状态,整体的平均增速为15.31%;高质量发展期(2013—2018年)三省一市的平均增速明显放缓,整体平均增速为9.03%,这反映出国家水利风景区的发展逐步从对数量的追求向高质量发展转变。

图5-7进一步展示了长三角三省一市在2001—2012年和2013—2018年两个发展阶段的各类水利风景区的数量变化。2001—2012年,水库型水利风景区规模庞大,远超其他类型,且水库型、城市河湖型、自然河湖型三种类型数量占据绝对优势,占总量的89.65%。一是因为这三种类型的申报基数大,二

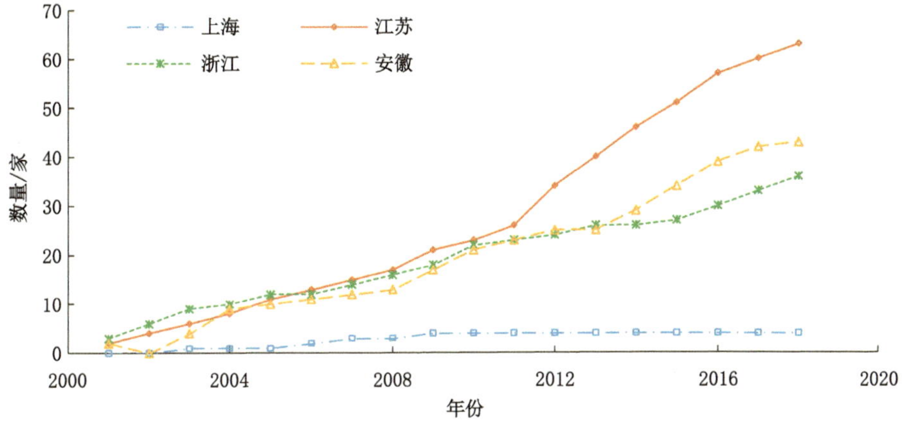

图 5-6　2001—2018 年(1～18 批)长三角三省一市国家水利风景区数量

是因为它们在景观、休闲、游憩、旅游等开发方面更具优势和基础条件。2013—2018 年,水库型水利风景区数量明显减少,城市河湖型和自然河湖型水利风景区数量继续增加,由于此类水利风景区的水域(水体)或水利工程以及与其相关联的岸地、岛屿、林草、湿地等形成的自然景观是其核心吸引物,因此它们对生态景观、观光游憩、休闲娱乐的贡献进一步凸显。同时,水土保持型水利风景区的数量也有所提升,这也是对十八大提出的生态文明战略的积极响应。

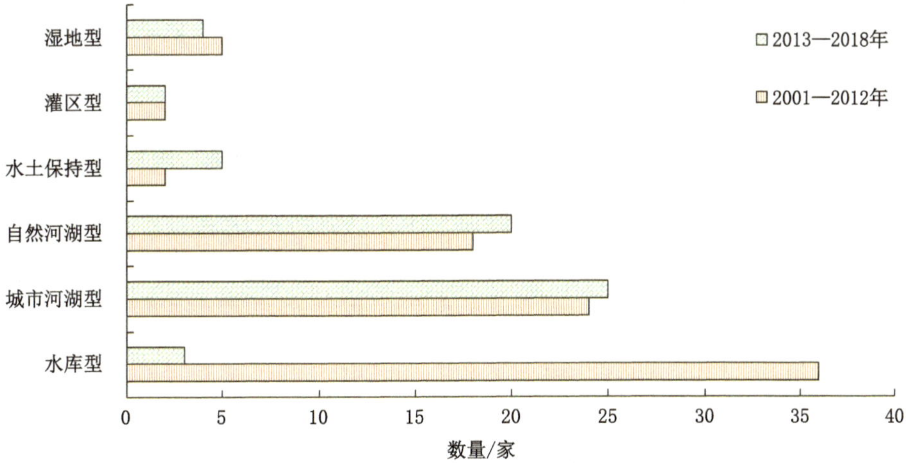

图 5-7　长三角三省一市国家水利风景区类型对比

因此，从长三角三省一市国家级水利风景区的发展及其类型的对比不难理解，水利风景区的建设能够综合利用水利资源，通过改善水生态环境，让原本可能受到污染或生态退化的湖泊、河流恢复健康，重现生态美，同时为人类提供优质的美学景观、自然游憩、休闲娱乐等服务，改善人居环境，保障生态调节功能，深化水文化内涵，形成人与自然和谐共生的美丽画卷，充分体现“最普惠的民生福祉”理念(辛方勇 等，2022)。此外，调查表明，由于我国水利风景区建设对水环境的整体治理，促使水利风景区的污水实现了全部达标排放，46.3%的景区水质达到Ⅱ类以上标准，60.6%景区空气质量达到一级标准(兰思仁，2020)，这说明水利风景区的建设不仅能够提供文化服务(美学景观)，也具有调节服务(气体调节、气候调节、净化环境、水文调节)以及支持服务(生物多样性保持)等生态系统服务作用，从而给人类带来综合性的生态福祉。

5.3.2.3 实例分析：浙江森林美学景观服务

表 5-10 展示的是长三角内部 4 个区域蓝绿景观生态系统提供美学景观服务带来的资源福祉价值。从历时性上看，上海和安徽美学景观服务的资源福祉价值下降，而江苏和浙江略有提升。其中，江苏区域拥有最大的水域景观面积，浙江区域拥有最大的林地景观面积，接下来以浙江为例，简要介绍其森林生态系统提供的美学景观服务及其资源福祉效应。

表 5-10 长三角城市群各区域蓝绿景观文化服务的资源福祉价值

单位：$\times 10^8$ 元

区域	文化服务				
	2000 年	2005 年	2010 年	2015 年	2020 年
上海	8.01	7.58	7.38	7.81	6.86
江苏	49.94	50.61	52.64	52.34	52.18
浙江	113.42	113.28	112.58	114.07	113.48
安徽	78.15	78.30	78.06	78.04	77.80

从森林资源的构成来看，浙江省以阔叶林为主；而从功能上来看，主要以防护林为主。在种类上，阔叶林面积已经超过了针叶林面积，并持续增长。浙江省内的树种主要包括杉木、柃木、青冈、马尾松、木荷、香樟、石栎、苦槠、毛竹等，树种资源十分多样(张倩，2021)。由于丰富的森林资源和广袤的森林环

境，使得浙江拥有数量众多的国家级和省级森林公园，至 2020 年年底，浙江省森林覆盖率为 61.15%，森林覆盖率居全国前列，拥有国家级森林公园共 44 处，省级森林公园共 84 处，远超过我国省均国家级森林公园 29 处(以 31 省份计算)。例如，杭州西山国家森林公园拥有全国最长的、达 120 km 的山体游步道——西山游步道，村落、寺庙、公园、古迹在其中串景成珠；青山湖国家森林公园有国内唯一可乘船进入的水上森林奇观，有千年历史的“钱王故里，吴越文化”，自然景观和人文景观交相辉映；大奇山国家森林公园，充满江南山水风情，有山峦、怪石、峡谷、溪瀑，植被景观近千种；富春江国家森林公园，常绿落叶阔叶林、松、杉针叶林组成了丰富多彩的森林群落景观，峡谷、森林、江水构成一幅唯美的山水画卷……可以说，从色彩、形态、声音、韵味、特色、意境等方面，浙江森林公园都带给了人们无尽的自然享受与生态审美价值。森林景观生态系统在提供美学景观文化服务为人类形成资源福祉的同时，也能够从情绪、心理上为人类提供积极的、正向的、欢乐的、平和亲近的原生态氛围和绿色环境，从而更加有利于人们休憩康养、自我修复。

5.4　城市群和区域尺度下蓝绿景观服务的环境福祉效应

5.4.1　基于调节服务的环境福祉效应

5.4.1.1　调节服务的环境福祉价值

蓝绿景观服务的环境福祉效应主要来自蓝绿景观生态系统的调节服务和支持服务功能。其中，调节服务包括了气体调节、气候调节、净化环境和水文调节 4 种具体的服务功能，见表 5-11。2000—2020 年，长三角城市群蓝绿景观生态系统的水文调节服务的环境福祉价值最高，其次是气候调节服务，气体调节和净化环境服务的环境福祉价值相差无几；从历时性变化上看，气体和气候调节服务的环境福祉价值有所下降，净化环境和水文调节服务的环境福祉价值有所提升。4 类景观类型中，唯有水域景观生态系统提供的调节服务是整体增加的，这主要得益于其面积的增加，其次水域景观在提供净化环境和水文调节服务方面具有非常高的生态系统价值系数，分别为 11 826.77 元/hm^2 和 217 868.3 元/hm^2，远远超过其他蓝绿景观类型，这就使得蓝绿景观整体净化环境和水文调节服务的环境福祉价值呈现出上升态势。

表 5-11 长三角城市群蓝绿景观调节服务的环境福祉价值

单位：×10^{8}元

样本期	气体调节服务					气候调节服务				
	耕地	林地	草地	水域	总计	耕地	林地	草地	水域	总计
2000 年	231.76	290.46	27.02	30.72	579.96	120.29	869.64	71.50	91.35	1 152.79
2005 年	224.45	289.68	26.68	31.29	572.10	116.50	867.29	70.59	93.07	1 147.45
2010 年	213.07	288.10	25.24	32.64	559.05	110.59	862.56	66.78	97.08	1 137.01
2015 年	208.42	287.64	24.98	33.59	554.63	108.17	861.19	66.10	99.91	1 135.37
2020 年	204.89	288.18	26.09	32.58	551.75	106.34	862.81	69.05	96.91	1 135.11
样本期	净化环境服务					水文调节服务				
	耕地	林地	草地	水域	总计	耕地	林地	草地	水域	总计
2000 年	35.28	257.70	23.63	221.40	538.02	457.90	622.99	52.39	4 078.55	5 211.83
2005 年	34.17	257.01	23.33	225.56	540.06	443.47	621.31	51.72	4 155.10	5 271.60
2010 年	32.44	255.60	22.07	235.28	545.39	420.98	617.92	48.93	4 334.15	5 421.98
2015 年	31.73	255.20	21.85	242.14	550.91	411.78	616.94	48.43	4 460.54	5 537.69
2020 年	31.19	255.68	22.82	234.86	544.56	404.81	618.10	50.59	4 326.57	5 400.07

就内部 4 个区域而言，上海蓝绿景观生态系统调节服务的环境福祉价值整体呈现下降趋势，见表 5-12。前述提及，水域景观的净化环境和水文调节服务能力非常重要，而气体调节和气候调节而言，则是林地和草地景观生态系统的调节能力最强。对于上海而言，2000—2020 年，尽管林草景观面积持续增加，但由于基数过小，因此对调节服务的环境福祉价值并无显著的促进作用，20 年间，上海蓝绿景观调节服务的环境福祉价值下降了 15.55%。江苏、浙江和安徽蓝绿景观生态系统调节服务的环境福祉价值则是整体呈现上升趋势。其中，江苏、浙江蓝绿景观的净化环境调节服务以及江苏、浙江和安徽蓝绿景观的水文调节服务起到了重要的促进作用。

5.4.1.2 实例分析：长三角固碳调节服务

在 4 种生态系统调节服务中，气体调节主要指释氧固碳及净化空气。当下，降低碳排放不仅是全球共同应对的气候问题，更是我国走绿色低碳发展之路、实现“双碳”（碳达峰、碳中和）目标的现实挑战（Chen et al.，2022）。以下将以固碳调节能力为例，探讨长三角城市群蓝绿景观服务形成的环境福祉效应。

表 5-12　长三角城市群各区域蓝绿景观调节服务的环境福祉价值

单位：$\times 10^8$ 元

调节服务	上海区域				
	2000 年	2005 年	2010 年	2015 年	2020 年
气体调节	12.69	11.94	10.90	10.70	9.99
气候调节	14.80	14.15	13.40	13.70	12.85
净化环境	22.38	21.16	20.68	22.00	19.11
水文调节	397.48	374.67	367.26	392.18	335.85
总计	447.35	421.92	412.24	438.58	377.79
调节服务	江苏区域				
	2000 年	2005 年	2010 年	2015 年	2020 年
气体调节	120.96	118.80	111.07	109.62	108.78
气候调节	129.29	128.60	124.26	123.18	122.76
净化环境	131.02	133.34	140.96	140.25	139.78
水文调节	2 153.44	2 201.94	2 373.27	2 362.31	2 352.98
总计	2 534.71	2 582.69	2 749.56	2 735.36	2 724.30
调节服务	浙江区域				
	2000 年	2005 年	2010 年	2015 年	2020 年
气体调节	256.43	251.89	249.88	248.97	247.67
气候调节	640.14	636.20	632.98	633.81	634.82
净化环境	218.71	219.15	217.60	222.21	220.00
水文调节	1 131.08	1 155.22	1 138.59	1 226.79	1 171.54
总计	2 246.36	2 262.46	2 239.05	2 331.77	2 274.03
调节服务	安徽区域				
	2000 年	2005 年	2010 年	2015 年	2020 年
气体调节	189.88	189.47	187.20	185.34	185.31
气候调节	368.57	368.50	366.38	364.68	364.68
净化环境	165.91	166.41	166.14	166.46	165.67
水文调节	1 529.83	1 539.77	1 542.86	1 556.41	1 539.71
总计	2 254.18	2 264.14	2 262.58	2 272.88	2 255.36

中国"双碳"目标的实现,需要三条路径的组合推进:一是供给侧减排,二是需求侧减排,三是加强碳吸收,综合利用碳汇和碳捕获、碳捕集技术封存吸收碳等(金淮,2021)。增强陆地碳汇被认为是缓解气候变化最为成熟的途径之一,而土地利用类型的改变对地区的碳汇变化具有重要作用,这是因为土地类型的变化可能改变区域内的植被覆盖率和绿化面积等,从而影响植被的光合作用所能够固定的碳汇量,Kumar 等(2010)研究表明碳汇减小的主要原因是由于森林转变成了耕地。根据已有研究,在 4 类蓝绿景观中,碳汇能力最强的是林地景观,其吸收系数选取 3.81 t/hm^2(谢鸿宇 等,2008),草地碳吸收系数为 0.21 t/hm^2(方精云 等,2007)。虽然已有部分研究计算了耕地的碳汇系数,但是,方精云等(2007)假定了中国农作物生物量的碳汇为零,因为它们中的绝大部分在较短的时间里分解释放到大气中,这种假定基本上是成立的,因为农作物生物量的一部分以秸秆还田的形式进入土壤中,成为土壤有机碳的一部分,但它们已经计算在土壤碳汇中。然而要指出的是,目前全国尺度下涵盖各类生态系统的土壤碳汇潜力研究不多,且测算的结果差异较大(周璞 等,2021),因此本研究中暂不对耕地或农田生态系统的碳汇能力做进一步探讨。

经计算,图 5-8 展示了 2000—2020 年长三角城市群蓝绿景观的碳汇量变化以及各个区域所占的比重。整体来看,长三角城市群蓝绿景观碳汇量呈下降态势,主要原因是长三角城市群林地和草地景观面积在 2000—2015 年期间的双重减少,2015—2020 年期间林草景观面积才重新上升,这也体现出长三角城市群是生态文明建设的先行实践者。

再从各个区域在 5 个样本期所占的比重上看,浙江区域所占份额最大(67.07%→66.98%→67.06%→67.13%→67.22%),碳汇能力最强;安徽其次(29.51%→29.59%→29.64%→29.58%→29.53%),江苏和上海最弱。由于上海的比重太小(0.16%→0.17%→0.16%→0.15%→0.17%),以及各个区域的比重变化不大,因此在图中的变化不够显著。事实上,2000—2020 年上海的林草景观碳汇量提高了 9.38%,但由于其面积基数小,因此上海在整个城市群碳汇中的作用无法凸显。而对于浙江和安徽来说,这两个区域的林草景观,尤其是林地面积基数大,微小比例的变化都将严重影响长三角城市群整体的碳汇能力。巩固和提升森林碳汇,是实现中国"碳中和"目标的重要路径之一,因此,要严格保护森林资源,尤其是浙江和安徽区域的林地,建议长三角城市群全面构建一体化的生态共治的体制机制,加快植被恢复、保护现有森林,同时增加新造林面积,提升森林碳汇潜力(Piao et al.,2022)。

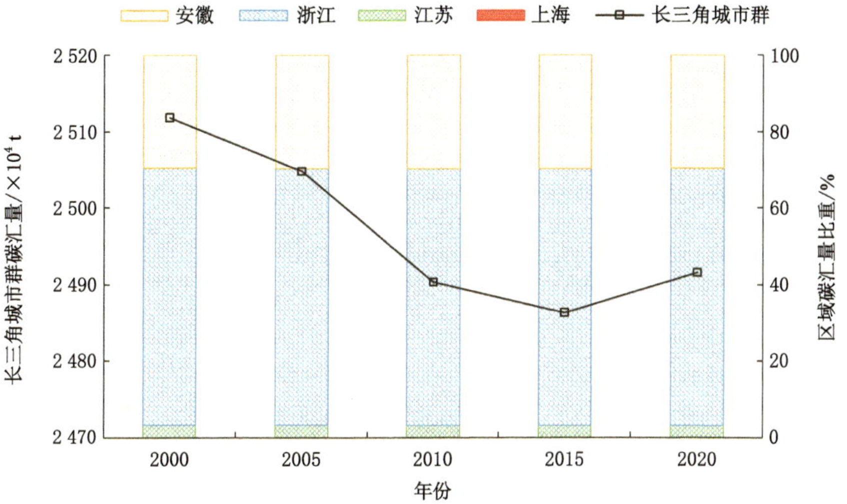

图 5-8　2000—2020 年长三角城市群碳汇量及各区域比重

5.4.2　基于支持服务的环境福祉效应

5.4.2.1　支持服务的环境福祉价值

蓝绿景观生态系统支持服务主要体现在对土壤支持以及生物多样性的保护，见表 5-13。整体来看，长三角城市群蓝绿景观生态系统的两种支持服务均呈现下降态势，唯有水域生态系统支持服务有所提升。从景观类型支持服务的重要性上来讲，林地、草地景观的土壤支持服务系数以及水域、林地景观的生物多样性支持服务系数最高，因此林草景观成为长三角城市群提升生态系统支持服务环境福祉的关键。

表 5-13　长三角城市群蓝绿景观支持服务的环境福祉价值

单位：$\times 10^8$ 元

研究期	土壤支持服务					生物多样性支持服务				
	耕地	林地	草地	水域	总计	耕地	林地	草地	水域	总计
2000 年	84.20	354.37	32.93	37.10	508.60	44.11	322.43	29.97	101.72	498.23
2005 年	81.55	353.41	32.51	37.80	505.26	42.72	321.55	29.59	103.63	497.49
2010 年	77.41	351.48	30.75	39.42	499.07	40.55	319.80	27.99	108.10	496.44
2015 年	75.72	350.92	30.44	40.57	497.66	39.66	319.29	27.71	111.25	497.92
2020 年	74.44	351.58	31.80	39.36	497.18	38.99	319.89	28.95	107.91	495.74

再从城市群内部视角看，浙江蓝绿景观支持服务的环境福祉价值最高、上海最低，但4个区域的生态系统支持服务整体均是呈下降态势。其中，只有江苏区域蓝绿景观生态系统对生物多样性保护带来的环境福祉价值有一定的提升，见表5-14。

表5-14　长三角城市群各区域蓝绿景观支持服务的环境福祉

单位：×10⁸元

支持服务	上海区域				
	2000年	2005年	2010年	2015年	2020年
土壤支持	7.44	7.08	6.63	6.70	6.30
生物多样性	11.76	11.16	10.80	11.34	10.12
总计	19.20	18.25	17.43	18.03	16.42
支持服务	江苏区域				
	2000年	2005年	2010年	2015年	2020年
土壤支持	67.32	66.65	63.55	62.90	62.64
生物多样性	80.50	81.11	82.48	81.94	81.69
总计	147.82	147.76	146.03	144.84	144.33
支持服务	浙江区域				
	2000年	2005年	2010年	2015年	2020年
土壤支持	269.29	267.08	265.62	265.73	265.90
生物多样性	247.91	247.00	245.62	247.45	247.00
总计	517.20	514.09	511.23	513.18	512.90
支持服务	安徽区域				
	2000年	2005年	2010年	2015年	2020年
土壤支持	164.55	164.45	163.28	162.33	162.34
生物多样性	158.06	158.22	157.55	157.19	156.93
总计	322.61	322.66	320.83	319.53	319.27

众所周知，森林土壤能够储存丰富的氮、磷、钾和微量元素养分，不断满足林木生长的需要，它能够不断积聚森林地表枯落物以及森林土壤特有的腐殖质层，使水分在土壤中得到充分的涵蓄；并且，森林为动物、植物和微生物提供了生存的空间，这一空间是地球生物繁衍最为活跃的区域，因此可以说，森林对维持土壤养分、保护生物多样性资源具有重要的意义。那么，无论从长三角

城市群整体,还是从内部各个区域来看,林地景观资源呈现出整体减少的特点,仅上海的林地有少量增加,且上海林地还并非是优势景观类型,结合前述蓝绿景观生态系统调节服务中对林地的需求,从环境福祉角度来看,长三角应优先扩大林地景观面积。

5.4.2.2 实例分析:江苏水域生物多样性服务

对生物多样性保护而言,除了森林,水域生态系统最为重要,长三角城市群的水域面积整体是提高的,仅上海的水域有少量减少,在2000—2020年间,水域生态系统为长三角城市群的生态福祉价值的提升做出了很大贡献,这主要得益于水域面积的增加,由于长三角城市群的面积是相对恒定的,因此不建议进一步扩大水域面积以谋求水域生态系统提供更大的生态福祉,而应该充分利用好目前的水域,通过提高水域的生态系统服务能力来获得更多的福祉。

以"长江十年禁渔计划"为例,简要介绍现有水域禁捕政策对江苏段生物多样性保护的福祉作用。长江作为我国"淡水鱼类的摇篮",也是世界上生物多样性最为丰富的河流之一。但过去几十年快速、粗放的经济发展模式下,长江付出了沉重的环境代价,长江三鲜数量衰减严重。例如鲥鱼已经灭绝,野生河豚的数量极少,刀鱼的数量急剧下降;青、草、鲢、鳙四大家鱼曾经是长江里最多的经济鱼类,资源量也已大幅萎缩,种苗发生量与20世纪50年代相比下降了90%以上……2020年1月,农业农村部宣布从2020年1月1日0时起开始实施"长江十年禁渔计划",在长江干流和重要支流除水生生物自然保护区和水产种质资源保护区以外的天然水域,最迟自2021年1月1日0时起实行暂定为期十年的常年禁捕,其间禁止天然渔业资源的生产性捕捞。

2020年7月22日,江苏省农业农村厅发布长江干流江苏段水域禁捕通告。2021年11月10日,江苏省农业农村厅组织编制并公布了《2021年江苏省水生生物资源与渔业水域环境状况公报》。公报显示,长江干流江苏段、五大湖、水产种质资源保护区、江苏近岸海域,我省重要渔业水域水质状况总体均符合渔业水质标准。长江干流江苏段鱼类资源密度增加明显;指示性物种长江江豚种群数量增加;代表性洄游物种长江刀鲚呈现出渔汛期提前、规格增大、数量增多等特征;水生生物资源呈现良好恢复态势。经观测考察,2021年长江干流江苏段长江江豚种群数量为96头左右,集中分布于南京新生洲至长江大桥水域、镇江征润洲至落成洲水域,泰州至南通水域等部分历史分布空白区持续观测到长江江豚。同时,2021年江苏近岸海域监测共采集鉴定渔业资源种类比2020年增加33种,渔业资源量比2020年增加9.6%。一年的禁渔时间,换来了长江水域日渐丰富并提升的渔业种类、数量、质量,甚至濒临灭绝的种群也得以重现生机，相信通过更长的时间，水生生物资源将得以休养生息，水体质量也将因人为破坏活动的减少、水生生物的修复作用而得以提高，因此，科学地制定有效的政策，实现对现有景观生境质量的优化，可能更有利于直接提升地区的环境福祉。

5.5 城市尺度下蓝绿景观服务生态福祉供给的时空分析

5.5.1 城市生态福祉价值变化

根据式(5-1)以及长三角城市群 27 个城市的耕地、林地、草地和水域景观的面积，计算获得 2000—2020 年各个城市蓝绿景观服务的生态福祉价值，结果见表 5-15。

表 5-15 长三角城市群各城市蓝绿景观服务的生态福祉价值

单位：$\times 10^8$元

城市	福祉类型	年份					变化方向
		2000 年	2005 年	2010 年	2015 年	2020 年	
上海	资源福祉	25.45	23.91	22.26	22.42	20.24	↙
	环境福祉	466.55	440.16	429.66	456.62	394.21	↙
	生态福祉	492.00	464.07	451.92	479.04	414.45	↙
南京	资源福祉	19.85	19.81	18.65	18.55	17.98	↙
	环境福祉	217.93	238.55	245.75	244.26	240.03	↗
	生态福祉	237.79	258.36	264.40	262.81	258.01	↗
无锡	资源福祉	15.63	15.08	14.07	13.93	13.76	↙
	环境福祉	275.83	273.53	273.00	271.80	271.93	↙
	生态福祉	291.46	288.62	287.07	285.72	285.68	↙
常州	资源福祉	13.82	13.74	12.96	12.82	12.53	↙
	环境福祉	174.37	188.89	189.15	187.89	185.86	↗
	生态福祉	188.19	202.63	202.10	200.71	198.40	↗
苏州	资源福祉	33.53	32.51	30.45	30.10	29.20	↙
	环境福祉	793.76	798.82	829.38	827.68	792.51	↙
	生态福祉	827.30	831.32	859.83	857.78	821.71	↙

表 5-15(续)

城市	福祉类型	年份					变化方向
		2000 年	2005 年	2010 年	2015 年	2020 年	
南通	资源福祉	29.91	29.68	28.52	27.58	27.15	↙
	环境福祉	265.72	261.81	268.96	257.05	242.35	↙
	生态福祉	295.63	291.49	297.48	284.62	269.51	↙
盐城	资源福祉	45.68	45.55	46.09	45.82	47.54	↗
	环境福祉	343.54	343.96	445.53	444.29	497.77	↗
	生态福祉	389.22	389.52	491.62	490.11	545.31	↗
扬州	资源福祉	21.99	21.94	21.23	21.16	20.90	↙
	环境福祉	334.77	339.17	347.96	349.05	347.08	↗
	生态福祉	356.76	361.10	369.19	370.21	367.97	↗
镇江	资源福祉	11.69	11.66	11.06	10.95	10.68	↙
	环境福祉	118.66	122.46	119.87	119.19	115.83	↙
	生态福祉	130.35	134.13	130.94	130.14	126.51	↙
泰州	资源福祉	17.39	17.32	16.73	16.54	16.27	↙
	环境福祉	157.95	163.26	175.99	179.02	175.28	↗
	生态福祉	175.33	180.58	192.72	195.55	191.54	↗
合肥	资源福祉	35.07	34.82	33.92	33.50	33.05	↙
	环境福祉	351.64	351.29	350.97	357.18	349.43	↙
	生态福祉	386.71	386.11	384.88	390.68	382.48	↙
芜湖	资源福祉	19.64	19.62	19.22	18.77	18.87	↙
	环境福祉	178.74	180.16	178.90	180.68	177.31	↙
	生态福祉	198.38	199.78	198.13	199.46	196.18	↙
马鞍山	资源福祉	13.17	13.19	12.96	12.66	12.82	↙
	环境福祉	139.55	143.81	148.21	139.53	147.54	↗
	生态福祉	152.72	157.00	161.18	152.19	160.36	↗
铜陵	资源福祉	10.80	10.78	10.56	10.47	10.43	↙
	环境福祉	157.38	157.92	156.40	156.32	155.68	↙
	生态福祉	168.17	168.70	166.97	166.79	166.12	↙

表 5-15(续)

城市	福祉类型	年份					变化方向
		2000 年	2005 年	2010 年	2015 年	2020 年	
安庆	资源福祉	50.19	50.08	49.68	49.54	49.42	↙
	环境福祉	642.44	642.29	640.50	640.12	637.74	↙
	生态福祉	692.64	692.38	690.17	689.66	687.16	↙
滁州	资源福祉	42.45	42.44	42.13	41.74	41.58	↙
	环境福祉	354.03	357.13	357.82	368.57	357.93	↗
	生态福祉	396.48	399.57	399.94	410.31	399.51	↗
池州	资源福祉	30.98	30.97	30.70	30.61	30.54	↙
	环境福祉	330.81	331.99	330.29	330.37	329.84	↙
	生态福祉	361.78	362.96	360.99	360.98	360.38	↙
宣城	资源福祉	45.58	45.55	45.23	44.84	45.00	↙
	环境福祉	422.19	422.20	420.32	419.64	419.16	↙
	生态福祉	467.78	467.75	465.55	464.48	464.16	↙
杭州	资源福祉	65.13	64.44	63.73	63.19	62.59	↙
	环境福祉	748.95	750.02	729.80	727.57	724.46	↙
	生态福祉	814.09	814.46	793.52	790.76	787.06	↙
宁波	资源福祉	30.56	29.14	28.79	30.28	30.15	↙
	环境福祉	286.55	289.16	287.11	348.32	348.11	↗
	生态福祉	317.11	318.29	315.90	378.60	378.26	↗
温州	资源福祉	43.37	42.78	42.54	42.68	42.02	↙
	环境福祉	425.73	432.48	430.81	447.57	431.43	↗
	生态福祉	469.10	475.26	473.34	490.25	473.45	↗
嘉兴	资源福祉	11.35	10.67	10.29	10.17	9.59	↙
	环境福祉	86.12	88.77	89.20	91.24	85.17	↙
	生态福祉	97.47	99.44	99.49	101.41	94.75	↙
湖州	资源福祉	20.43	20.25	20.05	19.81	19.48	↙
	环境福祉	177.39	181.75	186.26	184.91	183.26	↗
	生态福祉	197.82	202.00	206.30	204.72	202.75	↗

表 5-15(续)

城市	福祉类型	年份					变化方向
		2000 年	2005 年	2010 年	2015 年	2020 年	
绍兴	资源福祉	30.18	29.44	29.07	28.83	28.44	↙
	环境福祉	305.11	300.17	293.88	296.26	283.75	↙
	生态福祉	335.30	329.62	322.95	325.09	312.19	↙
金华	资源福祉	40.41	39.42	39.09	38.81	38.30	↙
	环境福祉	352.84	350.76	350.45	349.28	346.94	↙
	生态福祉	393.26	390.18	389.54	388.09	385.24	↙
舟山	资源福祉	3.76	3.69	3.69	3.70	4.10	↗
	环境福祉	37.34	38.93	39.82	39.41	47.47	↗
	生态福祉	41.09	42.62	43.52	43.11	51.57	↗
台州	资源福祉	35.40	34.97	34.76	34.81	34.03	↙
	环境福祉	343.52	344.52	342.96	360.38	336.34	↙
	生态福祉	378.92	379.49	377.72	395.19	370.37	↙

从生态福祉的价值大小来看，前三甲分别是苏州、杭州和安庆。其中，苏州的生态福祉最高，超过了 820×10^8 元；生态福祉最小的 3 个城市分别为舟山、嘉兴和镇江，其中舟山的生态福祉不足 60×10^8 元，由此可见 27 个城市之间的差异是巨大的。

再看生态福祉的历时性变化，16 个城市的生态福祉是下降的，分别是上海、无锡、苏州、南通、镇江、合肥、芜湖、铜陵、安庆、池州、宣城、杭州、嘉兴、绍兴、金华和台州。其中，上海的生态福祉降幅最大，为 15.76%；池州的降幅最小，为 0.39%。另外 11 个城市的生态福祉则不同程度地提升，增幅最大的是盐城，高达 40.10%。

通过分析进一步发现，环境福祉下降的城市，生态福祉也同步下降，环境福祉主导了生态福祉的变化方向。其中，上海的环境福祉降幅最大，而盐城的环境福祉增幅最大。资源福祉是生态福祉的另一重要组成部分。但是 27 个城市中，有 25 个城市的资源福祉都是下降的，降幅最大的仍是上海，为 20.47%，仅盐城和舟山两市的资源福祉呈现增加特征。

5.5.2 城市生态福祉供给能力

5.5.2.1 城市人均生态福祉——PGEW 绝对量分析

人均生态福祉 PGEW 表示城市生态福祉的供给能力(郑德凤 等,2020),其与人均 GDP 的内涵相似,也就是说同一目标区内不同评价单元之间的 PGEW 越接近,则单元之间差距越小,表明其公平性越高;反之,公平性越低(臧正 等,2017)。表 5-16 给出了 2000—2020 年长三角城市群 27 个城市蓝绿景观生态系统服务的 PGEW 变化。

表 5-16 长三角城市群各城市蓝绿景观服务的人均生态福祉 单位:元

城市	福祉类型	年份					变化方向
		2000 年	2005 年	2010 年	2015 年	2020 年	
上海	人均资源福祉	158.21	126.49	96.67	91.23	81.34	↙
	人均环境福祉	2 900.35	2 328.57	1 865.93	1 858.00	1 584.22	↙
	人均生态福祉	3 058.56	2 455.06	1 962.60	1 949.23	1 665.55	↙
南京	人均资源福祉	322.89	287.13	232.93	206.78	192.93	↙
	人均环境福祉	3 544.49	3 458.24	3 068.96	2 722.16	2 575.48	↙
	人均生态福祉	3 867.38	3 745.37	3 301.89	2 928.94	2 768.41	↙
无锡	人均资源福祉	307.34	269.55	220.61	192.36	184.29	↙
	人均环境福祉	5 422.62	4 888.91	4 282.01	3 754.19	3 643.16	↙
	人均生态福祉	5 729.95	5 158.46	4 502.62	3 946.55	3 827.45	↙
常州	人均资源福祉	365.93	332.81	282.05	272.80	237.48	↙
	人均环境福祉	4 617.59	4 575.77	4 117.94	3 996.72	3 521.39	↙
	人均生态福祉	4 983.52	4 908.58	4 399.99	4 269.52	3 758.87	↙
苏州	人均资源福祉	493.72	429.03	290.89	244.65	228.99	↙
	人均环境福祉	11 686.39	10 542.65	7 922.62	6 726.09	6 215.98	↙
	人均生态福祉	12 180.11	10 971.68	8 213.51	6 970.74	6 444.97	↙
南通	人均资源福祉	398.14	405.30	391.71	359.43	351.37	↙
	人均环境福祉	3 536.84	3 575.27	3 693.59	3 350.42	3 136.02	↙
	人均生态福祉	3 934.97	3 980.57	4 085.31	3 709.85	3 487.39	↙

表 5-16(续)

城市	福祉类型	年份					变化方向
		2000 年	2005 年	2010 年	2015 年	2020 年	
盐城	人均资源福祉	574.86	584.14	634.45	633.93	708.44	↗
	人均环境福祉	4 323.17	4 410.94	6 133.38	6 146.30	7 417.72	↗
	人均生态福祉	4 898.03	4 995.08	6 767.83	6 780.23	8 126.16	↗
扬州	人均资源福祉	479.24	486.29	475.95	472.01	458.18	↙
	人均环境福祉	7 295.86	7 517.96	7 800.38	7 784.94	7 609.66	↗
	人均生态福祉	7 775.10	8 004.25	8 276.33	8 256.95	8 067.84	↗
镇江	人均资源福祉	410.99	393.78	355.33	344.64	332.70	↙
	人均环境福祉	4 170.89	4 134.43	3 849.51	3 752.19	3 607.27	↙
	人均生态福祉	4 581.87	4 528.21	4 204.84	4 096.84	3 939.96	↙
泰州	人均资源福祉	363.30	369.61	362.27	356.25	360.14	↙
	人均环境福祉	3 300.33	3 484.80	3 810.15	3 856.79	3 880.52	↗
	人均生态福祉	3 663.62	3 854.41	4 172.42	4 213.04	4 240.67	↗
合肥	人均资源福祉	785.04	752.00	454.83	403.13	352.73	↙
	人均环境福祉	7 871.95	7 587.32	4 706.53	4 298.24	3 729.20	↙
	人均生态福祉	8 657.00	8 339.32	5 161.36	4 701.37	4 081.93	↙
芜湖	人均资源福祉	928.50	552.21	542.28	523.93	517.47	↙
	人均环境福祉	8 449.39	5 070.70	5 046.44	5 042.39	4 863.42	↙
	人均生态福祉	9 377.90	5 622.91	5 588.72	5 566.33	5 380.90	↙
马鞍山	人均资源福祉	1099.95	1054.95	588.41	580.73	593.73	↙
	人均环境福祉	11 658.71	11 505.13	6 727.77	6 400.28	6 830.43	↙
	人均生态福祉	12 758.65	12 560.08	7 316.18	6 981.01	7 424.16	↙
铜陵	人均资源福祉	1576.44	1518.63	677.19	734.56	795.17	↙
	人均环境福祉	22 974.47	22 242.42	10 025.83	10 961.80	11 866.08	↙
	人均生态福祉	24 550.91	23 761.05	10 703.02	11 696.36	12 661.25	↙
安庆	人均资源福祉	969.56	883.29	1110.74	911.33	1186.47	↗
	人均环境福祉	12 409.56	11 327.92	14 320.10	11 775.49	15 310.80	↗
	人均生态福祉	13 379.13	12 211.21	15 430.83	12 686.82	16 497.27	↗

表 5-16(续)

城市	福祉类型	年份					变化方向
		2000 年	2005 年	2010 年	2015 年	2020 年	
滁州	人均资源福祉	1 060.75	1 032.63	1 069.73	1 054.05	1 042.96	↙
	人均环境福祉	8 846.41	8 689.33	9 086.31	9 307.44	8 977.47	↗
	人均生态福祉	9 907.16	9 721.96	10 156.04	10 361.49	10 020.42	↗
池州	人均资源福祉	2 229.22	2 150.88	2 192.92	2 250.72	2 279.11	↗
	人均环境福祉	23 807.66	23 055.00	23 592.40	24 291.99	24 614.62	↗
	人均生态福祉	26 036.88	25 205.88	25 785.32	26 542.72	26 893.73	↗
宣城	人均资源福祉	1 713.89	1 765.63	1 785.57	1 779.47	1 800.03	↗
	人均环境福祉	15 874.31	16 364.31	16 594.36	16 652.38	16 766.31	↗
	人均生态福祉	17 588.19	18 129.95	18 379.93	18 431.85	18 566.35	↗
杭州	人均资源福祉	946.89	858.43	732.49	700.69	524.42	↙
	人均环境福祉	10 887.98	9 990.89	8 388.07	8 068.02	6 069.57	↙
	人均生态福祉	11 834.87	10 849.32	9 120.56	8 768.71	6 593.99	↙
宁波	人均资源福祉	512.49	444.24	378.55	386.95	320.61	↙
	人均环境福祉	4 805.17	4 408.53	3 774.93	4 451.40	3 701.60	↙
	人均生态福祉	5 317.67	4 852.77	4 153.48	4 838.35	4 022.21	↙
温州	人均资源福祉	573.82	550.04	466.29	468.12	438.98	↙
	人均环境福祉	5 633.15	5 561.02	4 722.67	4 909.18	4 506.77	↙
	人均生态福祉	6 206.96	6 111.06	5 188.96	5 377.30	4 945.75	↙
嘉兴	人均资源福祉	310.42	266.44	228.33	206.07	177.22	↙
	人均环境福祉	2 356.22	2 216.42	1 980.19	1 848.42	1 573.94	↙
	人均生态福祉	2 666.64	2 482.87	2 208.52	2 054.50	1 751.15	↙
湖州	人均资源福祉	778.10	745.09	692.80	671.46	577.77	↙
	人均环境福祉	6 756.31	6 686.79	6 437.09	6 268.11	5 434.85	↙
	人均生态福祉	7 534.42	7 431.88	7 129.89	6 939.58	6 012.62	↙
绍兴	人均资源福祉	701.23	670.65	591.68	580.24	539.58	↙
	人均环境福祉	7 088.76	6 837.68	5 981.65	5 963.39	5 383.29	↙
	人均生态福祉	7 789.99	7 508.33	6 573.33	6 543.62	5 922.87	↙

表 5-16(续)

城市	福祉类型	年份					变化方向
		2000 年	2005 年	2010 年	2015 年	2020 年	
金华	人均资源福祉	883.91	811.23	728.94	711.52	543.15	↙
	人均环境福祉	7 717.48	7 218.75	6 535.88	6 404.18	4 920.41	↙
	人均生态福祉	8 601.39	8 029.97	7 264.82	7 115.70	5 463.56	↙
舟山	人均资源福祉	375.10	329.22	319.58	318.89	354.36	↙
	人均环境福祉	3 728.20	3 472.03	3 444.85	3 400.66	4 099.78	↗
	人均生态福祉	4 103.30	3 801.25	3 764.42	3 719.55	4 454.15	↗
台州	人均资源福祉	686.89	615.06	582.29	575.48	513.76	↙
	人均环境福祉	6 665.55	6 059.01	5 745.93	5 957.66	5 078.45	↙
	人均生态福祉	7 352.45	6 674.07	6 328.22	6 533.13	5 592.22	↙

由表 5-16 可知，从 PGEW 的历时性变化看，27 个城市中，有 19 个城市的 PGEW 呈现下降趋势，分别是上海、南京、无锡、常州、苏州、南通、镇江、合肥、芜湖、马鞍山、铜陵、杭州、宁波、温州、嘉兴、湖州、绍兴、金华和台州。其中，合肥的 PGEW 降幅最大，达 52.85%，降幅最小的是南通，为 11.37%，19 个城市 PGEW 的平均降幅为 32.52%；8 个城市的 PGEW 呈现上升趋势，增幅最大的为盐城，高达 65.91%，但 8 个城市 PGEW 的平均增幅仅 15.91%。这说明在长三角城市群的城市尺度上，生态福祉供给能力的退化程度是较为严重的，即使 8 个城市生态福祉供给能力是增长的，但是增幅也较为有限。在 PGEW 的构成方面，人均环境福祉仍旧主导 PGEW 的变化，由于人口的因素，人均资源福祉增加的城市数量有 4 个，分别为盐城、安庆、宣城和池州。

5.5.2.2　城市生态福祉分类——PGEW 相对量分析

根据式(5-4)测算出 27 个城市的相对福祉指数，根据指数分级，将城市分成 5 类福祉区。如图 5-9 所示，2000 年低于长三角城市群人均生态福祉 $PGEW_{Total}$ 的城市共有 12 个，即较低与低生态福祉区。其中，上海和嘉兴属于低生态福祉区，说明两者生态福祉供给能力最差；高于 $PGEW_{Total}$ 的城市共有 15 个，8 个为较高生态福祉区、4 个为高生态福祉区、3 个为超高生态福祉区。发展至 2020 年，部分城市的生态福祉分级有所变化，盐城、扬州、安庆和滁州的等级有所提高，苏州、合肥、马鞍山和杭州的等级有所下降，尤其是合肥由较高降至较低生态福祉区行列。

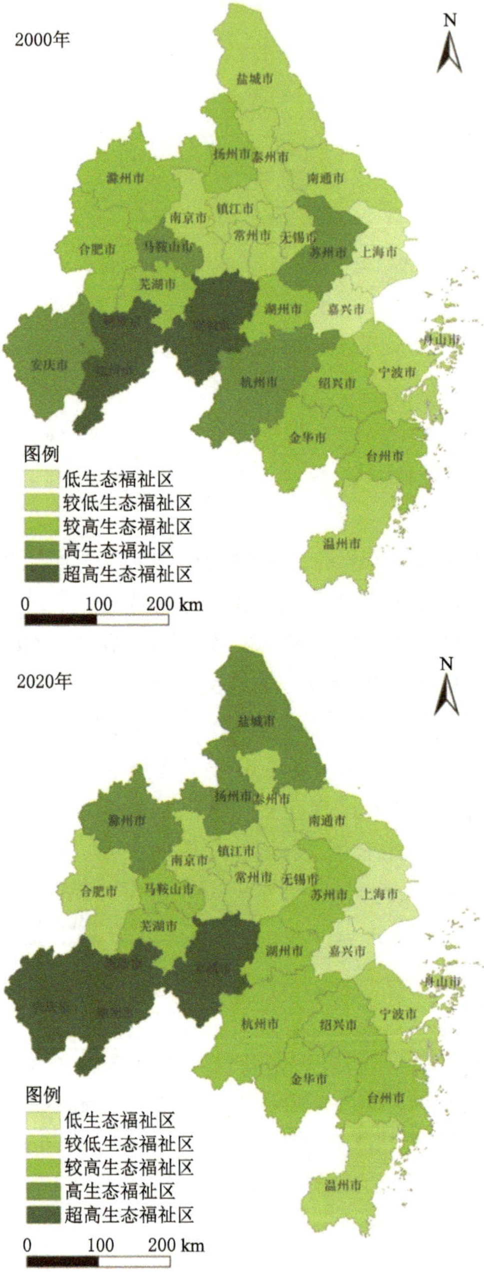

图 5-9　2000—2020 年长三角城市群城市生态福祉分类变化

[本图基于自然资源部标准地图(审图号 GS〔2019〕1822 号)制作,底图无修改,下同]

总的来看，至2020年，对长三角城市群生态福祉供给贡献最大的地区集中在城市群北部和西南部，而影响城市群整体生态福祉供给的地区主要集中在江苏省南部和中部（南京、镇江、常州、无锡、南通），以及城市群东部城市（上海、嘉兴、宁波、温州）。

5.5.2.3　人均生态福祉的空间自相关分析

（1）全局自相关分析

根据式（5-5），采用GeoDa软件计算2000—2020年长三角城市群27个城市人均生态福祉的Moran's I指数并进行显著性检验。由表5-17可知，2000—2020年27个城市人均生态福祉的Moran's I指数值在0.236～0.415之间，并且均通过5%显著性水平检验，表明长三角城市群27个城市人均生态福祉在2000—2020年间显著正相关，即长三角城市群生态福祉供给水平相似的城市在地理空间上集聚分布。再看具体数值可知，2000—2010年Moran's I指数整体呈阶段性下降，表明其空间相关性逐渐降低；2010—2020年Moran's I指数再次提高，反映出十八大之后生态文明建设以及长三角城市群区域一体化的成效开始显现，空间集聚趋势逐渐加强。

表5-17　2000—2020年长三角城市群各城市人均生态福祉的Moran's I值

年份	Moran's I	Z	P
2000	0.415	3.813	<0.001
2005	0.338	3.170	<0.001
2010	0.236	2.686	<0.001
2015	0.260	2.517	<0.001
2020	0.266	2.732	<0.001

注：当Z值大于2.58时，通过1%的显著性水平检验；当Z值大于1.96时，通过5%的显著性水平检验；当Z值大于1.65时，通过10%显著性水平检验。

（2）局部自相关分析

运用局部自相关进一步分析各个城市人均生态福祉与邻近地区的空间关联程度，根据式（5-7）计算，发现LISA指数先下降后上升，并通过显著性检验。利用GeoDa软件绘制人均生态福祉的集聚分布图，如图5-10所示，根据结果可将空间集聚分成5种类型。2000年时，高-高（HH）聚集和低-低（LL）聚集分别是4个和2个，说明在局部空间上少数城市的人均生态福祉之间存在局域空间聚集特征，即生态福祉供给能力强的城市彼此相邻，供给能力弱的城市彼此相邻；2005年，HH聚集类型城市减少至3个，LL聚集类型城市减

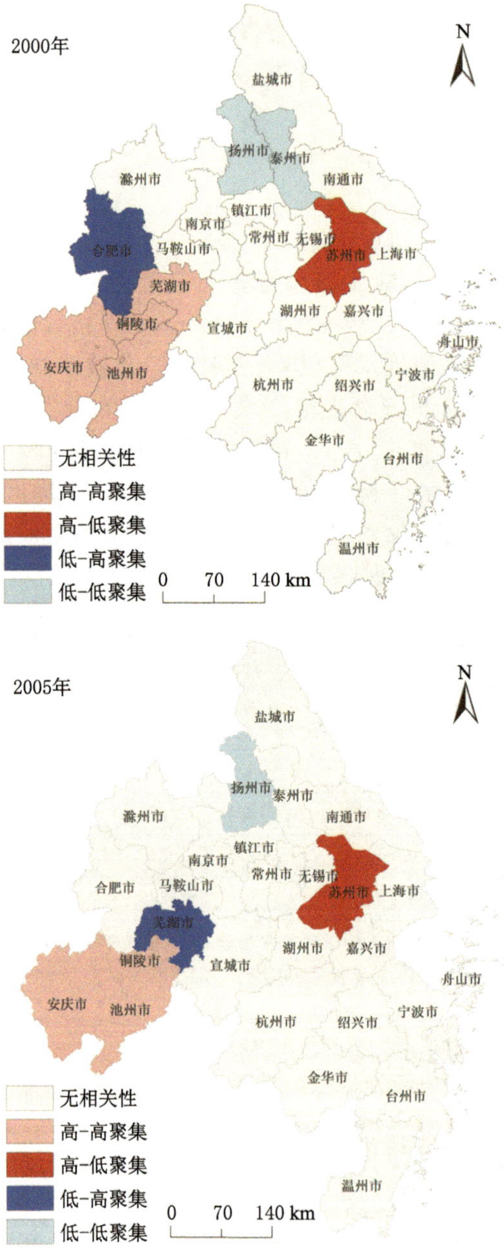

图 5-10 长三角城市群各城市人均生态福祉的集聚格局

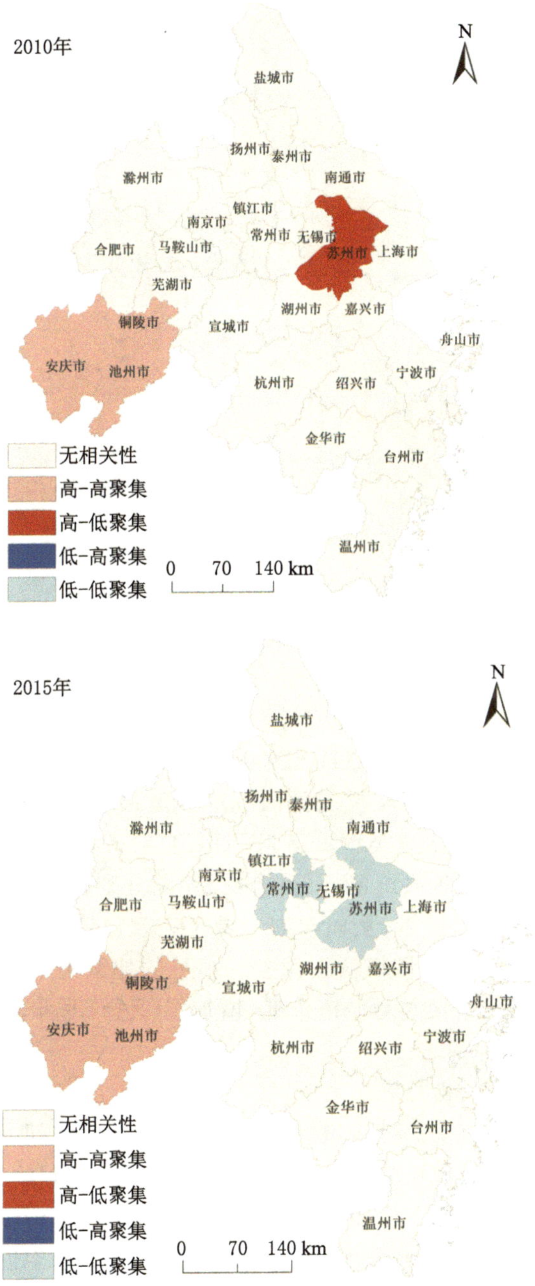
2010年
N
盐城市
扬州市
泰州市
南通市
滁州市
镇江市
南京市
常州市
无锡市
合肥市
马鞍山市
苏州市
上海市
芜湖市
湖州市
嘉兴市
铜陵市
宣城市
舟山市
安庆市
池州市
杭州市
绍兴市
宁波市
金华市
台州市
温州市
无相关性
高-高聚集
高-低聚集
低-高聚集
低-低聚集
0 70 140 km
2015年
N
盐城市
扬州市
泰州市
南通市
滁州市
镇江市
南京市
常州市
无锡市
合肥市
马鞍山市
苏州市
上海市
芜湖市
湖州市
嘉兴市
铜陵市
宣城市
舟山市
安庆市
池州市
杭州市
绍兴市
宁波市
金华市
台州市
温州市
无相关性
高-高聚集
高-低聚集
低-高聚集
低-低聚集
0 70 140 km

图 5-10　（续）

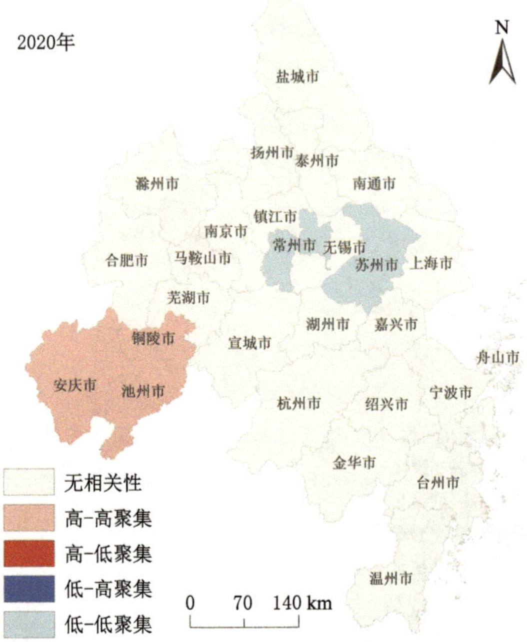

图 5-10 （续）

少至 1 个；2010 年，仅剩 3 个 HH 聚集类型城市，但仍是主要的空间集聚类型，城市人均生态福祉的局域空间集聚程度降至最低。2000—2010 年，江苏苏州一直是高-低（HL）集聚类型城市，说明其自身的城市生态福祉供给能力强，而周边城市生态福祉供给能力弱；合肥、芜湖分别在 2000 年和 2005 年属于低-高（LH）聚集类型城市，从而与周边城市表现出明显的空间异质性。而后，经过政策调整，长三角城市群人均生态福祉的地域集聚程度重新增强，自 2015 年起，3 个 HH 集聚类型城市未变，增加了 2 个 LL 集聚类型城市，且未发现存在空间异质性的城市。

总的来看，空间自相关分析表明，2000—2010 年，长三角城市群人均生态福祉存在显著的空间正相关性，相似水平的城市在地理空间上集中分布，且集聚程度减弱；局域空间自相关表明城市人均生态福祉以 HH 聚集和 LL 聚集为主，且存在 HL 聚集和 LH 聚集等空间异质性地区。2010—2020 年，人均生态福祉全局空间相关性越发显著，集聚程度增强；局部空间只存在 HH 和 LL 聚集类型，HH 聚集分布在安徽西南部及周边地区，LL 聚集分布在江苏南部及周边地区，且无空间异质性地区。

5.6　本章小结

本章基于第 4 章遥感解译获取的 2000 年、2005 年、2010 年、2015 年和 2020 年长三角城市群的蓝绿景观变化数据，利用基于生态系统服务价值修正算法的生态福祉核算模型、人均生态福祉核算模型以及城市生态福祉分类模型，从城市群和区域多尺度视角，对 2000—2020 年长三角城市群蓝绿景观生态系统服务的生态福祉价值整体变化及其生态系统服务所引致的资源福祉和环境福祉效应进行了深入分析，进而从城市尺度对城市群 27 个城市生态福祉的价值变化、人均生态福祉分类、影响因素及空间相关性进行了探索性分析。

① 2000—2020 年，长三角城市群生态福祉整体提升，由 2000 年的 9 252.85×10^8元提高至 2020 年的 9 351.07×10^8元，增幅为 1.06%。从生态系统服务类型看，提供的生态福祉按照降幅排序为：食物生产＞气体调节＞原料生产＞土壤保持＞气候调节＞生物多样性，按照增幅排序为：水文调节＞净化环境＞美学景观。

从景观类型看，水域景观服务是生态福祉的主要来源，而耕地、林地、草地的生态系统服务价值呈下降趋势，且耕地降幅最大，达 11.59%。从区域视角看，上海和安徽的生态福祉下降，上海降幅高达 15.76%，江苏和浙江呈上升趋势。从构成生态福祉的要素看，4 个区域的资源福祉均呈减弱趋势，上海降幅最大，达 20.47%，江苏和浙江的环境福祉有所增强。

② 蓝绿景观的资源福祉主要来自蓝绿景观的供给服务和文化服务，二者形成的资源福祉整体是下降的，由 2000 年的 763.42×10^8元下降至 2020 年的 726.67×10^8元，降幅达 4.81%。

从服务和景观类型看，供给服务包括食物生产服务和原料生产服务，二者提供的资源福祉价值由 2000 年的 513.90×10^8元降至 2020 年的 476.37×10^8元。其中，唯有水域的供给服务价值是提高的，其他 3 类蓝绿景观供给服务价值均是下降的。以食物生产服务为例进行案例研究，一是长三角耕地粮食生产，二是江苏水域水产供给，分别阐释供给服务的资源福祉效应，并指出长三角耕地保护的重要性，同时建议推广上海提高耕地单产等的经验，形成科技兴农的溢出效应。

文化服务主要体现在美学景观服务中，由 2000 年的 249.52×10^8元变化至 2020 年的 250.30×10^8元，增幅微小。其中，唯有水域的美学景观服务价值是提高的，4 个区域中江苏和浙江的美学景观文化服务价值也是提升的，反映出长三角城市群水域景观文化服务的重要性，这里的“江南水乡”景观与人文特色正是基于纵横交错的水域环境形成并成为重要的旅游吸引物。针对美学景观服务，进一步从不同景观类型的角度，一是长三角水体，二是浙江的森林为具体对象，进行了资源福祉效应的案例分析。

③ 蓝绿景观的环境福祉主要来自蓝绿景观的调节服务和支持服务，二者形成的环境福祉整体是上升的，由 2000 年的 8 489.43×10^8元提高至 2020 年的 8 624.40×10^8元，增幅为 1.59%。

基于调节服务的环境福祉整体提升，由 7 482.6×10^8元上升至 7 631.49×10^8元，增幅为 1.99%。调节服务类型提供的环境福祉价值排序是:水文调节＞气候调节＞气体调节＞净化环境，但从历时性变化看，气体和气候调节服务价值下降，净化环境和水文调节服务价值提升。从景观类型看，唯有水域的各项调节服务价值是增加的。从区域视角看，20 年间，上海蓝绿景观服务的环境福祉价值整体下降了 15.55%，江苏、浙江和安徽则整体提高。以调节服务中的气体调节服务为例，针对长三角蓝绿景观的固碳调节服务功能开展案例研究，详细阐释了其环境福祉效应，并提出高度重视和持续保护浙江和安徽林地的重要碳汇能力。

支持服务包括了土壤支持及生物多样性保护，二者提供的环境福祉价值由 2000 年的 1 006.83×10^8元下降至 992.92×10^8元，降幅微小。其中，水域的支持服务价值提升，而其他类型减少。从区域看，浙江蓝绿景观支持服务的环境福祉价值最高，上海最低，但历时性变化中，只有江苏区域蓝绿景观的生物多样性保护服务价值是提升的，因此以江苏水域的生物多样性服务进行支持服务的环境福祉效应案例分析。基于支持服务的生态福祉变化，建议长三角要坚持保护水域景观资源，同时优先扩大林地景观面积。

④ 从城市尺度来看，长三角城市群 27 个城市中，生态福祉价值前三甲为苏州、杭州和安庆，生态福祉最小的 3 个城市为舟山、嘉兴和镇江，城市间生态福祉价值差异巨大。

从历时性变化看，16 个城市的生态福祉是下降的，分别是上海、无锡、苏州、南通、镇江、合肥、芜湖、铜陵、安庆、池州、宣城、杭州、嘉兴、绍兴、金华和台州。其中，上海的生态福祉降幅最大，为 15.76%。另外 11 个城市的生态福祉则不同程度地提升，升幅最大的是盐城，高达 40.10%。

分析发现，环境福祉主导了生态福祉的变化方向。其中，上海的环境福祉降幅最大，而盐城的环境福祉增幅最大。27 个城市中，有 25 个城市的资源福祉都是下降的，降幅最大的仍是上海，为 20.47%，仅盐城和舟山两市的资源福祉呈现增加特征，说明上海等城市亟需通过一系列的生态空间保护措施提升生态福祉。

⑤ 城市群 27 个城市中，19 个城市的人均生态福祉（PGEW）呈现下降趋势，平均降幅为 32.52％，合肥降幅最大，达 52.85％；8 个城市的 PGEW 呈现上升趋势，平均增幅为 15.91％，增幅最大的为盐城，高达 65.91％，说明城市整体生态福祉供给能力有所退化。

根据相对福祉指数分级，上海和嘉兴为低生态福祉区，较低生态福祉区城市有 10 个，较高生态福祉区城市有 8 个，高生态福祉区城市有 4 个，超高生态福祉区城市有 3 个，即池州、铜陵和宣城。发展至 2020 年，部分城市的生态福祉分级有所变化，盐城、扬州、安庆和滁州的等级有所提高，而苏州、合肥、马鞍山和杭州的等级有所下降。

空间自相关分析表明，2000—2010 年，长三角城市群人均生态福祉存在显著的空间正相关性，且集聚程度减弱；局域空间自相关表明城市人均生态福祉以 HH 聚集和 LL 聚集为主，同时存在 HL 聚集和 LH 聚集等空间异质性地区。2010—2020 年，人均生态福祉全局空间集聚程度再次增强，局部空间的 HH 聚集在安徽西南部及周边地区，LL 集聚集中在江苏南部及周边地区，且无空间异质性地区。

第6章　长三角城市群旅游景观时空格局演变及影响因素——以A级旅游景区为代表

旅游景观是城市群旅游目的地景观系统中的核心景观。根据第2章对城市旅游景观的分类可知，从资源视角城市旅游景观可分为人文、自然和复合旅游景观。旅游景观形成的各类城市旅游品牌目的地，是旅游者进行城市旅游的主要场所，如A级旅游景区、旅游度假区、风景名胜区、森林公园、地质公园、湿地公园、历史文化街区、文旅消费集聚区等，这些旅游品牌又多可视为是由斑块-廊道、斑块-基质、廊道-基质或斑块-廊道-基质构成的、复合式结构的旅游景观，它们作为城市重要的旅游吸引物，塑造了多样的城市旅游空间，催生了丰富的旅游体验。

在众多的复合式结构旅游景观中，景区仍是目前旅游目的地赖以生存和发展的主要物质载体和活动空间(潘竟虎 等，2014)。目的地景区的数量、类型、规模、品牌、分布等不仅影响当地旅游产业综合竞争力(杨友宝 等，2015；吴清 等，2021)，还对游客的体验、获得感和幸福感造成直接的影响。我国旅游产业发展40余年来，旅游景区已经完成了“接待和服务外宾→生活奢侈品→美好生活必需品”的社会经济角色转变(宁志中 等，2020)。2001年起，我国正式实行A级景区质量评定制度，并自2007年增加了5A级景区。景区等级越高，意味着知名度、影响力、吸引力越大。A级景区作为我国独有的旅游景区等级划分方式，在各地如雨后春笋般快速兴起。伴随着A级景区的发展实践，基于空间的视角，地理、旅游学界持续开展了A级景区相关研究工作，如景区空间格局(吴丽敏 等，2013；吴清 等，2017；卫杨 等，2021；Qiu et al.，2021)、可达性(曹芳东 等，2021；李潜 等，2020；景壮壮 等，2021；Liao et al.，2021)、空间分布特征及影响因素(芦学良 等，2019；刘敏 等，2020；Wang et al.，2020b)等。在取得丰硕成果的同时，仍有很多问题值得深入探索。

第一，研究尺度上，城市群是当今区域发展的重要引擎，也逐渐成为中国参与世界经济竞争的主体力量(虞虎 等,2012)。城市群的发展促使旅游需求、交通条件、市场经济等要素快速发展,从而连接了城市之间的旅游活动,城市群旅游全面崛起(席建超 等,2019),并成为推动跨区域资源整合、优化旅游空间结构、加强城市旅游合作、促进城市群要素和整体建设的重要途径。城市群尺度 A 级旅游景区的时空格局与演化是区域旅游业供给和发展水平是否满足美好生活需要的重要考量,也是构建区域旅游经济增长点的重要载体。但是,目前我国研究涵盖的 A 级旅游景区空间尺度集中在全国(宁志中 等,2020)、省域(吴丽敏 等,2013;卫杨 等,2021)和市域(李志远 等,2022),城市群尺度的研究尚显不足(贾垚焱 等,2019)。

第二,研究逻辑上,游客的旅游行为是分尺度的,对区域空间进行多尺度研究能够全面把握景区空间分布的格局特征,为将来 A 级旅游景区或其他类型旅游产品的空间分布与优化提供充分的理论基础,但目前景区多尺度研究相对较少(冯英杰 等,2018),这可能形成对景区空间格局特征理解的片面性。

第三,研究重点上,A 级景区评定制度已经实行了 20 余年,需要从历时性视角关注景区发展,从而全面掌握景区发展的充分性,也能把握景区的影响因素是否存在动态变化;并且,景区所处的区域环境不同,影响其空间分布的因素也会因其所处区域变化而不同(邹建琴 等,2021),所以还要考虑空间非稳定性现实条件下景区影响因素的空间异质性问题。然而,目前多数研究只关注某一时点的景区格局特征,亦或囿于影响因素的定性分析(李嘉欣 等,2021),忽略了影响因素的时空差异(谢朝武 等,2015;张治意 等,2021)可能导致对 A 级景区影响因素认知的偏差并形成忽视空间效用的跨区域景区发展与管理政策。

鉴于此,本章将以长三角城市群 A 级旅游景区作为旅游景观的代表开展研究,以 2001—2021 年为长时间序列,基于旅游目的地多尺度、旅游景区多等级及空间非稳定现实,综合运用统计、空间分析、ArcGIS 技术、GWR 模型等方法,尝试回答以下问题:① 自 A 级旅游景区评定以来,在城市群、区域、城市三个空间尺度上,A 级旅游景区表现出怎样的历时性变化规律? ② 在不同空间尺度上,A 级旅游景区分布格局表现出怎样的变化特征与关联性? ③ A 级旅游景区的影响因素是否具有时空的异质性? 如何作用于景区发展? 通过回答上述问题,探索长三角城市群旅游景观发展的充分性、平衡性问题及其影响因素,为区域旅游空间优化,赋能区域旅游业高质量发展和经济复苏,并更好提升旅游产业福祉效应提供理论基础和决策依据。

6.1 研究方法和数据来源

6.1.1 空间分析方法

基于前人研究，通过 ArcGIS 空间分析工具，利用标准差椭圆、核密度方法分析长三角城市群尺度上 A 级景区的空间分布重心、方向和密度的动态演变(冯英杰 等，2018；贾垚焱 等，2019；宁志中 等，2020)；利用最邻近指数考量区域尺度上 A 级景区的空间分布类型特征(吴必虎 等，2003；吴丽敏 等，2013；李嘉欣 等，2021)；利用地理集中指数和不平衡指数衡量城市尺度上 A 级景区的空间分布集中性/均衡性演变特征(唐承财 等，2019；张治意 等，2021)。利用探索性空间数据分析方法了解 A 级景区在地理空间上的相关性，为利用地理加权回归模型研究 A 级景区空间分异形成的影响机理奠定基础(邹建琴 等，2021)。方法具体的内涵和模型介绍如下。

6.1.1.1 标准差椭圆

标准差椭圆(Standard Deviational Ellipse，SDE)是一种空间统计方法，能够精确地度量地理要素方向和分布的趋势，在本研究中用以分析景区总体的分布特征。公式如下：

$$E_x = \sqrt{\frac{\sum_{i=1}^{n} (x_i - \bar{X})^2}{n}} \tag{6-1}$$

$$E_y = \sqrt{\frac{\sum_{i=1}^{n} (y_i - \bar{Y})^2}{n}} \tag{6-2}$$

$$\tan\theta = \frac{\left(\sum_{i=1}^{n} \widetilde{x}_i^{\,2} - \sum_{i=1}^{n} \widetilde{y}_i^{\,2}\right)}{2\sum_{i=1}^{n} \widetilde{x}_i \widetilde{y}_i} + \frac{\sqrt{\left(\sum_{i=1}^{n} \widetilde{x}_i^{\,2} - \sum_{i=1}^{n} \widetilde{y}_i^{\,2}\right)^2 + 4\left(\sum_{i=1}^{n} \widetilde{x}_i \widetilde{y}_i\right)^2}}{2\sum_{i=1}^{n} \widetilde{x}_i \widetilde{y}_i} \tag{6-3}$$

式中，E_x和E_y是分布椭圆的长轴和短轴，长轴表示数据分布的主趋势方向，短轴主要反映数据分布的范围，长短轴的值差距越大(扁率越大)，表示数据的方向性越明显；反之，则方向性不明显。x_i和y_i是景区 i 的坐标；$\{\bar{X},\bar{Y}\}$是所有景区的平均中心；n 是景区数量；椭圆的方向 $\tan\theta$ 是以 x 轴为准，以正北方

(12 点方向)为 0°,顺时针旋转;$\widetilde{x_i}$和$\widetilde{y_i}$是景区 i 到平均中心的长短轴方向距离。

6.1.1.2 核密度分析

核密度估计(Kernel Density Estimation,KDE)是估计随机变量概率密度函数的一种非参数方法(宁志中 等,2020),利用其反映 A 级景区在空间上的分散或集聚特征以及这种形态的变化(王劲峰 等,2010)。公式为:

$$f_n(x)=\frac{1}{nh}\sum_{i=1}^{n}k\left(\frac{x-x_i}{h}\right) \tag{6-4}$$

式中,n 为景区数量;h 为带宽;$k()$为核函数;$(x-x_i)$是被观测景区位置与第 i 个景区位置之间的距离。若 $f_n(x)$越大,表明核密度值越高,景区空间分布密度就越大;反之,则越小。

6.1.1.3 最邻近指数

最邻近指数方法是使用最近邻的点对之间的距离描述点的空间分布模式,是一种比较客观确定布点格局情况的方法(吴必虎 等,2003)。在本研究中,将景区看作点状目标,通过最邻近指数方法描述景区空间分布模式,客观确定景区布点格局。公式为:

$$\mathrm{NNI}=\frac{\sum_{i=1}^{n}\frac{\min(d_{ij})}{n}}{0.5\sqrt{\left(\frac{A}{n}\right)}} \tag{6-5}$$

式中,n 为景区数量;$\min(d_{ij})$是任一景区与其最邻近景区之间的距离;A 指研究区域面积。NNI>1,表示景区趋于均匀分布;NNI<1,表示景区趋于集聚分布;NNI=1,表示景区随机分布。

6.1.1.4 地理集中指数

地理集中指数用以度量景区在各个城市空间分布的集中程度。公式为:

$$G=\sqrt{\sum_{i=1}^{n}\left(\frac{x_i}{T}\right)^2}\times 100\% \tag{6-6}$$

式中,n 为城市数量;x_i为 i 城市景区数量;T 为景区总量;$G\in(0,100]$。$\overline{G}$为各城市景区数量平均分布时的地理集中指数,如果 $G>\overline{G}$,说明景区分布集中,且 G 值越大,集中程度越高;反之,则分布越分散。

6.1.1.5 不平衡指数

不平衡指数能够测度景区分布的(不)均衡程度。不平衡指数使用洛伦兹曲线中计算集中度指数的公式来计算。公式如下:

$$S = \frac{\sum_{i=1}^{n} Y_i - 50(n+1)}{100n - 50(n+1)} \tag{6-7}$$

式中，n 为城市数量；Y_i 是各城市景区数量占景区总量的比重由高到低排列后第 i 个城市的累计百分比。$S \in (0,1)$，S 越接近 1，表示景区分布越不均衡；反之，越均衡。

6.1.1.6　探索性空间数据分析(ESDA)

方法介绍请见第 5 章。

本章分别从全局和局部维度分析长三角各个城市 A 级景区的空间相关性特征，为研究 A 级景区空间分异性的影响机理研究奠定基础，故在地理加权回归模型之前需要进行自相关性检验数据处理。

6.1.1.7　地理加权回归模型(GWR)

地理加权回归模型(Geographically Weighted Regression，GWR)能够揭示空间非稳定性情况下各个因素对景区空间分布的影响(朱永凤 等，2017；张哲，2019)。传统 OLS 回归只是对参数进行“平均”或“全域”估计，无法反映参数在不同空间的非稳定性。GWR 模型中特定区位 i 的回归系数是利用邻近观测值的子样本数据信息进行局域回归获得。GWR 模型是 OLS 模型的扩展，充分考虑了空间非稳定的特点。模型如下：

$$y_i = \beta_0(u_i, v_i) + \sum_{i=1}^{k} \beta_i(u_i, v_i) x_{ik} + \varepsilon_i \tag{6-8}$$

式中，(u_i, v_i) 是第 i 个样本点的空间位置；$\beta_i(u_i, v_i)$ 是自变量 x_{ik} 在 i 点的值，ε_i 为残差项，满足正态分布。各个样本点的权重采用高斯函数确定。

6.1.2　数据来源

以国家文化和旅游部，上海市、江苏省、浙江省和安徽省文化和旅游厅，长三角城市群 27 个城市旅游相关网站，以及《2005—2014 年中国旅游景区发展报告》公布的 A 级景区名单为基础，选取 2001—2021 年长三角城市群 27 个城市 A 级景区为历时性研究样本。

由于篇幅有限，在空间分析中，以 2001 年、2007 年、2014 年和 2021 年为代表性年份，其中 2001 年首批 A 级景区评定，2007 年首批 5A 级景区评定，而后年份间等差。通过百度坐标拾取系统采集景区坐标，面积较大的景区取其质点作为坐标，利用 ArcGIS 10.3 软件建立 A 级旅游景区点数据库，将景区以点状要素标记在自然资源部标准地图(审图号 GS〔2019〕1822 号)上。

6.2 长三角城市群 A 级旅游景区时间演变分析

6.2.1 城市群尺度 A 级旅游景区数量及结构

如图 6-1 所示，通过对长三角城市群 A 级景区数量的统计，获得景区总量以及不同等级结构的变化。长三角城市群 A 级景区总量整体呈持续上升趋势，由 2001 年的 84 个上升至 2021 年 1 636 个，翻了近 20 倍。

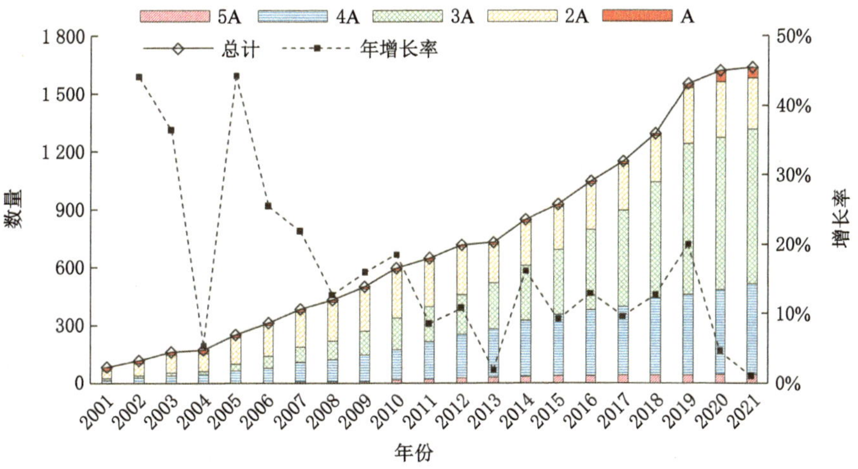

图 6-1　2001—2021 年长三角城市群 A 级景区数量变化

从增速的变化可以将 A 级景区发展分为 3 个阶段：

第一阶段(2001—2013 年)：波动增长阶段，年均增速为 20.51%。这期间，2004 年、2008 年、2011 年和 2013 年受 SARS 以及全球经济危机等影响，A 级景区数量增长率均在低谷值，其他年份增速均在 10%以上，尤其是 2005 年增速高达 44.25%。

第二阶段(2014—2019 年)：平稳增长阶段，年均增速为 13.42%。这期间，全球经济较为稳定，国内发展进入新时代，生态文明和绿色发展受到高度重视，旅游和文化在实践和机制中逐步融合发展，中国旅游产业进入全新的高质量发展时期。

第三阶段(2020—2021 年)：疫情冲击阶段。肆虐全球的新冠疫情是 21 世纪以来对旅游产业影响最大、最持久的事件，导致基于人口流动的旅游产业全面停滞，作为重要旅游企业的景区也处于低迷发展状态。

再从结构上看，A 级景区呈现倒 U 形发展结构，即 3A 数量最多，并向其他等级递减。20 年间，3A 景区数量从 10 个增加至 803 个，翻了 80 倍；4A 景区数量其次，2021 年增加至 465 个，翻了 25 倍有余；5A(2007 年开始评定)、2A 和 1A 景区数量最少，分别翻了约 4.5 倍、6 倍和 4 倍。其中，5A 级景区的增量虽然不是最少的，但是 2021 年其总量仍最少，仅为 49 个。这些数据的变化说明长三角城市群中，3A、4A 旅游景区为结构主体，5A、2A 和 1A 旅游景区为辅。由于 5A 景区是目前 A 级景区的最高评定等级，自然与人文景观资源禀赋优秀，建设标准最高，因此 5A 景区已经成为各地最具吸引力的金字招牌。

6.2.2 区域尺度 A 级旅游景区数量及结构

图 6-2(a)～(d)分别显示了长三角城市群中 4 个区域的 A 级旅游景区数量变化信息。

如图 6-2 所示，2001—2021 年，4 个区域的 A 级景区数量均不断增加。其中，浙江区域的 A 级景区数量和增量最大，相比基期翻了 58.5 倍，增速也最快，年均增长率为 27.5%；安徽区域的 A 级景区数量仅高于上海，且增量最小，相比基期翻了 7.7 倍，增速也最慢，年均增长率为 11.3%。从各个区域的占比来看，上海的 A 级景区占比始终在 10%以内，相对稳定；江苏区域占比先上升后下降，2021 年为 28.1%；浙江区域占比整体呈上升趋势，尤其是 2018 年以来，达到 40%以上；安徽区域占比整体下降，2019 年以来恢复到 20%左右。

进一步分析 A 级景区的结构变化，从数量上看，无论是 4A、5A 高等级景区，还是 A、2A 和 3A 中低等级景区，数量的排序均是浙江＞江苏＞安徽＞上海；目前 3A、4A 均以浙江区域最多，5A 以江苏区域最多。再从各个区域内部景区结构来看，上海以 4A 景区为主，3A 景区为辅；江苏区域以 3A 景区为主，4A 和 2A 景区为辅；浙江和安徽区域以 3A 景区为主，4A 景区为辅。

6.2.3 城市尺度 A 级旅游景区数量及结构

由于篇幅有限，选择 2001 年、2007 年、2014 年和 2021 年为代表年份，说明城市群中心区 27 个城市的 A 级景区总量及结构的发展[如图 6-3(a)～(c)]。从 A 级景区整体来看，如图 6-3(a)所示，上海 A 级景区总量自 2014 年起就遥遥领先其他城市，27 个城市中，至 2021 年只有上海和台州的 A 级景区

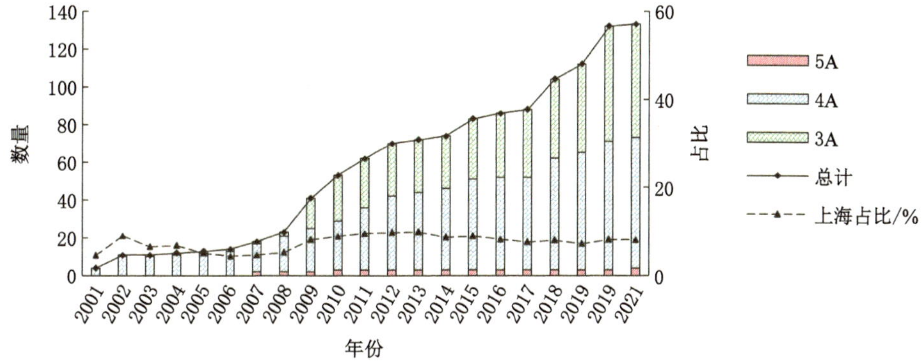

(a) 上海

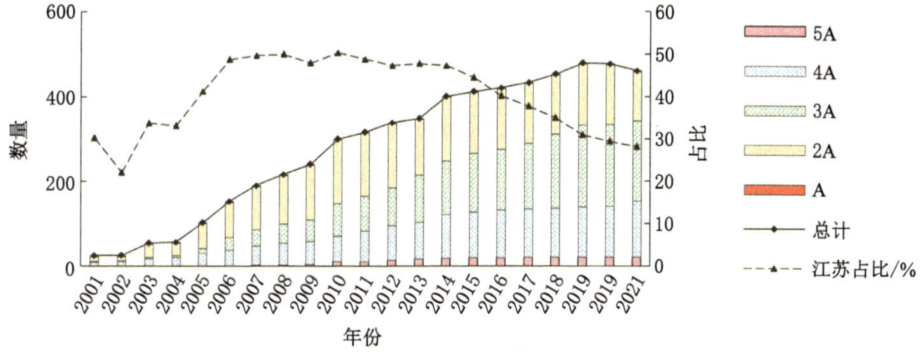

(b) 江苏

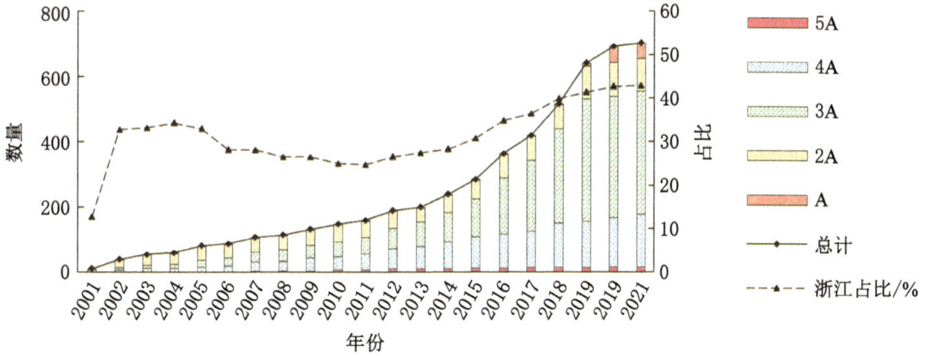

(c) 浙江

图 6-2　2001—2021 年长三角城市群各区域 A 级旅游景区数量变化

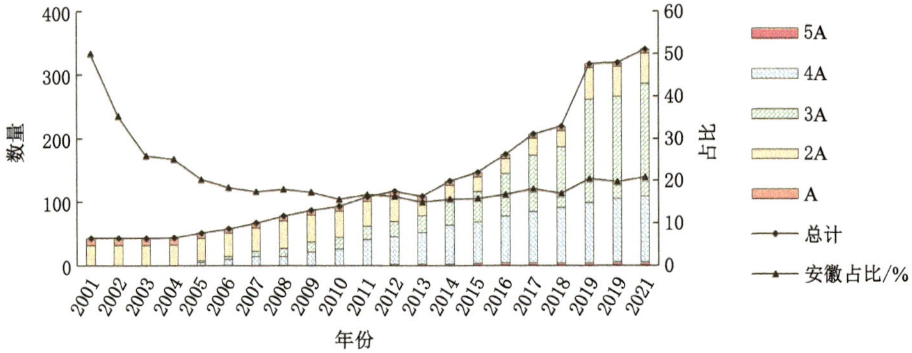

(d) 安徽

图 6-2 (续)

数量超过 100 个;杭州、嘉兴、温州、绍兴、金华、安庆、湖州、苏州、南京、舟山的 A 级景区数量超过 60 个。在这 12 个城市中,2/3 都属于浙江省,它们的共同特点是起步迟、发展速度快;苏州和南京属于江苏省,历史文化资源丰富,但是在这 12 个城市的 A 级景区数量中仅排名第 10、11 位,这是因为 2014—2021 年这一阶段,相比浙江的大部分城市,这两个城市进入了 A 级景区发展滞后期;安徽省唯有安庆进入前 12 名之列,安庆的 A 级景区发展起步早,整体发展较为平稳。

如图 6-3(b)所示,4A、5A 高等级景区发展中,上海依然是一枝独秀,自 2014 年就远超其他城市,至 2021 年更是多达苏州的近 2 倍。至 2021 年,上海、苏州、杭州、无锡、宁波、湖州、南京、安庆、金华和温州这 10 个城市的高等级景区数量均在 20 个以上。其中,浙江城市占 5 个,江苏城市占 3 个,安徽城市 1 个。

A～3A 中低等级景区发展中[图 6-3(c)],至 2021 年中低等级景区数量超过 40 个的城市有 13 个,分别是台州、嘉兴、温州、绍兴、上海、杭州、舟山、金华、安庆、湖州、南通、扬州和南京。其中,浙江城市有 8 个,它们的特点是起步晚,但发展后劲特别大,2014—2021 这一阶段的发展速度特别快。

进一步对比图 6-3(b)～(c)中各城市不同等级结构景区的发展,可以发现上海、杭州、湖州、南京、安庆、金华、温州、台州 8 个城市在高等级以及中低等级景区的发展中均较为重视。嘉兴、绍兴、舟山、南通、扬州 5 个城市的中低等级景区发展不错,但高等级景区发展较为欠缺,尤其是嘉兴,其 A 级景区总量

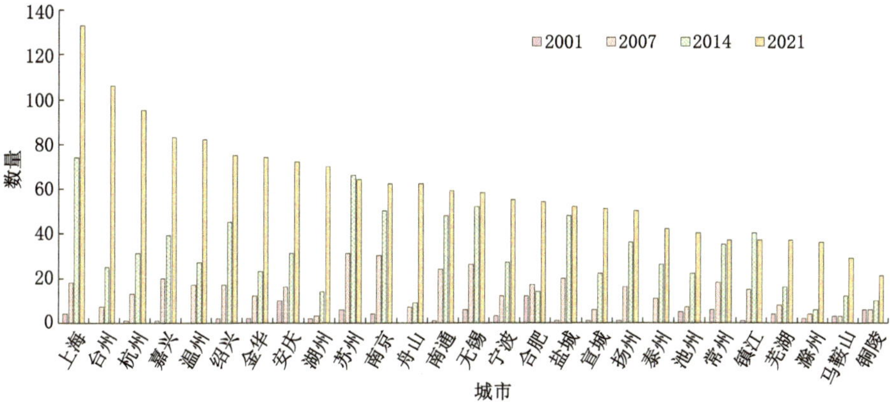

(a) A级

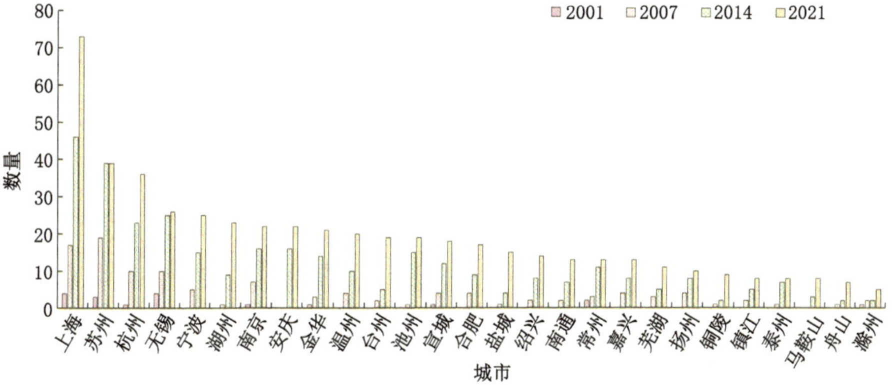

(b) 4A、5A级

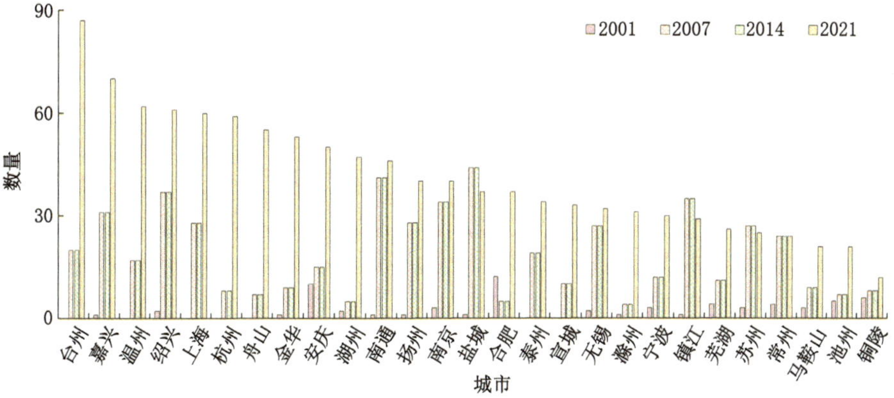

(c) A～3A级

图 6-3　2001—2021 年长三角城市群各城市不同等级景区数量变化

排名第4，但高等级景区排名仅为19位。苏州、无锡、宁波3个城市的高等级景区发展较为优秀，但中低等级景区发展一般，以苏州为例，其高等级景区排名第2，但中低等级景区排名仅23位。此外，在高及中低等级景区发展均相对较弱的城市主要为滁州、马鞍山和铜陵。

6.3 长三角城市群A级旅游景区空间演变分析

6.3.1 城市群尺度A级旅游景区空间格局

利用ArcGIS探析A级景区在城市群尺度上的空间分布和演变特点，首先通过核密度分析，了解2001年、2007年、2014年和2021年4个代表性时间截面上A级景区的空间分布形态，如图6-4所示。可知2001年，长三角城市群A级景区的空间分布初具集聚形态，主要分布在安徽和江苏南部。随着长三角各个城市对旅游产业发展的重视，城市群A级景区高密度集聚区整体东移，范围也逐步扩大(2007年)，至2014年形成以沪、苏、锡、常、镇、扬、泰、通为基底，以嘉、杭、越和宁、马、芜为两翼的倒U形、较高核密度集聚分布并连接而成的景区群，密度均超过40个/万km^2，尤其是宽厚的倒U形底部地区最大密度甚至超过200个/万km^2。至2021年，倒U形景区群核密度进一步增大，且倒U形两翼在发展中进一步分别向安徽西部和浙江南部延伸，逐渐形成“几”字形高密度景区带，密度均超过80个/万km^2，最大密度超过300个/万km^2。说明A级景区集聚性越来越强，且集聚覆盖的范围越来越大，这极大提升了长三角城市群旅游产业的空间公平和社会福祉。

进一步利用标准差椭圆法，直观了解A级景区及不同等级结构A级景区的分布特征和发展方向，如图6-5(a)～(c)所示。从椭圆的时空分布重心移动轨迹[图6-5(a)]看，4个时间截面A级景区分布中心变化为：安徽宣城→江苏无锡与浙江湖州交界处→江苏苏州与浙江湖州交界处→浙江湖州，总体上呈现出从安徽东进并向南部浙江转移态势，其中2001—2007年偏移距离最大。这也体现出2001—2021年间，长三角城市群中安徽的A级景区发展起步整体较早而浙江起步晚但潜力大的特点，目前的重心大致位于长三角城市群中心位置。

再从标准差椭圆覆盖范围看，从囊括安徽大部分地区的城市群中部偏西区域，向江浙沪地区显著推进。结合表6-1参数(A级)，相比2001年，2007年标准差椭圆的面积不仅大幅增加，并且椭圆短轴变大、长轴变小，说明2001—2007年间，长三角城市群A级景区集聚范围和空间分布的离散程度显著增

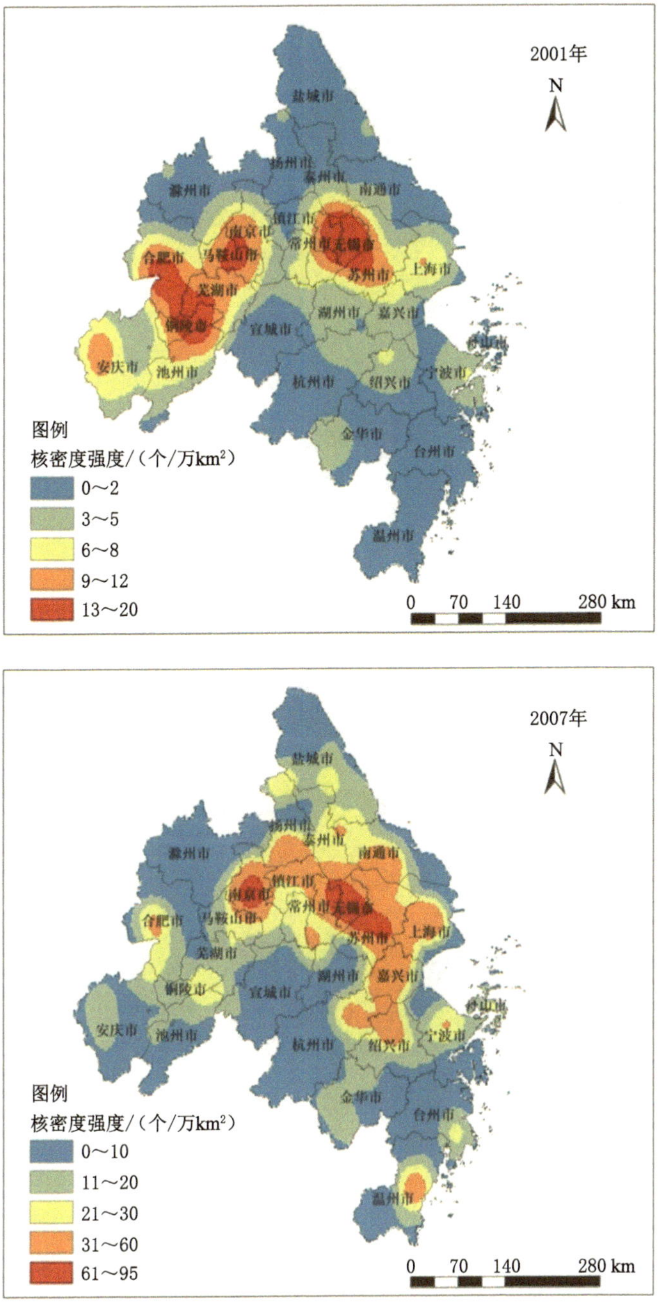

图 6-4　2001 年、2007 年、2014 年、2021 年长三角城市群 A 级旅游景区核密度

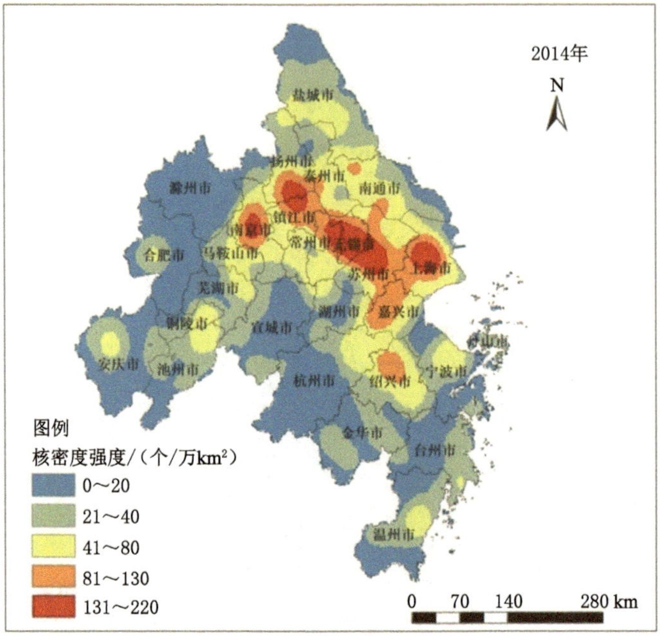
2014年
N
盐城市
扬州市
泰州市
南通市
滁州市
镇江市
南京市
常州市
无锡市
合肥市
马鞍山市
上海市
苏州市
芜湖市
湖州市
嘉兴市
铜陵市
宣城市
舟山市
安庆市
池州市
杭州市
绍兴市
宁波市
金华市
台州市
温州市
图例
核密度强度/（个/万km²）
0～20
21～40
41～80
81～130
131～220
0 70 140 280 km

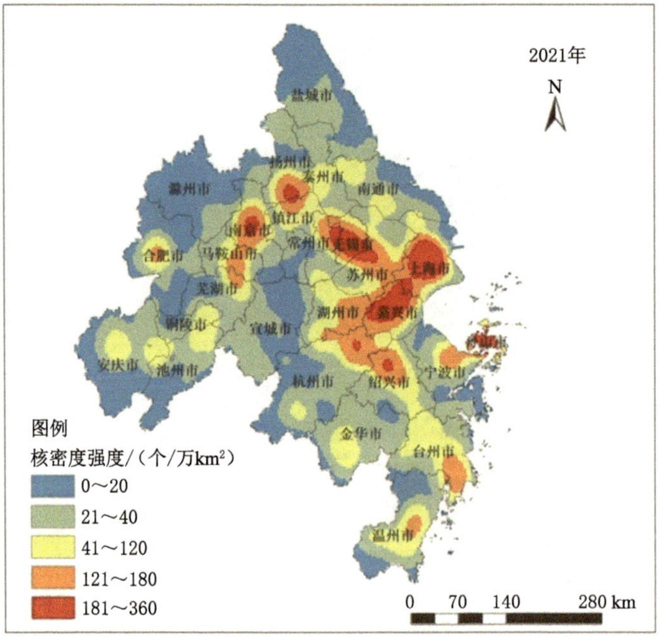
2021年
N
盐城市
扬州市
泰州市
南通市
滁州市
镇江市
南京市
常州市
无锡市
合肥市
马鞍山市
上海市
苏州市
芜湖市
湖州市
嘉兴市
铜陵市
宣城市
安庆市
池州市
杭州市
绍兴市
宁波市
金华市
台州市
温州市
图例
核密度强度/（个/万km²）
0～20
21～40
41～120
121～180
181～360
0 70 140 280 km

图 6-4 （续）

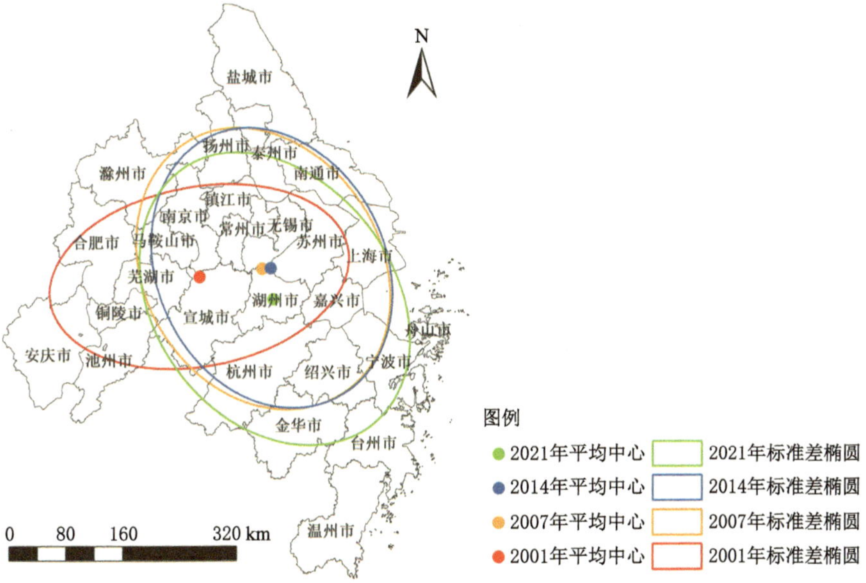

(a) A～5A景区

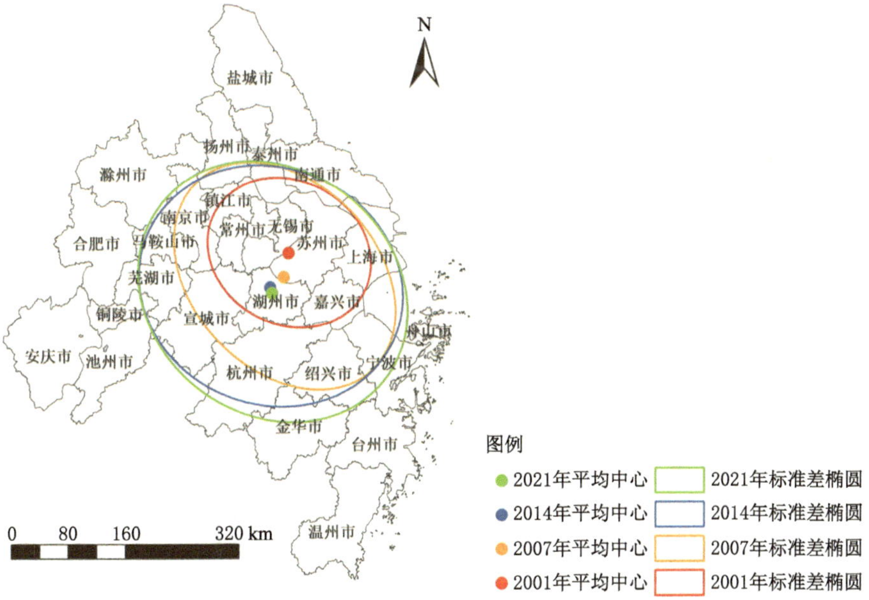

(b) 4A、5A景区

图 6-5　2001 年、2007 年、2014 年、2021 年长三角城市群 A 级旅游风景区标准差椭圆变动

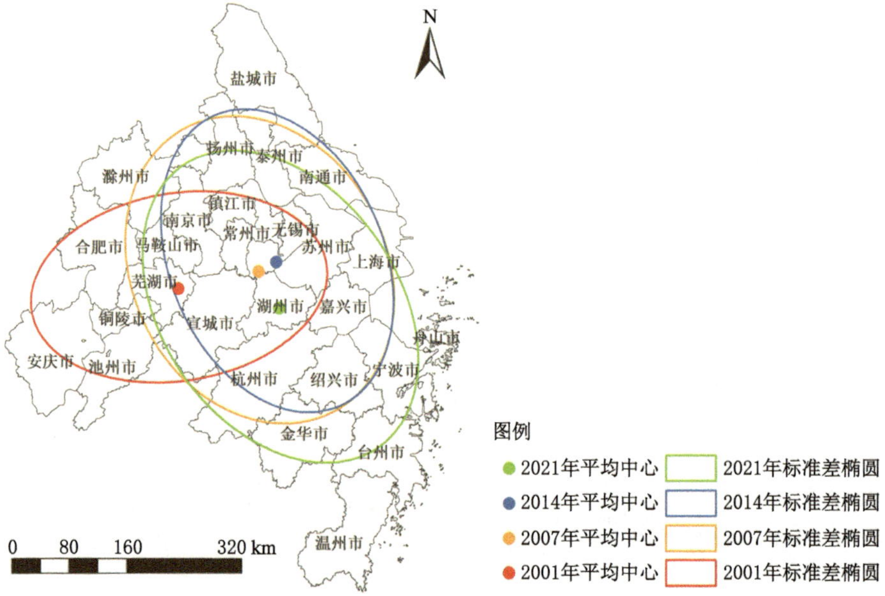

(c) A～3A景区

图 6-5 （续）

加，但景区空间分布方向仍在变化当中，这一时期不够凸显。2007—2014 年间，标准差椭圆整体变动微小，尽管面积略有缩小，但覆盖范围继续偏离安徽向东推进，进一步涵盖这一时期快速发展的上海和江苏南通地区。至 2021 年，覆盖范围明确南向扩大，椭圆长短轴均增大且差距增加，转角 θ 为 135.44°，说明发展至今，长三角 A 级景区的覆盖和辐射范围不断扩大，形成大致以城市群中心为集聚中心、东南-西北方向分布的空间格局。

图 6-5(b)～(c)和表 6-1 同时给出了不同等级结构景区的标准差椭圆变化和参数结果。2001—2021 年[图 6-5(b)]，高 A 级景区分布重心逐步自城市群中部偏北向中部移动，即自江苏苏州逐渐向浙江湖州移动；标准差椭圆覆盖范围逐年增大，覆盖面积翻了近 3 倍，椭圆的短轴不断增大，表明景区分布离散程度逐步增强，转角 θ 范围在 109.57°～130.03°之间变动，且最终为 117.24°，形成了东南-西北分布格局。

中低 A 级景区与高 A 级景区变化非常相似，椭圆重心自安徽东移至江苏，而后南移至浙江，2001—2007 年东移距离最大；椭圆覆盖面积先增大、后缩小、再增大，相比 2001 年，2021 年椭圆面积翻了近 1.5 倍；景区分布离散性逐步显现，并形成东南-西北分布格局。

表 6-1　不同等级旅游景区标准差椭圆参数结果

景区等级	年份	椭圆面积 /km^2	椭圆中心 $\bar{X}$/E	椭圆中心 $\bar{Y}$/N	椭圆长轴 E_x/km	椭圆短轴 E_y/km	转角 θ/(°)
A 级（A～5A）	2001	84 278.55	118.84	31.17	219.60	122.17	78.35
	2007	109 587.58	119.81	31.15	207.28	168.31	138.72
	2014	103 789.63	119.94	31.14	201.96	163.59	145.14
	2021	120 019.62	119.91	30.75	224.12	169.10	135.44
高 A 级（4A、5A）	2001	37 596.01	120.25	31.30	120.69	99.16	109.57
	2007	74 422.91	120.12	31.02	180.47	131.27	130.02
	2014	98 850.58	119.89	30.92	192.75	163.25	102.51
	2021	108 364.70	119.90	30.84	202.04	170.74	117.24
中低 A 级（A～3A）	2001	84 369.26	118.46	31.13	213.21	125.97	79.33
	2007	122 211.23	119.69	31.19	217.05	179.23	144.21
	2014	101 775.74	119.98	31.28	213.54	151.72	152.10
	2021	122 567.93	119.92	30.71	234.55	166.35	138.64

进一步通过标准差椭圆参数计算结果来比较高等级、中低等级内部景区的发展和分布是否有显著差异，结果见表 6-2 和表 6-3。

表 6-2　高等级旅游景区标准差椭圆参数结果

景区等级	年份	椭圆面积 /km^2	椭圆中心 $\bar{X}$/E	椭圆中心 $\bar{Y}$/N	椭圆长轴 E_x/km	椭圆短轴 E_y/km	转角 θ/(°)
5A	2007	77 845.75	120.58	30.64	183.66	134.93	114.88
	2014	67 512.03	120.16	31.02	158.06	135.97	115.52
	2021	80 332.88	120.14	30.94	176.80	144.64	135.25
4A	2001	37 596.01	120.25	31.30	120.69	99.16	109.57
	2007	72 894.02	120.07	31.06	178.09	130.29	132.13
	2014	102 387.56	119.85	30.90	196.41	165.94	102.15
	2021	111 012.90	119.88	30.83	204.72	172.62	115.99

注：2001 年尚无 5A 级旅游景区。

表 6-3 中低等级旅游景区标准差椭圆参数结果

景区等级	年份	椭圆面积 /km²	椭圆中心 $\bar{X}$/E	椭圆中心 $\bar{Y}$/N	椭圆长轴 E_x/km	椭圆短轴 E_y/km	转角 θ/(°)
3A	2001	20 033.63	120.93	30.48	156.80	40.68	134.61
	2007	115 154.09	120.10	30.85	231.30	158.48	149.21
	2014	106 640.48	120.11	31.07	219.97	154.32	147.73
	2021	122 694.65	119.86	30.65	235.10	166.13	141.40
A、2A	2001	63 934.98	118.12	31.22	187.72	108.42	61.30
	2007	119 049.64	119.53	31.33	204.19	185.59	145.14
	2014	91 610.10	119.82	31.51	199.58	146.12	161.02
	2021	118 882.05	120.06	30.86	234.26	161.55	131.08

由于5A级景区建设代表着中国世界级精品的旅游风景区等级，建设标准高，数量极少，因此高等级景区发展分布主要受数量庞大的4A级景区影响，对比表6-2和表6-1的数据也可印证这一点：表6-2中4A级景区数据标准差椭圆参数在4个代表性年份的历时性变化动态，与表6-1中高A级变化动态一致。

虽然同属高等级景区，5A景区的发展分布与4A景区还是有较大差异的。2015年起，我国5A景区取消了“终身制”，纳入“动态管理机制”，对年度复核检查严重不达标或存在严重问题的将做出处理，这就使得5A景区“重评级更重评价”，因此5A景区并不会出现快速扩张的现象，2007—2021年，长三角5A级景区的标准差椭圆面积才增长了3.19%。从椭圆中心来看，5A景区的椭圆中心与4A略有差异，2007年5A景区的椭圆中心在嘉兴，而非苏州；2014年转移至苏州，但此时4A景区的平均中心已经南移至湖州；2021年，5A和4A的中心均移至湖州。进一步结合椭圆的长短轴和转角变化可知，2007—2021年，5A级景区的标准差椭圆覆盖范围变化不大，其转角 θ 始终在114.88°～135.25°之间变动，且最终 θ 为135.25°，形成东南-西北方向分布，景区位置的离散性也趋于增大。相比之下，4A的标准差椭圆覆盖范围变化很大，2001—2021年翻了约3倍，平均中心移动轨迹为江苏苏州→江苏苏州→浙江湖州→浙江湖州，其转角 θ 一直在102.15°～132.13°之间变动，最终 θ 为115.99°，形成东南-西北方向分布，数据离散性越发显著(表6-2)。

由表6-3可知，中低等级景区中，3A中等级景区的标准差椭圆覆盖范围增加显著，面积扩大了约6倍，说明中等级景区在长三角地区得到了充分的开发建设，椭圆中心的变化为浙江嘉兴→浙江湖州→江苏苏州→浙江湖州，短轴整体变长，景区离散程度增加，景区分布格局方向由东南-西北方向顺时针发展，而后自 2014 年逆时针微调，目前形成东南-西北方向分布。A、2A 低等级景区的标准差椭圆覆盖范围在第一阶段（2001—2007 年）增加显著，而后变化不大，在整个研究期标准差椭圆面积翻了 1.85 倍。平均中心为安徽芜湖→江苏常州→江苏无锡→浙江湖州，第一阶段东移距离最大，这与中低等级景区（A～3A）平均中心的变化一致（表 6-1），说明中低等级景区（A～3A）标准差椭圆受到平均中心移动更大的低等级景区（A、2A）标准差椭圆分布影响。转角 θ 的变动空间较大，在 61.30°～161.02°之间变动，使得景区分布格局先从东北-西南方向（2001 年），大幅度向南-北方向发展（2014 年），最终为东南-西北方向（2021 年）。

6.3.2　区域尺度 A 级旅游景区空间分布类型

利用最邻近点指数方法，对 A 级景区分布进行量化测度，了解景区的空间分布类型及历时性变化，结果见表 6-4。

表 6-4　长三角城市群各区域不同等级旅游景区最邻近点指数

区域	年份	A 级（A～5A）		高 A 级（4A、5A）		中低 A 级（A～3A）	
		NNI	类型	NNI	类型	NNI	类型
上海	2001	0.39	集聚	0.80	集聚	*	—
	2007	0.78	集聚	0.80	集聚	* *	—
	2014	0.90	集聚	0.81	集聚	1.09	均匀
	2021	0.74	集聚	0.81	集聚	0.84	集聚
江苏	2001	0.83	集聚	0.39	集聚	1.26	均匀
	2007	0.78	集聚	0.51	集聚	0.82	集聚
	2014	0.67	集聚	0.53	集聚	0.74	集聚
	2021	0.70	集聚	0.61	集聚	0.76	集聚
浙江	2001	0.80	集聚	1.18	均匀	0.97	集聚
	2007	0.81	集聚	1.12	均匀	0.71	集聚
	2014	0.86	集聚	0.88	集聚	0.89	集聚
	2021	0.88	集聚	0.94	集聚	0.85	集聚

表 6-4(续)

区域	年份	A级(A～5A)		高A级(4A、5A)		中低A级(A～3A)	
		NNI	类型	NNI	类型	NNI	类型
安徽	2001	1.01	均匀	1.88	均匀	0.84	集聚
	2007	0.89	集聚	1.19	均匀	0.91	集聚
	2014	0.79	集聚	0.89	集聚	1.05	均匀
	2021	0.76	集聚	0.72	集聚	0.79	集聚

注：* 代表无数据；* * 代表当年只有一个数据，无法计算。

就A级景区范畴而言，在景区发展之初，唯有安徽区域最邻近指数NNI>1，说明安徽在初期倾向于A级景区的均匀发展。在其他区域、其他代表性年份，NNI<1，说明各个区域A级景区均呈现集聚发展的特点，但各个区域集聚发展的历时性变化有所不同。2001—2021年，上海和浙江区域的NNI整体变大，反映出两地的A级景区发展的集聚性减弱，离散性有所增强；江苏和安徽区域的NNI整体减小，反映出两地A级景区发展的集聚性不断增强。

再看不同等级结构景区的分布变化，上海和江苏区域的高A级景区均呈现集聚式分布发展，但上海非常稳定，江苏的离散性特征略有增强；浙江和安徽区域的高A级景区整体由均匀向集聚转变；上海和江苏的中低A级景区均由均匀发展向集聚发展转变。但需要注意的是，上海的中低A级景区起步很迟，且没有A、2A景区；浙江中低A级景区始终处于集聚式分布发展，安徽则变化较大，表现出集聚→集聚中离散增强→均匀→集聚的转变过程。

进一步了解不同等级景区内部的分布类型是否有显著差异，见表6-5和表6-6。首先通过表6-5可知，上海和江苏区域的5A、4A景区整体上均呈现集聚式发展，但5A和4A景区在具体的历时性分布中却略有不同，具体表现为：上海5A级景区分布集聚性不断增强，而4A则相反，离散性不断增强，所以导致上海高A级景区的整体分布的集聚性始终相对稳定（表6-4）；江苏的5A和4A景区分布趋势相同，但均有一个先集聚增强（5A：2007—2014年，4A：2001—2007年）、后离散增强（5A：2014—2021年，4A：2007—2014—2021年）的过程。浙江和安徽区域的高A级景区整体由均匀向集聚转变，但5A和4A景区在具体的历时性分布中却仍有不同，具体表现为：浙江和安徽的5A景区均表现出均匀分布特征，而4A景区则表现出典型的均匀→集聚转变（2007—2014年）的过程。

表 6-5　高等级旅游景区最邻近点指数

区域	年份	5A		4A	
		NNI	类型	NNI	类型
上海	2001	*	—	0.39	集聚
	2007	0.92	集聚	0.71	集聚
	2014	0.44	集聚	0.77	集聚
	2021	0.38	集聚	0.85	集聚
江苏	2001	*	—	0.80	集聚
	2007	0.97	集聚	0.51	集聚
	2014	0.75	集聚	0.58	集聚
	2021	0.83	集聚	0.61	集聚
浙江	2001	*	—	1.18	均匀
	2007	1.78	均匀	1.04	均匀
	2014	1.43	均匀	0.91	集聚
	2021	1.34	均匀	0.97	集聚
安徽	2001	*	—	1.88	均匀
	2007	* *	—	1.15	均匀
	2014	1.37	均匀	0.89	集聚
	2021	1.42	均匀	0.71	集聚

注：* 代表无数据；* * 代表当年只有一个数据，无法计算。

表 6-6　中低等级旅游景区最邻近点指数

区域	年份	3A		A-2A	
		NNI	类型	NNI	类型
上海	2001	*	—	*	—
	2007	* *	—	*	—
	2014	1.09	均匀	*	—
	2021	0.84	集聚	*	—
江苏	2001	0.71	集聚	1.19	均匀
	2007	0.81	集聚	0.89	集聚
	2014	0.79	集聚	0.73	集聚
	2021	0.78	集聚	0.73	集聚

表 6-6(续)

区域	年份	3A		A-2A	
		NNI	类型	NNI	类型
浙江	2001	0.48	集聚	1.49	均匀
	2007	0.93	集聚	0.81	集聚
	2014	1.06	均匀	0.69	集聚
	2021	0.90	集聚	0.50	集聚
安徽	2001	*	—	0.84	集聚
	2007	1.18	均匀	0.86	集聚
	2014	1.14	均匀	1.02	均匀
	2021	0.86	集聚	0.69	集聚

注：* 代表无数据；* * 代表当年只有一个数据，无法计算。

表 6-6 给出了中低等级景区最邻近点指数的具体结果。由于上海没有 A、2A 景区，故表 6-6 上海地区结果与表 6-4 中一致。对江苏而言，中低等级景区整体体现出均匀向集聚转变的过程（2001—2007 年），并在 2007—2021 年间分布相对稳定，变化不大，3A 及 A、2A 各自也表现出了这种特征：3A 始终表现出稳定性集聚分布的特征，A、2A 由均匀转向集聚后，也表现出稳定的特点。浙江中低等级景区整体表现较为稳定，但 3A 及 A、2A 各自的历时性变动较大，具体表现为：浙江 3A 景区分布经历了集聚→集聚中离散性增强→均匀→集聚，A、2A 景区分布经历了均匀→集聚→集聚增强→集聚增强。安徽也较为类似，3A 及 A、2A 各自历时性变动较大，均有均匀转向集聚的变化过程。

6.3.3 城市尺度 A 级旅游景区空间集中性/均衡性

利用地理集中指数和不平衡指数来考量城市尺度上 A 级景区空间的分布特征。如图 6-6 所示，长三角城市群 27 个城市的 A 级景区的地理集中指数，从G_{2001}（A 级）$=26.67$，逐步下降至G_{2021}（A 级）$=20.74$，而若各年景区平均分布于 27 个城市的话，应为$\bar{G}=19.25$，故 2001—2021 年间，始终有 G（A 级）$>\bar{G}$，表明在城市尺度上，A 级景区在空间上呈集中分布特征，但集中程度随时间推移而下降，这也反映出各个地市在 A 级景区的创建工作中不断推进发展，使得城市尺度上的景区空间分布趋于均匀。

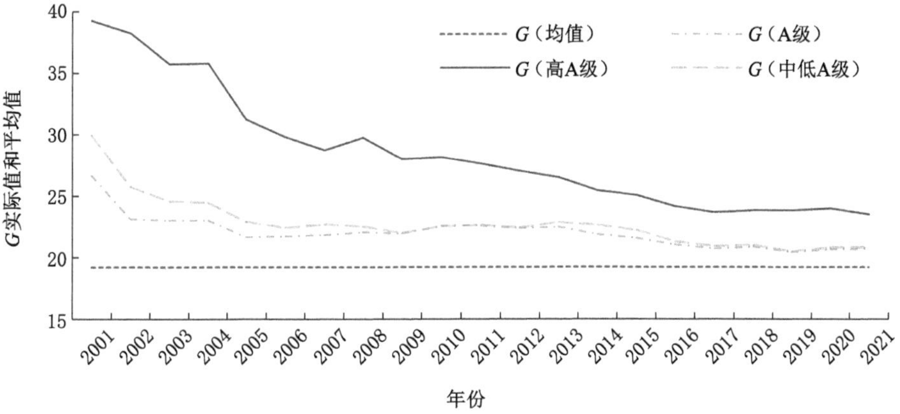

图 6-6　2001—2021 年长三角城市群 27 个城市不同等级景区地理集中指数

再从景区等级结构上看(图 6-6)，2001—2021 年，高 A 级(4A、5A)、中低 A 级(A～3A)景区均表现出 G(高 A 级)＞$\bar{G}$和 G(中低 A 级)＞$\bar{G}$，说明城市尺度上高 A 级、中低 A 级景区的集中分布仍是当下主要特点；但是，在研究期内，G(高 A 级)、G(中低 A 级)均逐步下降，且 G(高 A 级)的值更大，下降速度也更快[G_{2001}(高 A 级)＝39.28，G_{2021}(高 A 级)＝23.52，G_{2001}(中低 A 级)＝30，G_{2021}(中低 A 级)＝20.82]，表明高 A 级景区的空间集中性更强，趋于均匀分布的速度也更快。

进一步细化和计算不同 A 级景区的地理集中指数，如图 6-7(a)～(b)所示。由图 6-7(a)可知，5A 和 4A 景区的地理集中指数 G 值分别在小幅波动中呈显著下降态势，且在研究期内始终保持 G(5A)＞$\bar{G}$和 G(4A)＞$\bar{G}$，说明 5A 和 4A 景区呈现出持续化、离散发展的趋势和方向。就长三角城市群 27 个城市而言，5A 和 4A 景区地理集中指数的实际值都大于平均值，故目前仍然属于空间集中分布，然而要实现 27 个城市平均分布的话，5A 景区将需要更长的时间。这是因为，G(4A)(2001—2021 年)和 G(5A)(2007—2021 年)的年均下降率同为 2%，但是相同年份的 G(5A)＞G(4A)，说明 5A 景区的集中性强于 4A 景区。因此，若在所有外界条件不变的情况下，以 2021 年为基准，G_{2021}(5A)＝25.57，G_{2021}(4A)＝23.75，仍以 2%的平均速率下降，若要达到 $\bar{G}$＝19.25，则 5A 景区需要约 13 年的时间，而 4A 景区仅需 10 年的时间就能够达到 27 个城市间 5A、4A 景区的均匀分布。

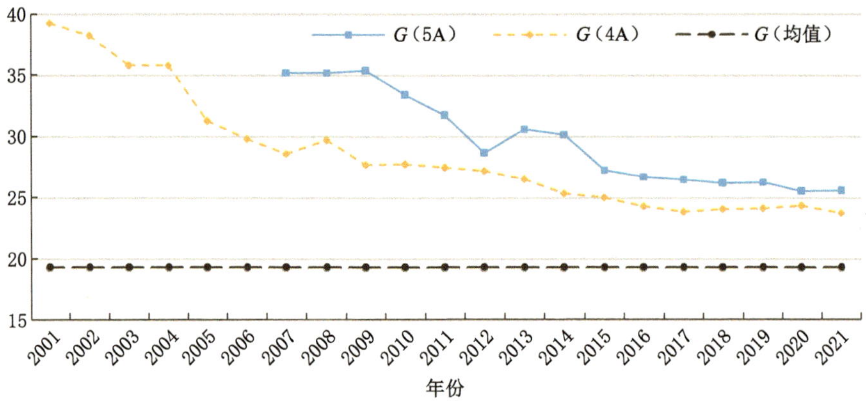

(a)

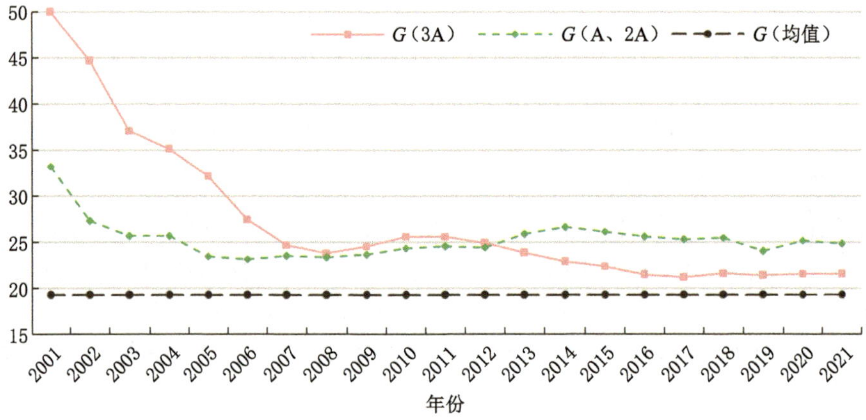

(b)

图 6-7　2001—2021 年长三角城市群 27 个城市不同 A 级景区的地理集中指数

由图 6-7(b)可知,2001—2021 年间,始终有 G(3A)>$\bar{G}$和 G(A—2A)>$\bar{G}$,反映出中级 3A 景区及低级 A、2A 景区均处于集中分布的特点;又由于 2001—2012 年,G(3A)>G(A、2A),而后 G(3A)<G(A、2A),说明 3A 景区集中性先强于 A、2A 景区,而后则分散性更强。如果要实现均匀分布的话,A、2A 景区需要非常长的时间才可能实现,这是因为 2001—2021 年间 G(A、2A)的平均年降速为 1.3%,而 G(3A)为 2.8%,若在所有外界条件不变的情况下,以 2021 年为基准,G_{2021}(3A)=21.56,G_{2021}(A、2A)=24.84,仍以2.8%和 1.3%的平均速率下降,若要达到$\bar{G}$=19.25,3A 景区仅需约 4 年时间,A、

2A 景区需要近 19 年的时间。

地理集中指数方法能够反映景区在城市中分布的集中性，继续用不平衡指数（S 值）分析景区空间分布的空间均衡性，结果如图 6-8 所示。图 6-8 展示了 A 级景区的 S 值结果完全应证了 G 值的结论，S 值的变化特点与 G 值完全一致，体现出各个城市 A 级景区的分散性与均衡性空间分布的同步性、一致性。类似的，通过计算，高 A 级、中低 A 级以及各个具体的 A 级景区也存在 G 值与 S 值变化的同步性特点，这里不再重复作图。

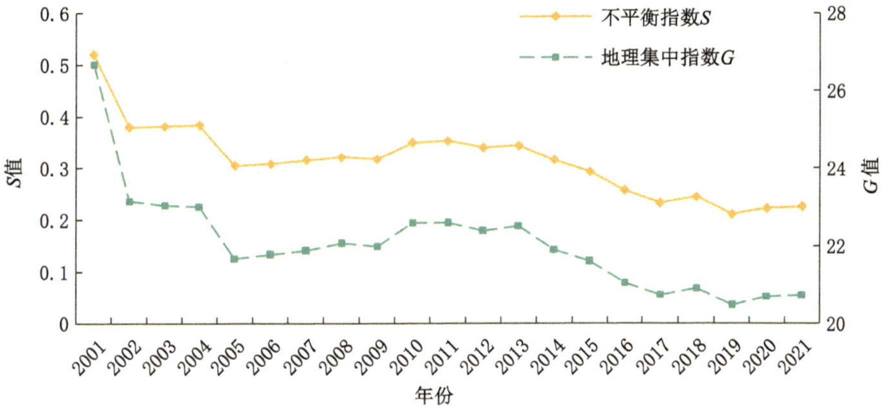

图 6-8　2001—2021 年长三角城市群 27 个城市 A 级景区不平衡指数与地理集中指数的比较

以 2001 年和 2021 年为例，进一步用洛伦兹曲线比较 A 级景区整体空间分布均衡程度的前后变化，如图 6-9(a)～(b)所示。由洛伦兹曲线可以看出，与景区均匀分布的理想状态比较而言，2001 年和 2021 年城市尺度上的 A 级景区实际分布呈明显的凸形，表明景区空间分布并不均衡。但是，从图 6-9(a)到图 6-9(b)，A 级景区的凸型显著接近理想状态。

2001 年，合肥、安庆、无锡、常州、苏州、铜陵、池州、南京、芜湖共 9 个城市 A 级景区数量占长三角总量的 70%。

2021 年，上海、台州、杭州、嘉兴、温州、绍兴、金华、安庆、湖州、苏州、南京、舟山、南通、无锡、宁波共 15 个城市 A 级景区数量占长三角总量的 70%。

这充分说明，20 余年的发展，长三角地区的 A 级景区分布的主要城市有了显著的空间变化，而且 A 级景区在城市的空间分布虽仍未达到理想式的均匀，但 A 级景区整体的、均匀分布的趋向已经非常明晰了。

再进一步分析各等级景区在城市分布的平衡性变化。从 5A 级景区的空

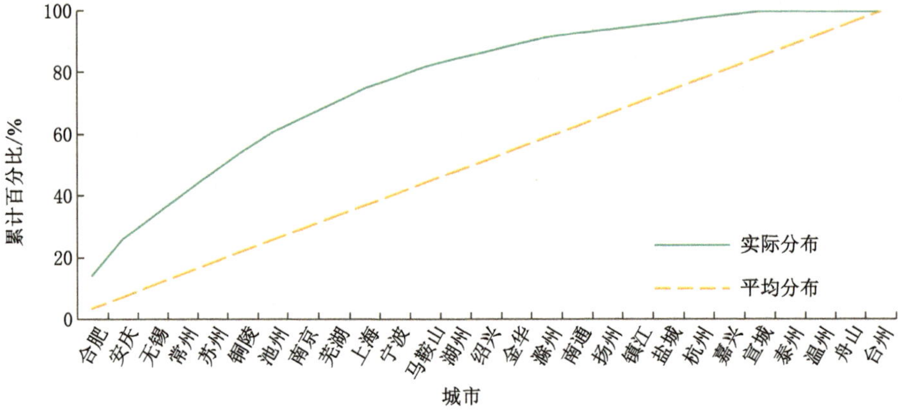

(a) 2001年

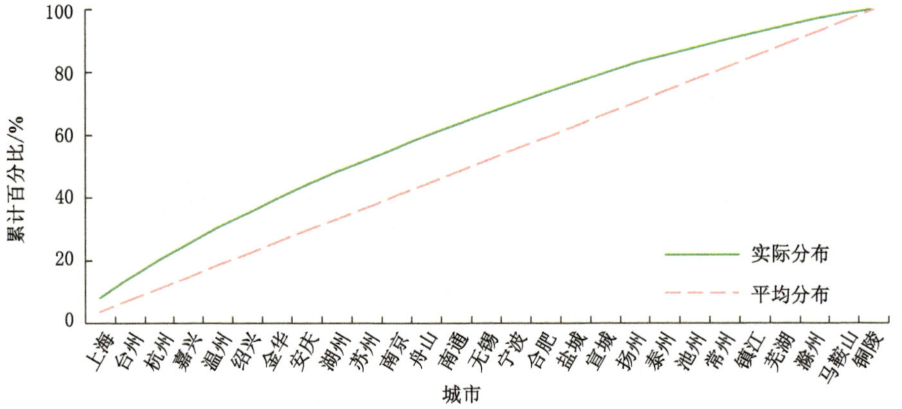

(b) 2021年

图 6-9 2001 年和 2021 年长三角城市群 27 个城市 A 级景区空间分布洛伦兹曲线图

间分布洛伦兹曲线图(图 6-10)可以看出，2007—2021 年，5A 级景区在城市尺度上的分布并没有实现均衡分布。但 2021 年与 2007 年相比，5A 景区的城市分布已经均衡了很多。一方面体，现在图 6-10(b)与图 6-10(a)中实际分布的凸型相比，已经非常接近平均分布；另一方面，各城市 5A 景区累计百分比的实际值排序更为直观地反映 5A 景区的城市空间分布情况。

2007 年，苏州、上海、南京、无锡、杭州、宁波仅 6 个城市的 5A 级景区占比就高达 72%。

2021 年，苏州、无锡、上海、常州、、杭州、嘉兴、南京、镇江、宁波、温州、台州共 11 个城市的 5A 级景区共占比超出 70%。可见经过近 15 年的发展，5A

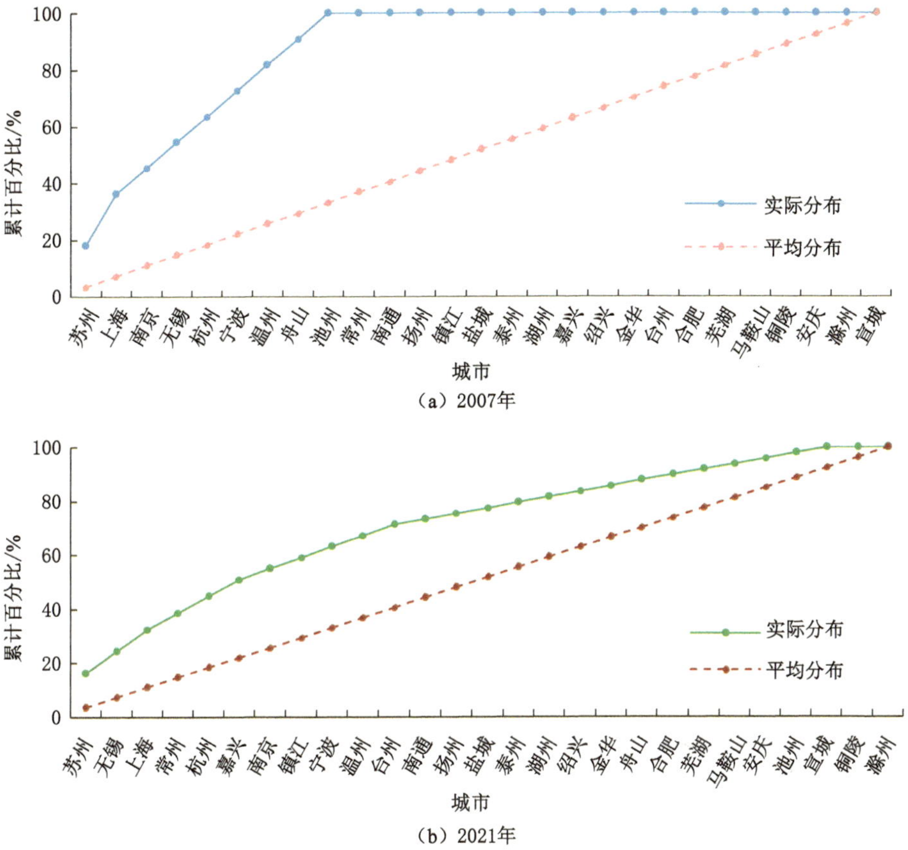

图 6-10　2001 年和 2021 年长三角城市群 27 个城市 5A 级景区空间分布洛伦兹曲线图

级景区在长三角城市群城市尺度上的分布愈发均衡、分散。此外，2007 年洛伦兹曲线排名前列的苏州、上海、南京、无锡、杭州和宁波在 2021 年仍“榜上有名”，尤其是苏州，仍然高居榜首，表明这些城市高度重视 5A 级景区的开发建设工作，并未因已经有了 5A 而故步自封，从而保证了地区的 5A 景区占比始终位居前列。

图 6-11 展现了 4A 景区的洛伦兹曲线图，发展情况与 5A 景区相似，至 2021 年，洛伦兹曲线虽仍表现为凸形，但已经更加接近平均分布，说明 4A 景区的发展趋向均衡。

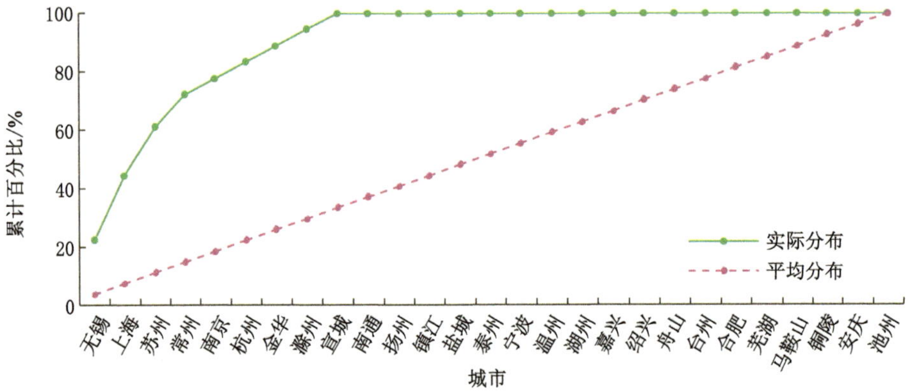

(a) 2001年

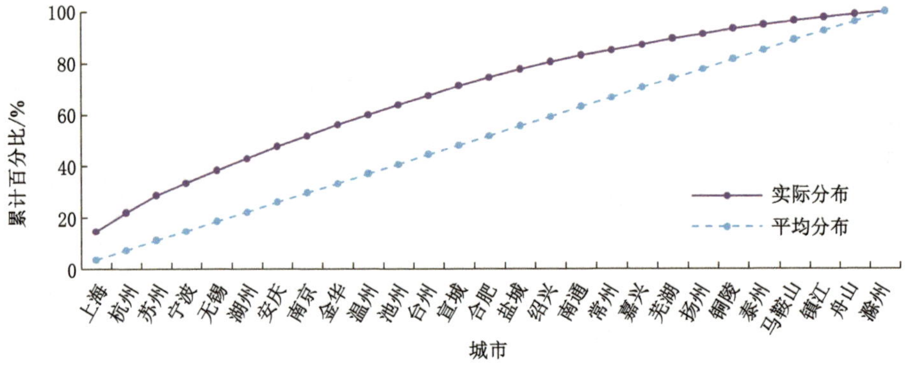

(b) 2021年

图 6-11　2001 年和 2021 年长三角城市群 27 个城市 4A 级景区空间分布洛伦兹曲线图

图 6-11(a)和图 6-11(b)展现了 2001—2021 年的发展过程。从图中详细来看城市的变化,2001 年,无锡、上海、苏州、常州、南京、杭州 6 个城市的 4A 景区累计占比高达 83%;2021 年,上海、杭州、苏州、宁波、无锡、湖州、安庆、南京、金华、温州、池州、台州、宣城、合肥、盐城、绍兴共 16 个城市的 4A 景区累计占比共超过 80%。宁波、金华、温州、台州等浙江城市从 4A 景区极低的占比发展到较高的占比,结合浙江省城市 5A 景区的占比变化[图 6-10(a)~(b)],体现出浙江省对各个地市 4A、5A 两类高等级景区开发、建设、持续发展工作的高度重视。

相比之下，江苏省部分城市在2001年4A景区占比极低，经过20余年发展，依旧占比极低，如镇江、泰州、扬州等，还有城市则排名下降严重，尤其是常州从第4名掉落至第18名，这有可能与常州这些年全力打造5A景区有关。结合江苏所有地市的5A景区占比均位于27个城市的中等排序以上，可知江苏城市在4A、5A两类高等级景区的建设中，从洛伦兹曲线视角看，大部分城市5A景区的建设成果显著好于4A景区，只有少部分城市能够做到4A、5A两类高等级景区的高占比发展，如苏州、南京和无锡。

此外，湖州、安庆、池州、宣城、合肥等安徽地市的4A景区发展呈现出较大进步，但安徽省其他3个城市的4A景区发展以及安徽8个地市的5A景区整体发展均相对滞后，说明安徽城市在4A、5A两类高等级景区发展中，从洛伦兹曲线视角看，大部分城市4A景区的建设成果显著好于5A景区。

进一步看中等级(3A)景区的洛伦兹曲线变化，如图6-12(a)、(b)所示，2001年，只有宁波、无锡、湖州、嘉兴和绍兴有3A景区，这5个城市3A景区共占比100%，其中80%是浙江省的城市[图6-12(a)]。2021年，3A景区已经遍布27个城市，台州、上海、温州、杭州、金华、湖州、嘉兴、安庆、南通、绍兴、宁波、扬州、合肥、宣城14个城市共占比超过70%。其中，8个是浙江城市，3个为安徽城市，2个江苏城市，以及上海。反映出在3A中等级这一层次的景区发展当中，浙江的地市也普遍抓紧了新时代以来20余年中国旅游业的快速发展机遇。

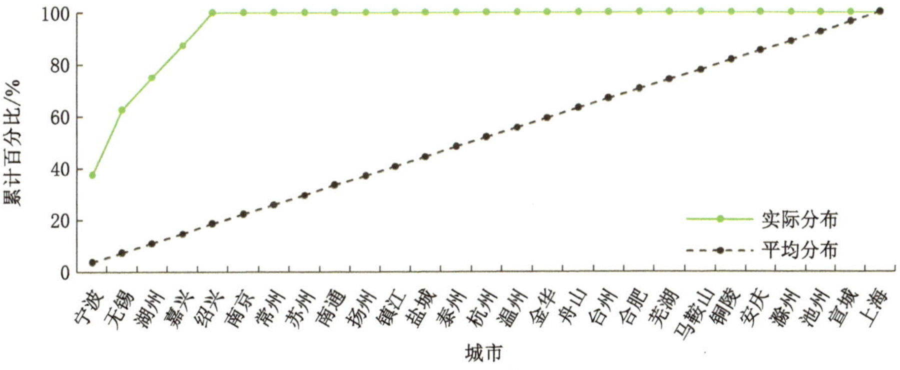

(a) 2001年

图6-12　2001年和2021年长三角城市群27个城市3A景区空间分布洛伦兹曲线图

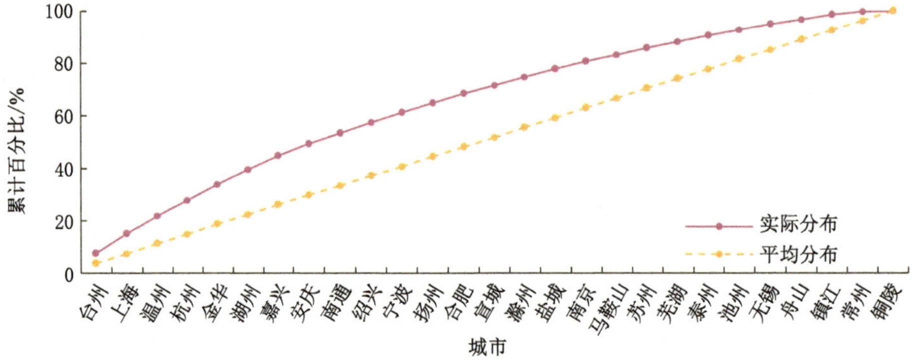

(b) 2021年

图 6-12 (续)

图 6-13(a)～(b)给出了 A、2A 低等级景区的洛伦兹曲线变化。2001 年，合肥、安庆、铜陵、池州、常州、芜湖 6 个城市累计占比超过 70%，并以安徽城市为主体[图 6-13(a)]。随着各地市的景区兴建，A、2A 景区逐渐分散在各个地市分布，但总体来看，A、2A 景区相比其他等级景区的城市分布要更加集中一些。如图 6-13(b)所示，2021 年，舟山、嘉兴、绍兴、台州、南京、无锡、镇江、泰州、常州、南通、盐城 11 个城市的累计占比超过 70%。与图 6-10(b)、图 6-11(b)、图 6-12(b)相比，图 6-13(b)距离平均分布的理想线型最远，这正是因为 2001—2021 年的历时性变化后，A-2A 低等级景区与 5A、4A、3A 景区相比，相同累计占比所涉及的城市个数最少(集中)所导致的。具体个数的对比见表 6-7。

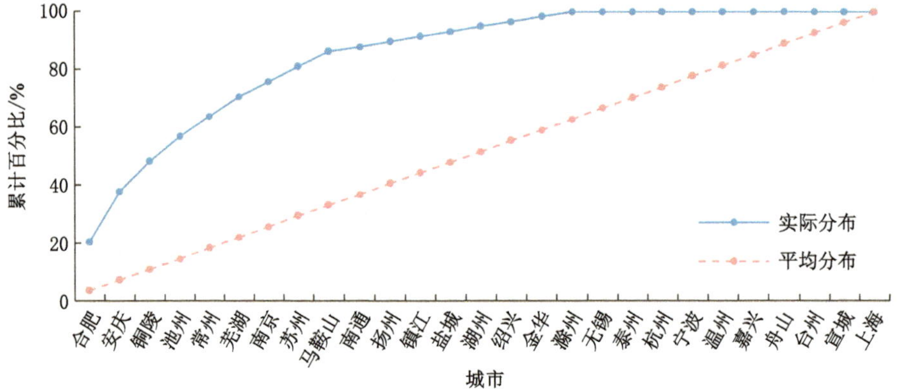

(a) 2001年

图 6-13 2001 年和 2021 年长三角城市群 27 个城市 A、2A 级景区空间分布洛伦兹曲线图

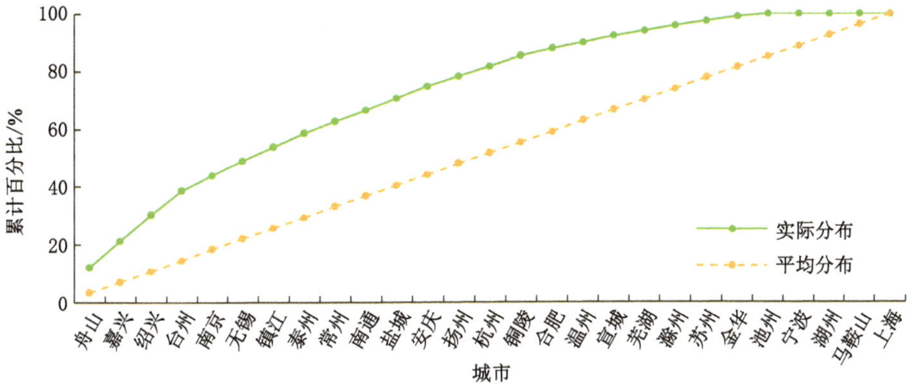

(b) 2021年

图 6-13 (续)

表 6-7　不同景区等级在相同洛伦兹曲线累计占比下对应的城市个数(2021 年)

景区等级	洛伦兹曲线累计占比			
	70%	80%	90%	100%
5A	11	16	21	25
4A	13	16	21	27
3A	14	17	21	27
A、2A	11	14	18	23

6.4　长三角城市群 A 级旅游景区空间分布的影响因素

6.4.1　因变量预处理和时序选择

通过总结前人的研究,为检验 A 级景区在城市尺度上空间分布的关联性,考虑不同等级景区的重要性、吸引性等因素,将长三角城市群 27 个城市的 A 级景区数量赋予权重后的加权数作为样本变量,将其称为 A 级景区发展水平,即因变量。利用 AHP 方法进行权重的计算,设置五类景区 5A～1A 的得分分别为 5、4、3、2、1(翁钢民 等,2016;朱永凤 等,2017),最后得到 5A～1A 景区对应的权重,表 6-8 为不同类型景区的权重值。

表 6-8　AHP 计算不同等级景区的权重值

景区等级	特征向量	权重值	最大特征值	CI 值
5A	1.667	33.333%		
4A	1.333	26.667%		
3A	1	20.000%	5	0
2A	0.667	13.333%		
1A	0.333	6.667%		

在研究时序上，选择典型年份作为研究对象，由于 2021 年处于疫情期间，部分旅游经济发展指标并不符合市场规律，为避免此类特殊事件对因变量与解释变量的关系造成影响，因此选择 2001 年、2007 年、2014 年和 2019 年作为研究年份，深入探查景区空间分布的影响机理问题。

6.4.2　影响因素(解释变量)的选择

目前已有众多学者针对景区空间分布的影响因素进行了研究，见表 6-9。学者们选取的因素主要涉及自然环境、资源禀赋、市场需求、交通条件、社会发展、经济发展，政策支持等方面。

表 6-9　影响因素指标体系主要选取依据

研究者	年份	影响因素	研究对象
吴丽敏等	2013	外生动力（经济、市场、政策、交通），内生动力（资源、品牌、科技）	江苏省 A 级旅游景区
朱永凤等	2017	A 级景区资源、公共交通密度、自然生态环境、文化资源开发程度	中国 5A 级旅游景区
冯英杰等	2018	资源因素、交通因素、市场因素、政策因素	江苏省水利风景区
贾垚焱等	2019	资源本底（自然资源和人文资源），市场条件（旅游接待人次、GDP、三产比重等），政策环境（与旅游相关的政策）	长江中游城市群 A 级旅游景区
唐承财等	2019	旅游资源禀赋（自然旅游资源和人文旅游资源），旅游市场条件（旅游需求、客源市场、交通），旅游政策环境（区域规划、产业政策等）	京津冀城市群高等级旅游景区

表 6-9(续)

研究者	年份	影响因素	研究对象
刘敏等	2020	社会政治因素(相关政策、常住人口、交通),经济产业因素(三产占比、旅游收入、GDP),自然环境因素(海拔、河流水系、平均气温)	山西省 A 级旅游景区
李嘉欣等	2021	地形影响、旅游政策、经济水平、交通格局	重庆市 A 级旅游景区
吴清等	2021	自然因素(河流水系、地形地貌、资源禀赋),人文要素(经济、区位交通、人口、政策)	广东省 A 级旅游景区
邹建琴等	2021	资源子系统(红色旅游资源禀赋、A 级景区),环境子系统(海拔、高程、河流),社会子系统(政策、红色教育、市场需求),经济子系统(交通、投资、消费、经济、科技)	中国红色旅游经典景点

参考学者们对影响因素的选择(表 6-9),结合长三角的实际情况,因长三角地区地势低平,且自然环境很大程度上已经决定了旅游资源的形成(刘敏等,2020),因此本研究不再考虑自然环境的影响,将各类影响因素归纳为以下三大方面进行分析(图 6-14):① 一个地区的资源禀赋条件是景区开发建设的基础,选择当地的世界自然遗产、国家级森林公园、自然保护区、地质公园以及风景名胜区的数量表征自然旅游资源(X1),用世界文化遗产、中国传统村落和国家级重点文物保护单位的数量表征人文旅游资源(X2)。② 用旅游接待人数(X3)表征旅游需求,旅游收入(X4)表征当地旅游经济状况,常住人口(X5)表征客源市场的潜力,年末公路通车里程(X6)和公路密度(X7)表征旅游地交通条件,GDP(X8)、人均 GDP(X9)、第三产业产值(X10)和第三产业比重(X11)表征当地的社会经济条件,这五个要素共同反映旅游地的市场和经济条件。③ 政策环境对景区发展规划、动态管理等具有重要作用,但很难定量估算,因此借鉴前人研究(胡静 等,2016;贾垚焱 等,2019),采用政府工作报告中提及的“旅游”次数(X12)对政策环境进行表征,由于 2019 年起文化和旅游部合并重组,文旅正式融合发展,因此 2019 年采用政府工作报告中提及的“旅游”和“文旅”的次数总和来共同表征。

6.4.3　空间自相关性检验

(1) 全局空间自相关

对 27 个城市 A 级景区数量的空间相关性进行分析,运用 GeoDa 软件计

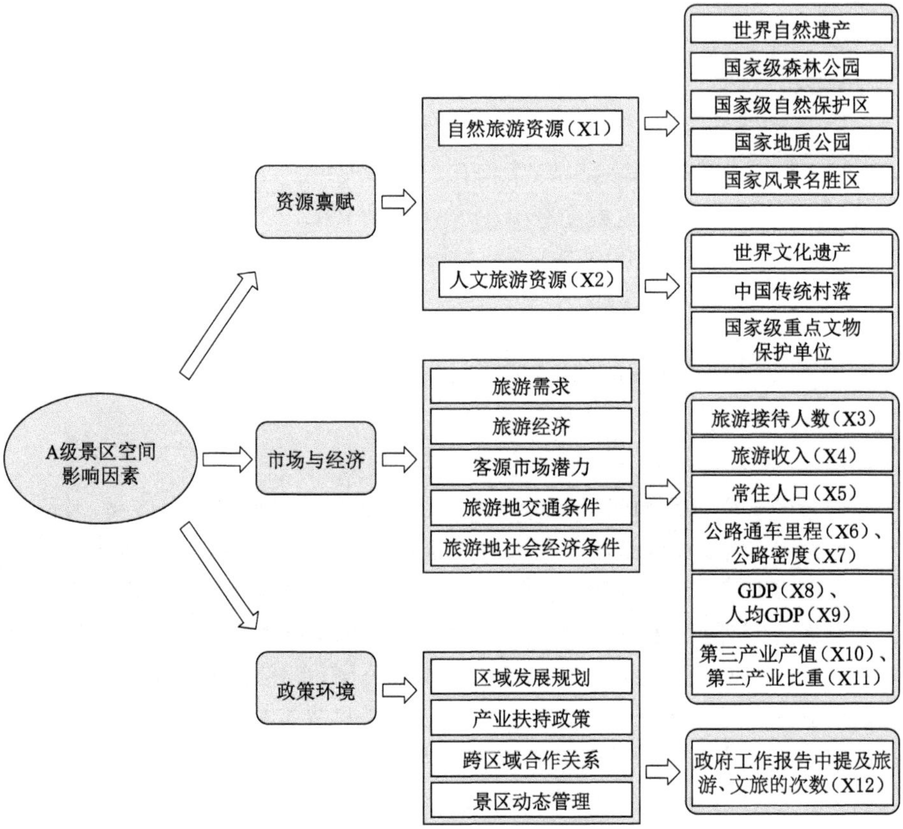

图 6-14　A 级景区空间分布影响因素

算获得 2001 年、2007 年、2014 年和 2019 年的全局空间 Moran's I 值并进行显著性检验。由表 6-10 可知,全局 Moran's I 指数值介于 0.126～0.415 之间,并均通过 1%的显著性水平检验,表明 A 级景区数量具有显著的空间正相关性,即 A 级景区在市域空间上并不是随机分布的,市域的 A 级景区数量受邻近地区的影响,A 级景区数量水平相似的地区在地理空间上集聚分布。

表 6-10　全局 Moran's I 指数统计值

年份	Moran's I	*P*	*Z*
2001	0.146	0.001	6.897 6
2007	0.126	0.001	4.732 1
2014	0.309	0.001	15.654 5
2019	0.415	0.001	23.390 1

注：当 Z 值大于 2.58 时，通过 1%的显著性水平检验；当 Z 值大于 1.96 时，通过 5%的显著性水平检验。

(2) 局域空间自相关

运用局域空间自相关进一步分析各个城市 A 级景区与邻近地区的空间关联程度，绘制 Moran 散点图。Moran's I 散点图能够将局域空间自相关所描述的空间异质性与空间关联直观地表达出来，它能够将景区的局域关联程度分为四种类型，对应 Moran's I 散点图的四个象限。第一象限和第三象限表示局部空间正相关，存在高-高（HH）、低-低（LL）空间集群，第二象限和第四象限表示局部空间负相关，表明存在低-高（LH）、高-低（HL）景区分布的空间异质性（张广海 等，2016）。

如图 6-15 所示，随着时间推移，局域 Moran's I 指数值逐步提高，且第一象限（HH）和第三象限（LL）的城市个数逐渐增多，说明多数市域 A 级景区存在局域空间集聚特征。

为进一步阐明长三角 A 级景区的局域集聚情况，通过局域指标（LISA）的 Z 统计量进行显著性水平检验，将 2001—2019 年分属 HH、LH、LL、HL 四种空间集聚类型的城市列出，见表 6-11。

表 6-11　长三角 A 级景区局域集聚分布情况

年份	第一象限（HH）	第二象限（LH）	第三象限（LL）	第四象限（HL）
2001	苏州	南通、铜陵	—	宁波
2007	苏州、南通、上海、常州	湖州	安庆、合肥、铜陵	—
2014	苏州、南通、上海、嘉兴	湖州	合肥、铜陵、马鞍山	—
2019	苏州、嘉兴、绍兴	南通	合肥、马鞍山、南京、芜湖、铜陵	安庆

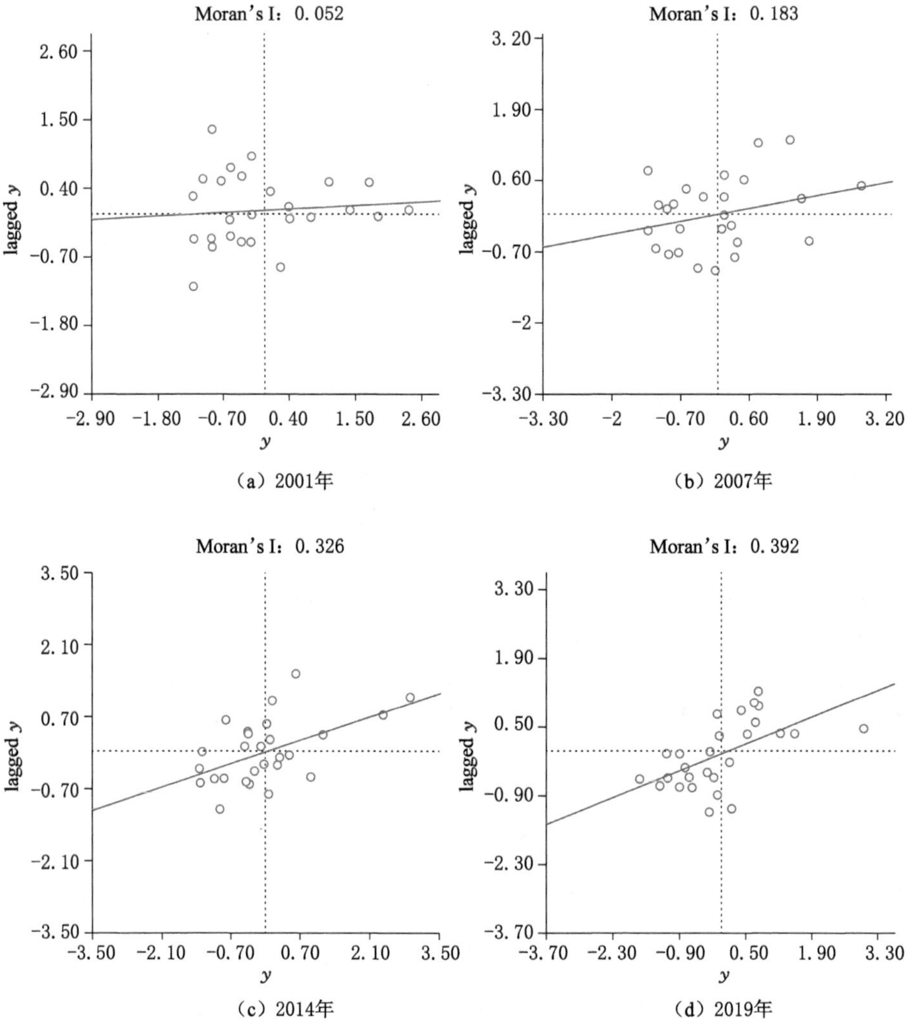

图 6-15　局域 Moran's I 散点图

2001—2019 年，通过显著性检验的城市整体变化不大，说明长三角 A 级景区在局域空间分布上较为稳定。A 级景区"热点"区域（HH 聚集）主要分布在长三角东部及偏南地区，以上海、苏州、嘉兴等为代表。2007—2014 年，南通位于热点区域，而在 2001 年、2019 年，南通却位于第二象限（LH 集聚），和周边表现出明显的空间异质性，这可能与南通周边城市的 A 级景区变化较大有关，其次是浙江省湖州市，周边是苏州、嘉兴等 A 级景区高水平发展城市，形成了低-高集聚的空间异质特征。“冷点”区域（LL 聚集）主要分布在长三角北部偏西地区，以安徽省合肥、铜陵、马鞍山等为代表。第四象限（HL 集聚）较少，仅有 2001 年浙江省宁波市及周边、2019 年安徽省安庆市及周边形成了显著的高-低集聚的空间异质特征。

6.4.4　全域视角的 OLS 模型影响因素

借助 ArcGIS 10.3 平台，首先通过检验每个因子之间的方差膨胀因子 VIF（>7.5）或者因子间的相关系数（>0.8），来判断该变量是否具有多重共线性，在变量不存在多重共线性的基础上可运用 GWR 模型进行下一步的分析。其中，旅游收入（X4）、常住人口（X5）、公路密度（X7）、GDP（X8）、第三产业产值（X10）、第三产业比重（X11）和政府工作报告中提及的“文旅”和“旅游”次数（X12）的 VIF>7.5，说明这些解释变量存在多重共线性，因此做剔除处理。由表 6-12 可知，自然旅游资源（X1）、人文旅游资源（X2）、旅游接待人数（X3）、年末公路通车里程（X6）和人均 GDP（X9）的 VIF<7.5，说明该五个因子是影响 A 级景区空间分布的主要因素，可继续分析。

从显著性水平看，2001 年没有变量对 A 级景区有显著影响，这可能与 2001 年 A 级景区刚刚起步、数量很少有关。2007 年，旅游接待人次和人均 GDP 对 A 级景区数量具有显著的影响，其中人均 GDP 的影响最大，由人均 GDP 引起的 A 级景区数量每提高 1，总的 A 级景区数量会上升 0.509 3。2014 年，自然旅游资源和人文旅游资源显著影响 A 级景区，2019 年还增加旅游接待人次显著影响 A 级景区。以下将利用 GWR 模型进一步深入分析。

表 6-12　OLS 模型拟合结果

解释变量	影响系数		*t*		*p*		VIF	
	2001	2007	2001	2007	2001	2007	2001	2007
X1	0.012 8	−0.122 5	0.209 0	−1.761 8	0.836 6	0.094 1	2.037 2	2.273 4
X2	−0.017 8	0.072 0	−0.938 1	2.007 5	0.359 9	0.059 1	3.603 9	3.964 8
X3	−0.000 1	0.000 1	−0.734 7	0.935 2	0.471 4	0.361 3	6.349 3	3.562 0
X6	0.000 1	0.000 6	0.430 7	2.462 0	0.671 4	0.023 5*	3.870 0	6.732 1
X9	0.352 3	0.509 3	1.782 2	3.120 5	0.090 6	0.005 6**	3.807 8	3.347 0

表 6-12(续)

解释变量	影响系数		t		p		VIF	
	2014	2019	2014	2019	2014	2019	2014	2019
X1	−0.613 4	−0.132 5	−3.514 3	−2.717 2	0.002 3**	0.002 9**	2.818 1	2.987 9
X2	0.162 3	0.150 1	3.909 7	1.731 7	0.000 9**	0.033 1*	3.668 3	2.829 4
X3	0.000 1	0.005	0.736 7	4.213 1	0.470 2	0.000 5**	3.807 6	5.210 1
X6	0.002	0.016 2	3.541 2	0.073 1	0.321 3	0.097 6	3.890 4	3.541 5
X9	−0.000 1	−0.000 1	−0.413 8	−0.712 2	0.683 6	0.513 4	3.480 5	2.012 8

注：* 表示通过 5%显著性水平检验；* * 表示通过 1%显著性水平检验。

6.4.5 局域视角的 GWR 模型回归结果

OLS 模型认为空间是均质的，无法反映空间的异质性，因此进一步利用 GWR 模型进行回归分析，结果表明各个样本年份的每个城市系数均小于 2.5 倍标准差，说明建立的 GWR 模型不存在多重共线性问题。同时，表 6-13 所示 GWR 模型调整的拟合优度 R^2，说明 GWR 模型对长三角城市群 A 级旅游景区空间分布的解释力度分别为 23.92%、79.05%、80.10%和 85.77%，拟合优度比 OLS 模型分别提高了 23.05%、8.25%、3.49%和 9.17%，且其 AICc 值也更小，充分说明 GWR 模型对 A 级旅游景区空间异质性研究更具可靠性。

表 6-13　OLS 与 GWR 模型模拟结果对比

模型	年份	AICc	R^2	调整的R^2
OLS	2001	47.411 8	0.275 6	0.008 7
	2007	83.005 8	0.764 3	0.708 0
	2014	126.453 0	0.802 2	0.766 1
	2019	133.562 1	0.812 9	0.766 0
GWR	2001	38.454 3	0.490 9	0.239 2
	2007	80.019 9	0.846 9	0.790 5
	2014	122.390 5	0.854 5	0.801 0
	2019	126.796 7	0.890 5	0.857 7

6.4.6　A级景区空间差异性的影响因素

通过构建GWR模型，将样本年份的回归系数实现空间分布可视化，如图6-16所示。由图6-16(a)可知，自然旅游资源对A级景区分布呈显著的负向影响，时间上2014年负向影响整体最强，空间上负向影响自南向北逐渐增强。就长三角的自然旅游资源来说，相较于全国其他地区，的确相对匮乏，尤其是长三角北部江苏地区，全国375个国家级森林公园，江苏仅3个，474个国家级自然保护区，江苏也仅22个，这说明长三角市域A级景区并非由自然资源驱动发展。直至2019年，自然旅游资源对长三角A级景区分布才呈现出较弱的正向影响。

人文旅游资源仅在2001年对A级旅游景区分布形成有限的负向影响[图6-16(b)]，这可能与2001年是A级旅游景区起评年有关，人文资源与景区数量之间尚未形成正向互动。自2007年起，人文旅游资源持续形成显著的正向影响，2014年达到最强，而后减弱；空间上由自北向南增强转向自南向北增强。长三角地区具有丰富的人文资源，但内部发展仍有一定差异，浙江省人文旅游资源开发后来居上，处于显著优势地位，因此自2014年起人文旅游资源对长三角北部地区的影响更大。但是，随着景区深入开发建设，传统人文旅游资源与A级旅游景区之间的依赖性逐步减弱。

如图6-16(c)所示，旅游接待人次对A级景区分布的影响总体非常有限，但影响的程度随时间变化不断提高，体现出旅游市场需求对A级景区开发建设的影响逐步增强。2001年为微弱的负向影响，而后为正向影响，从空间上看2007年旅游接待人次对江苏和安徽北部城市A级旅游景区正向促进更大。2014年，旅游接待人次增强了对长三角东部地区A级旅游景区的影响作用；至2019年，旅游接待人次的空间作用自东南向西北减弱。可以说，旅游接待人次对A级旅游景区分布的空间影响，与长三角A级景区空间分布的时间演变特征高度相似[图6-5(a)]。

年末公路里程与人均GDP二者均对A级景区分布有显著的正向影响[图6-16(d)、(e)]，但这种正向影响达到一定程度后，其与A级景区开发之间的相关性就会逐步减弱，交通的这一结论与朱永凤等(2017)是一致的。年末公路里程的正向影响在2014年达到最强，空间上自南向北增强，这与当年长三角各个城市的公路里程长度相关，南方城市里程长，相关系数小，受到公路里程影响就小，反之则大；而后整体减弱。人均GDP的正向影响在2007年达到最强，空间上同样是自南向北逐渐增强，机理与年末公路里程的影响相似，而后也逐步形成负向影响效应。

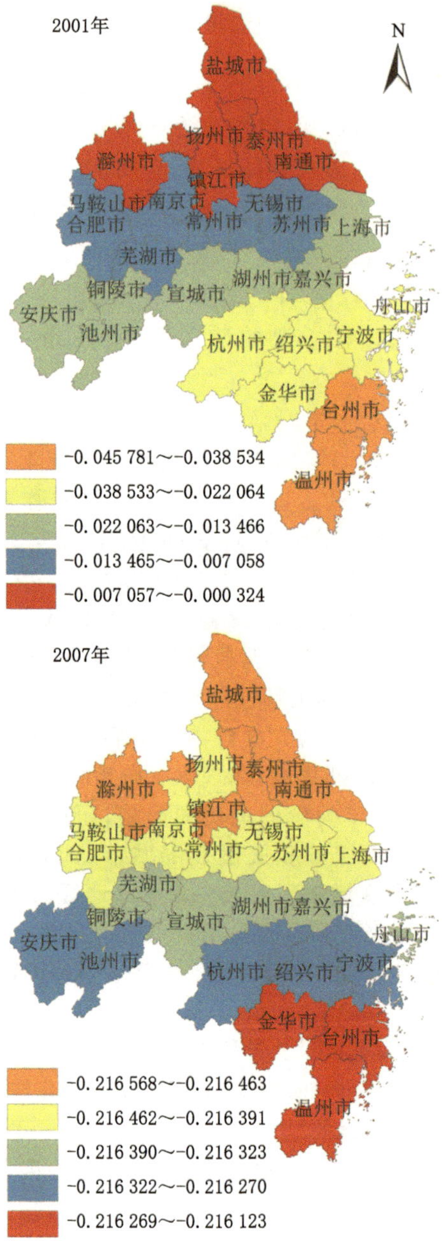

（a）自然旅游资源

图 6-16 基于 GWR 模型的 A 级景区影响因素回归系数的空间分布

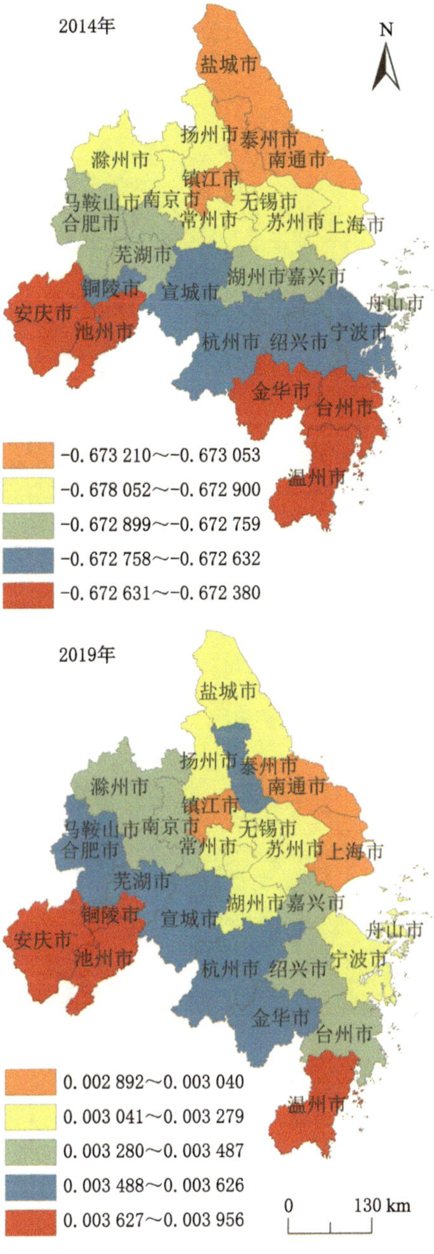

（a）自然旅游资源（续）

图 6-16 （续）

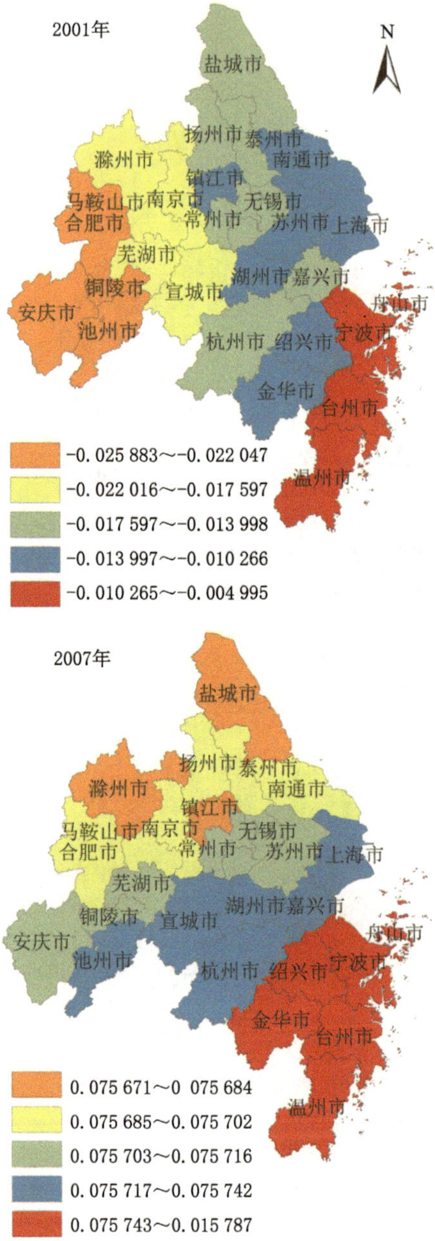

（b）人文旅游资源

图 6-16 （续）

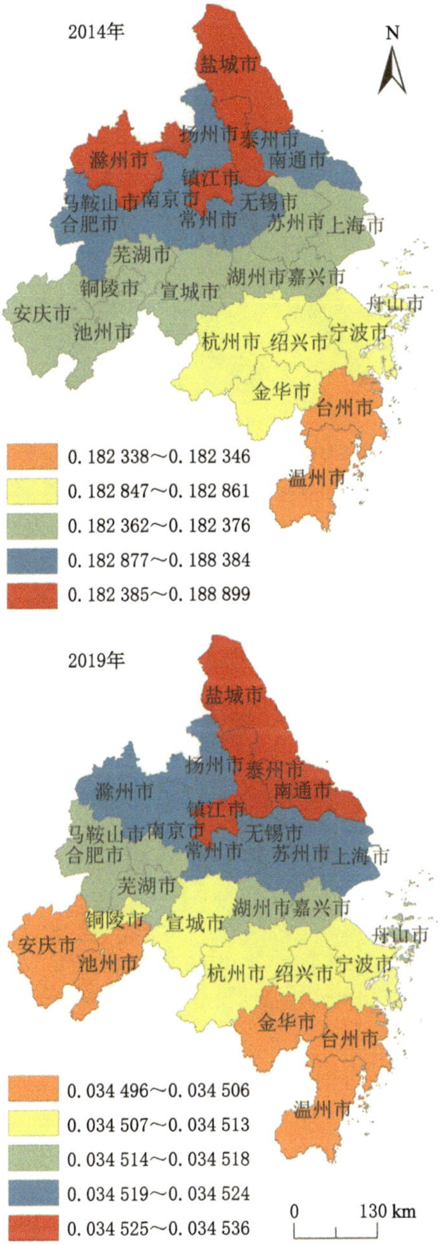

(b) 人文旅游资源（续）

图 6-16 （续）

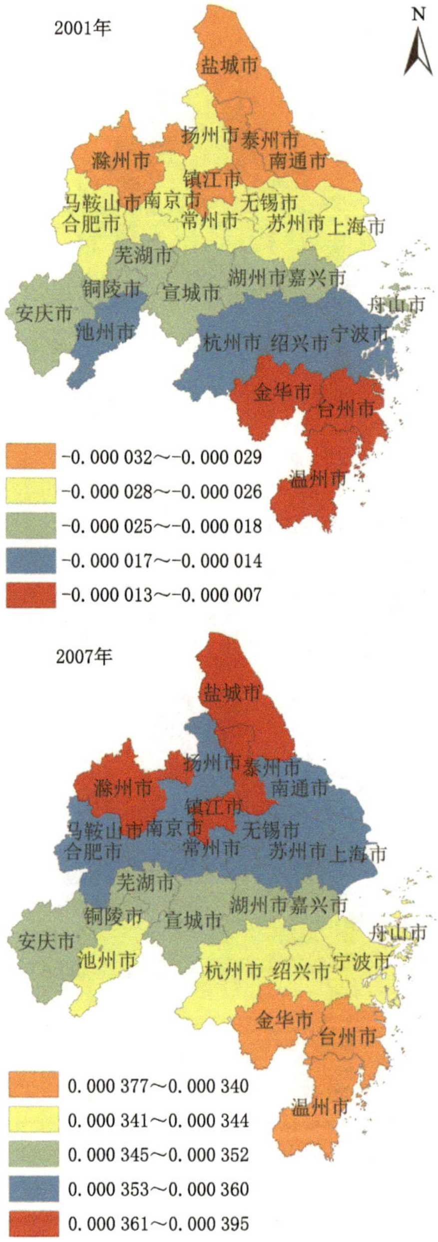

（c）旅游接待人次

图 6-16 （续）

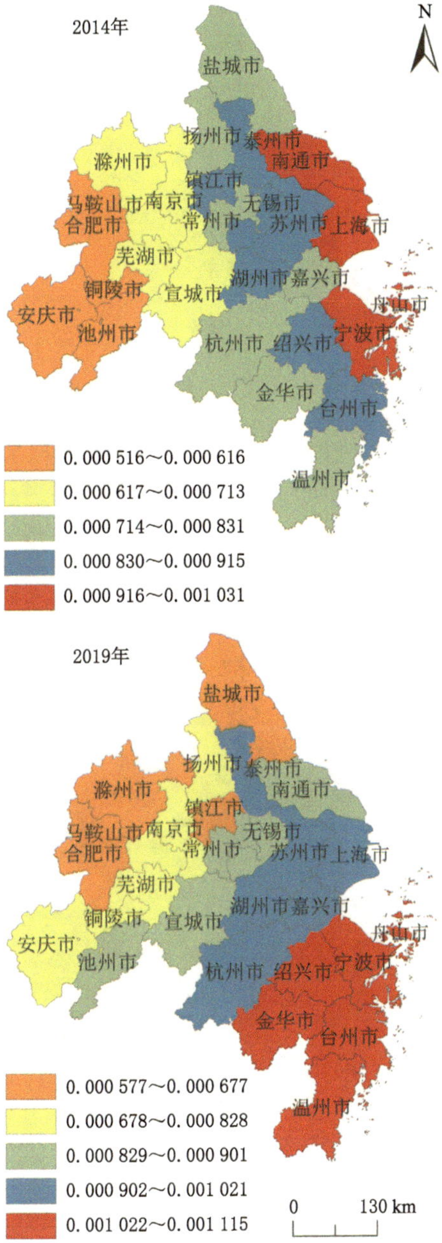

（c）旅游接待人次（续）

图 6-16　（续）

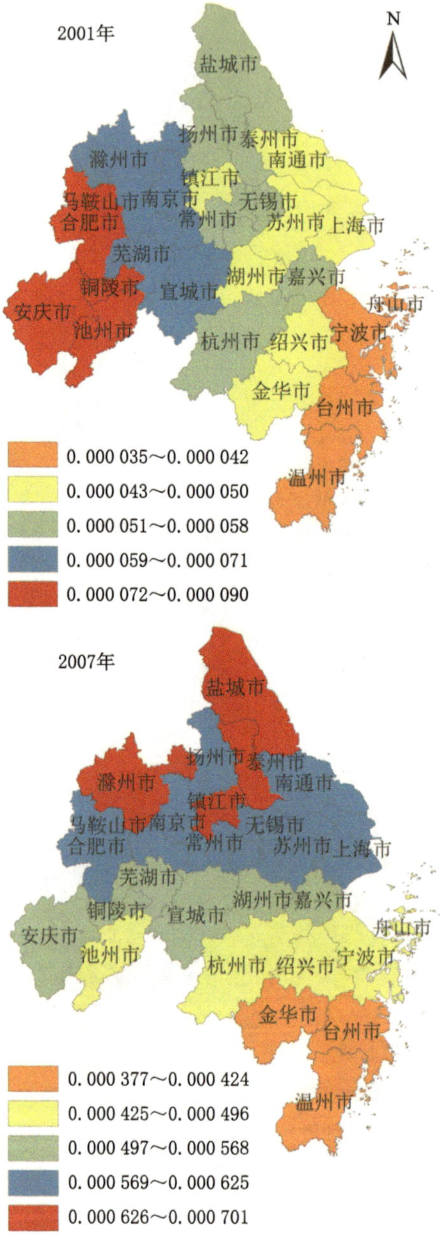

(d) 年末公路里程

图 6-16 （续）

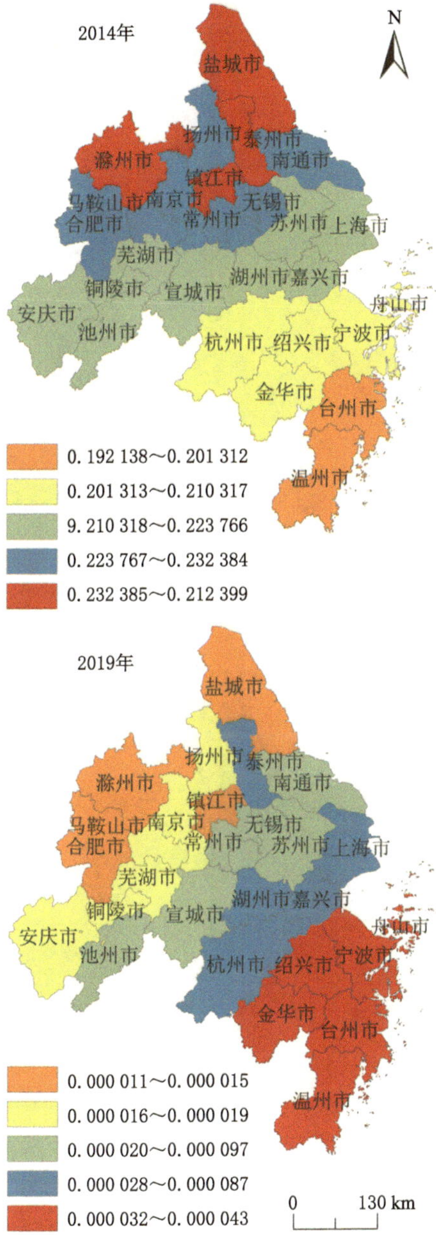

（d）年末公路里程（续）

图 6-16 （续）

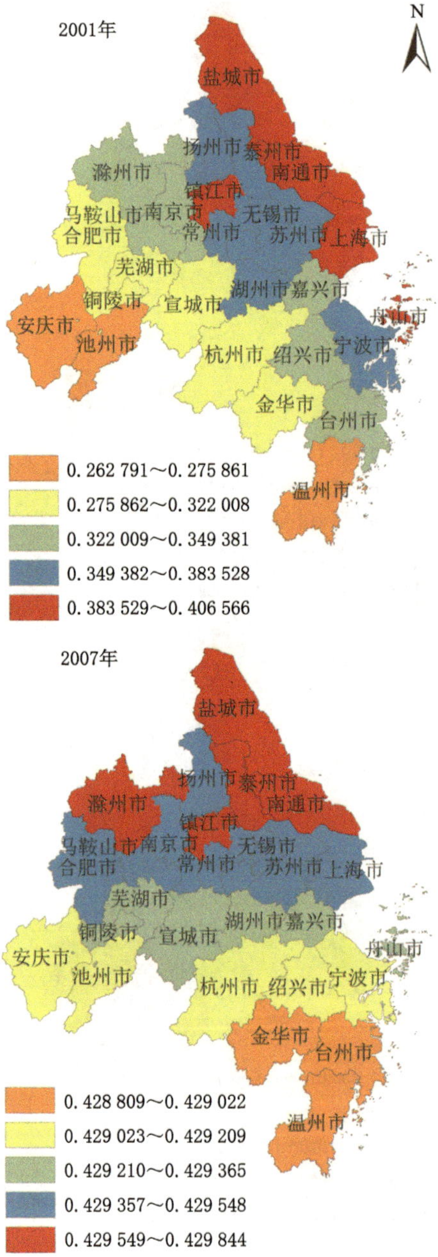

（e）人均GDP

图 6-16 （续）

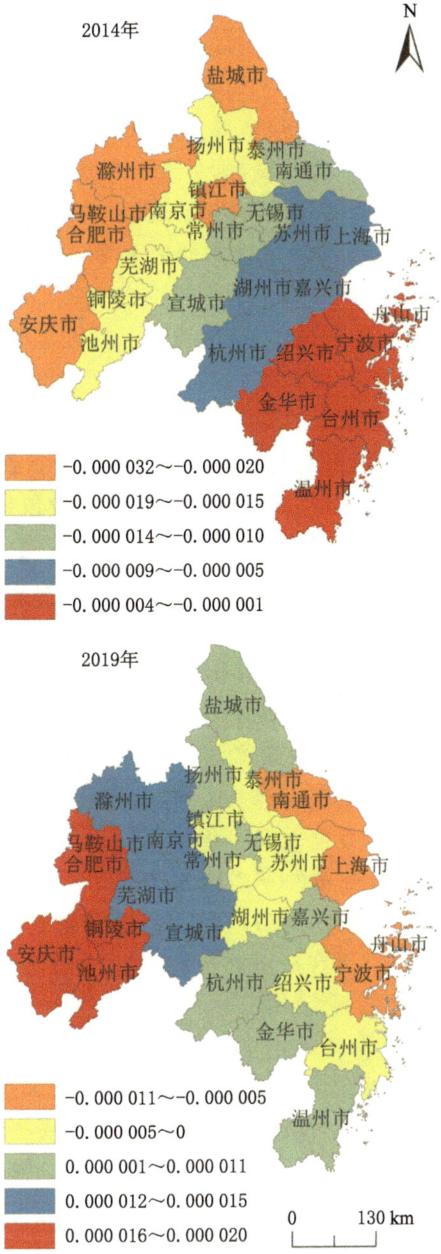

（e）人均GDP（续）

图 6-16 （续）

6.5 本章小结

对长三角城市群旅游景观时空格局分布及演变问题的研究，对促进长三角城市群区域旅游业充分、平衡发展，满足人民对美好生活期待，提升城市群旅游综合竞争力等具有重要的理论与实践价值。本章以旅游活动中最重要的旅游景观集聚空间——A级旅游景区为研究对象，基于旅游目的地多尺度、景区多等级及空间非稳定现实，综合运用标准差椭圆、核密度分析、最邻近指数、地理集中指数等多种空间分析方法探讨长三角城市群A级旅游景区的时空格局变化，并利用GWR模型研究A级旅游景区空间分布的影响因素。

① 从时间演变视角看发展的充分性问题，2001—2021年，长三角城市群A级景区总量整体呈持续上升趋势，由2001年的84个上升至2021年1 636个，年均增速16.61%。可分为三个发展阶段：第一阶段(2001—2013年)，波动增长阶段；第二阶段(2014—2019年)，平稳增长阶段；第三阶段(2020—2021年)，疫情冲击阶段。各等级景区结构中，城市群以3A、4A旅游景区为结构主体，5A、2A和1A旅游景区为辅。

从区域视角看A级景区的结构变化，从数量上看，无论是4A、5A高等级景区，还是A、2A和3A中低等级景区，数量的排序均是浙江＞江苏＞安徽＞上海；目前3A、4A均以浙江区域最多，5A以江苏区域最多。再从城市范畴看，上海、杭州、湖州、南京、安庆、金华、温州、台州8个城市的各级景区发展均较好，安徽的城市景区整体发展稍弱一些。

② 从空间演变视角看分布的平衡性问题，2001—2021年，长三角城市群A级旅游景区空间集聚性显著，并呈现“几”字形高密度景区带特征。不同等级景区辐射范围不断增加，景区分布离散程度逐步增强，均形成东南-西北空间分布格局。

区域尺度上的各级旅游景区均呈现集聚特征，但上海和浙江区域景区集聚性减弱，江苏和安徽集聚性持续增强。城市尺度中，各级旅游景区呈现空间集中分布，但趋向分散与均衡，若要达到27个城市景区均匀分布的话，各等级按照时间排序为：3A(4年)＜4A(10年)＜5A(13年)＜A、2A(19年)。

③ 影响长三角A级旅游景区空间分布的因素包括自然旅游资源、人文旅游资源、旅游接待人次、年末公路里程和人均GDP。各个因素在不同时期的影响力大小不同，A级旅游景区发展初期的主导推动因素是人均GDP，至2019年转变为主要由人文和自然旅游资源驱动。各个因素在空间上均具有

显著的异质性，且随时间变化而变化。

根据结论，为推动长三角城市群 A 级旅游景区更为充分、平衡发展，提出以下建议：

第一，充分发挥长三角城市群高等级旅游景区空间集聚优势，利用地域文脉相连、区域一体等优势，挖掘和彰显长三角地域文化和中国传统文化魅力，形成具有个性特色的旅游吸引物体系，并通过建设优质的旅游基础设施与公共服务体系、打造国际化的旅游环境等，助力长三角城市群世界级旅游目的地建设。

第二，深入优化长三角交通网络，通过相邻/相近的城市旅游结对帮扶机制，形成旅游精品线路等，为长三角城市群 A 级旅游景区发展相对落后的城市引流，如合肥-马鞍山、南京-镇江等，逐步提升游客感知形象，相对落后城市通过学习与合作，由点及面，从景区到产业，实现与长三角其他城市的旅游一体化发展。

第三，加强江苏、安徽区域内部各个城市的旅游互动与合作，通过加强交流、重点培育等手段，提高 A 级旅游景区在这两个区域的离散性和辐射功能，谨防“马太效应”，进一步提升旅游资源分布的空间公平性和均衡性。

第四，在充分挖掘长三角人文、自然旅游资源基础上，做精、做实已有的传统旅游景区产品，着力开发符合市场需求的现代旅游产品，促进跨行政、跨行业、跨领域的融合与合作，打造创意独特、体验沉浸的长三角文化旅游产品。

第五，积极策划和举办节事活动，运用新媒体强化营销，为长三角旅游经济复苏快速吸引客源，随着人们对美好生活的需求持续提高，可以预见旅游接待人次将不断上升，因此需提供满足游客需求的智慧旅游服务，全面实现长三角 A 级旅游景区的智慧化运营与管理。

第7章 长三角城市群旅游景观服务的社会福祉效应

在旅游业助力经济全面复苏提速以及旅游产业竞争日趋激烈的复杂背景下，区域旅游产业高质量发展增进社会福祉的内涵也更为复杂和丰富。结合表5-1，从生态系统服务视角来看旅游景观的生态系统服务类型及福祉效应，旅游景观空间可以为人类提供多种多样的景观服务，不仅能够提供诸如食物、水等基本的物质产品服务，也能够提供具有休闲娱乐等精神产品服务，但旅游作为一种人文精神活动，最重要的是美学和精神层面的价值传递，尤其在小尺度的旅游景观空间中，支持服务等物质层面的作用微乎其微。因此，旅游景观主要提供生态系统文化服务功能，包括娱乐、美学、教育、文化、精神等内容。

在城市群旅游产业中，有国家森林公园、国家地质公园、国家级自然保护区、国家风景名胜区等代表性自然旅游景观集聚地；国家级文物保护单位、国家历史文化名城、中国传统村落等代表性人文旅游景观集聚地；还有如A级景区、世界遗产、红色旅游经典景区、国家级旅游度假区、国家生态旅游示范区、旅游休闲示范城市、邮轮旅游发展试验区、国家湿地旅游示范基地、自驾车房车营地等多尺度、多层次、多样化的复合型旅游景观聚集地，为旅游者提供满足各自兴趣与需求的产品选择。旅游景观的多样性、主观体验性、文化性、地域性等特征，使得旅游景观生态系统文化服务价值具有非物质性和非消费性，且不同人群对景观文化服务的需求具有选择性和偏好性，导致旅游景观无法如蓝绿景观一样，能够直接通过普适的量化模型直接测度其生态系统服务价值的历时性变化，更多的是采用定性研究（李想 等，2019）。例如，梁学成（2019）基于定性分析视角，认为旅游产业增进社会福祉的逻辑作用于经济发展、社会进步、环境改善和利益相关者4个维度；张圆刚等（2022）进一步提出文旅融合发展推动社会福祉，其逻辑实现于国家、区域、个体多个层面，作用于社会文化、产业经济和个体心理多个维度。由于本研究针对城市群旅游目的地进行，空间尺度较大，因此，综合前人研究，认为长三角城市群旅游景观文化服务增进社会福祉的逻辑主要实现于区域宏观层面，作用于旅游经济、环境改善、文化传承 3 个维度。

综上，本章从旅游景观文化服务社会福祉的定性研究视角出发，综合运用数量统计、案例研讨、归纳总结等方法，全面剖析长三角城市群旅游景观服务带来的社会福祉效应。

7.1　长三角城市群旅游景观服务的经济福祉效应

7.1.1　景观魅力吸引，促进旅游收入高增长

长三角城市群是我国三大最著名城市群之一，有着国家中心城市、超大城市——上海，"六朝古都、十朝都会"——南京，"上有天堂、下有苏杭"美誉的苏州和杭州，等等。长三角城市群城市历史悠久，城市自然/人文景观丰富，影响力大，知名度高。对各个城市而言，在不同类型旅游景观的基础上，完善旅游基础设施与公共服务体系，形成封闭或开放的旅游目的地，吸引不同空间尺度的旅游者从客源地前来开展旅游、休闲活动，并因此获得旅游消费收入。

旅游收入分为国内旅游收入和入境旅游收入，收入的高低与当地旅游景观的影响力、知名度等具有密切的关系。例如，在上海外滩，有风格迥异的古典复兴大楼，素有外滩万国建筑博览群之称，是中国近现代重要史迹及代表性建筑景观(群)，更是上海的地标之一；有外白渡桥，它也是旧上海标志性建筑景观之一；还有众多历史雕塑、纪念碑景观等。徜徉在外滩，透过黄浦江面，遥望上海浦东新区，东方明珠塔、各式现代化的摩天大厦景观尽收眼底。传统与国际、古典与时尚、历史与现代、自然与人文在外滩交相辉映，使它成为游客心中最难忘、最有魅力的城市记忆。作为我国著名的历史文化街区、夜间文化和旅游消费集聚区，外滩吸引了大量的游客前往，如在 2020 年和 2023 年的跨年夜，外滩核心区的瞬时游客量分别高达 7.7 万和 7.1 万人，以至于警方必须要全面落实各项保障措施来确保大客流的安全，而巨大的客流无疑将成为上海旅游收入的重要贡献者。可以说，极具魅力的城市旅游景观，为长三角城市群地区旅游经济的快速发展奠定了重要的旅游吸引力基础。

7.1.1.1 区域尺度上旅游收入的增长

首先分析2000—2019年[①]长三角城市群4个区域的国内旅游收入变化，如图7-1所示。

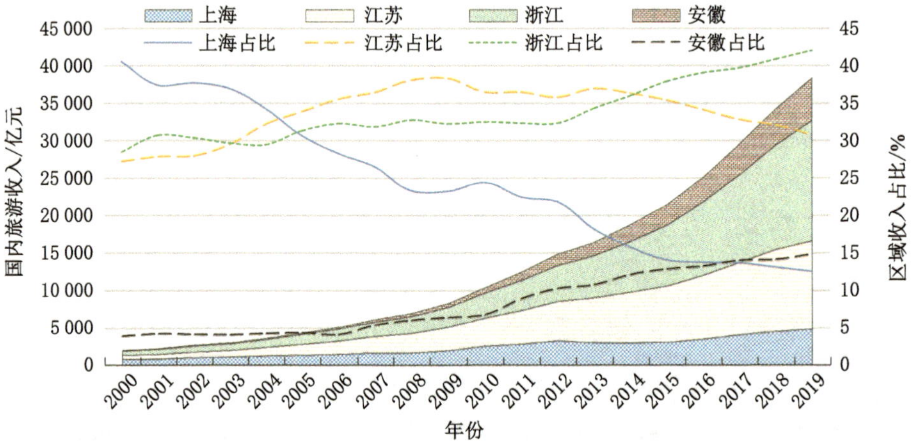

图7-1 2000—2019年长三角城市群各区域国内旅游收入及占比变化

（数据来源：来自27市2001—2020年统计年鉴数据并计算。如无特别说明，以下数据来源相同）

长三角城市群国内旅游收入从2000年的1 915.53亿元，增加至2019年的38 230.78亿元，翻了19.96倍，高于全国国内收入增长水平，2000—2019年翻了18.03倍；4个区域的国内旅游收入均不同程度地提高，2000—2019年，上海、江苏、浙江和安徽区域分别翻了6.18倍、22.55倍、29.40倍和76.55倍，再从图中面积可以看出4个区域20年来国内旅游总收入的大小，可知浙江＞江苏＞上海＞安徽，这说明安徽区域旅游收入增速最快，但收入总量最小，而浙江区域不仅增速较快，收入总量还最大。

再从占比上看，上海在长三角整体的国内旅游收入中的占比持续减少，从2000年40.46%降至2019年的12.53%；江苏占比先上升后下降，20年间从27.22%变化至30.77%，仅有小幅增加；浙江和安徽的占比均持续升高，浙江从28.46%增加至41.93%，安徽则从3.85%增加至14.78%。这些变化可以看出，虽然目前安徽区域的经济福祉效应相对较小，但是安徽旅游起步晚（2000年时国内旅游收入仅73.82亿元，不到上海的1/10），增速快，因此安徽

① 2020—2022年受新冠疫情蔓延影响及防控需要，客源流动放缓甚至停止，导致各地旅游收入不同程度地下降，因此这里不再赘述这3年的旅游收入贡献。

具有巨大的提升空间。然而，对于上海而言，旅游产业起步早，旅游景观发展已经相对成熟，有比较稳固的城市感知形象和个性特征，其国内旅游收入的增速在 4 个区域中也最慢，未来国内旅游收入的提升空间也较为有限。

图 7-2 给出了 2000—2019 年长三角城市群 4 个区域入境旅游收入及占比的变化。入境旅游收入不仅受旅游景观、交通条件、地区经济等的影响（张佳佳，2015），还易受到产业内外部的冲击影响而出现增减波动，敏感性很强（杨芮，2022）。2000 年，长三角城市群入境旅游收入总计 29.13 亿美元，2019 年增加至 174.91 亿美元，翻了 6 倍。其中，上海、江苏、浙江和安徽区域分别翻了 5.19 倍、6.63 倍、5.36 倍和 7.14 倍，反映出安徽入境旅游收入增速相对较快。从 20 年来的入境旅游收入总量来看，上海（968.77 亿美元）＞江苏（727.17亿美元）＞浙江（660.81 亿美元）＞安徽（145.29 亿美元）。可见，上海入境旅游经济效应最大，安徽最小。

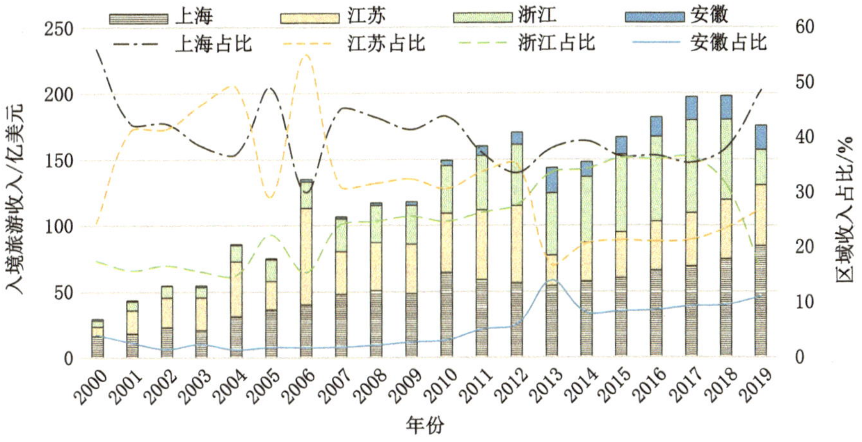

图 7-2　2000—2019 年长三角城市群各区域入境旅游收入及占比变化

图 7-2 还展现了 4 个区域入境旅游收入占比呈现出的跌宕起伏的变化。20 年间，上海和浙江整体呈现出小幅下降态势，江苏小幅上升，安徽的上升幅度最大，从 2000 年占比 3.68%提高至 2019 年的 10.49%。这些变化反映出得益于高影响力和知名度的旅游景观资源、重要的国际经济地位和形象、良好的对外交通条件等，为上海带来最大的入境旅游经济效应，且这种效应远大于长三角其他区域；江苏、浙江和安徽区域的入境旅游经济效应相比上海要小得多，但增速也更快，可以在塑造具有国际影响力的旅游景观上进一步下功夫，完善旅游基础设施条件，提升地区经济，并可以通过构建入境旅游城市合作网

络来促进入境旅游的高质量发展等(林志慧 等,2022)。

7.1.1.2 城市尺度上旅游收入的增长

再从城市尺度来看旅游收入发展,以 2019 年为例,如图 7-3 所示,城市群 27 个城市中,上海、杭州、苏州和南京的国内旅游收入位列前四,均在 2 400 亿元以上,且累计占比超过 35%。其中,上海至嘉兴的国内旅游收入位列前 12 名,均超过 1 400 亿元,累计占比超过 72%,且这 12 个城市中,有 7 个均为浙江省城市;低于 1 000 亿元的城市有 11 个,累计占比仅 16.21%,这 11 个城市中,有 7 个均为安徽省城市,且没有浙江省城市。可见,上海和浙江省城市国内旅游收入的经济效应整体较好,安徽省城市国内旅游收入的经济效应相对较弱,且部分城市目前仍然缺乏多样化和品牌化的旅游景观,致使旅游景观的经济效应还未能充分体现出来,如宣城、马鞍山、滁州和铜陵。

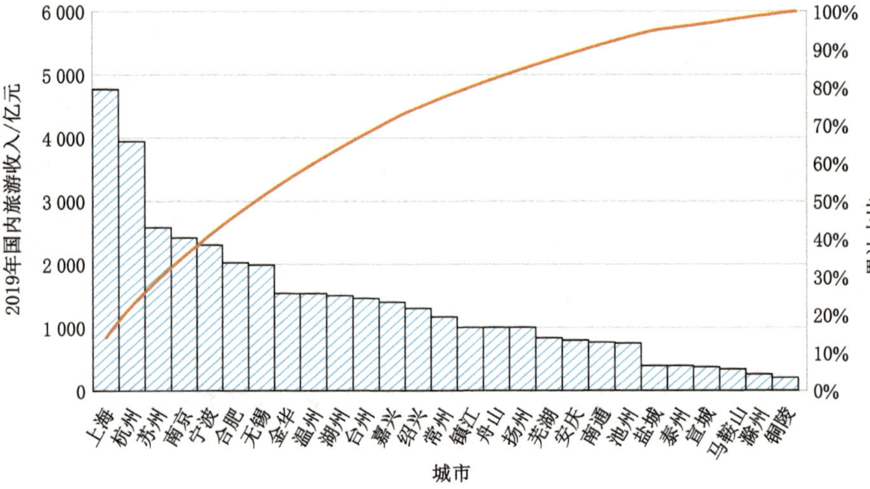

图 7-3 2019 年长三角城市群各城市国内旅游收入帕累托图

图 7-4 展现的是 2019 年长三角城市群各个城市入境旅游收入的帕累托图。从中可见,上海的入境旅游收入呈现一枝独秀的特点,高达 83.76 亿美元,占比为 47.88%,也就是说上海一个城市的入境旅游收入就已经接近长三角城市群的一半;苏州的入境旅游收入为 25.13 亿美元,上海和苏州累计占比超过 62%;南京、杭州、池州、金华和无锡 5 个城市的入境旅游收入均在 5~10 亿美元之间,而上海至无锡这 7 个排名前列的城市,累计占比已经超过了 81%。入境旅游收入在 2 亿美元以下的城市共计 15 个,累计占比仅 8.98%,

体现出长三角入境旅游收入的经济效应存在极大的城市不平衡性。同时，从城市所在区域的角度也反映出这种内部不平衡性，对于每个区域而言，都只有极少数城市具有相对较强的入境旅游经济效应，而其他多数城市的入境旅游经济效应则相对较弱。例如，2019 年江苏苏州入境旅游收入是泰州的 52.34 倍，是扬州的 29.40 倍；浙江杭州入境旅游收入是台州的 15.96 倍，是绍兴的 10.01 倍；安徽池州入境旅游收入是铜陵的 47.05 倍，是滁州的 10.36 倍。

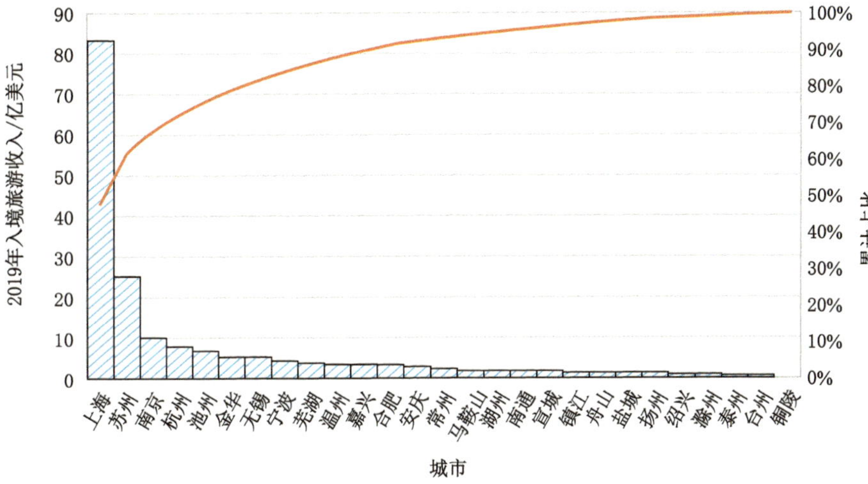

图 7-4　2019 年长三角城市群各城市入境旅游收入帕累托图

通过前述长三角城市群 4 个区域的入境旅游经济效应的对比分析(图 7-2)可知，2000—2019 年共 20 年时间，安徽区域入境旅游经济的整体效应最小(145.29 亿美元)，仅占浙江的 21.98%、江苏的 19.98%、上海的 15.00%。但是，在对城市群 27 个城市的入境旅游经济效应对比分析(图 7-4)后却发现，安徽池州入境旅游收入在 2019 年进入了长三角城市群的前 5 名行列，收入提升速度十分迅猛，经进一步研究得知，如图 7-5 所示，池州市入境旅游收入从 2000 年的 0.09 亿美元，增长至 2019 年的 6.70 亿美元，年均增速为 35.09%，远高于 2019 年长三角入境旅游收入第 1、2 名的上海与苏州的增速，后两者在 2000—2019 年 20 年间的年平均增速分别仅为 9.96%和 15.29%。

在安徽池州市，至 2019 年年末，共有 A 级及以上旅游景点(区)39 个，其中 5A 景区 1 个、4A 景区 17 个、3A 景区 18 个，最著名的即是 2007 年获评 5A 级旅游景区的九华山风景区。九华山是世界地质公园、中国佛教四大名山之一，是以佛教文化(地藏菩萨应化的道场)和自然与人文胜景为特色的山岳型

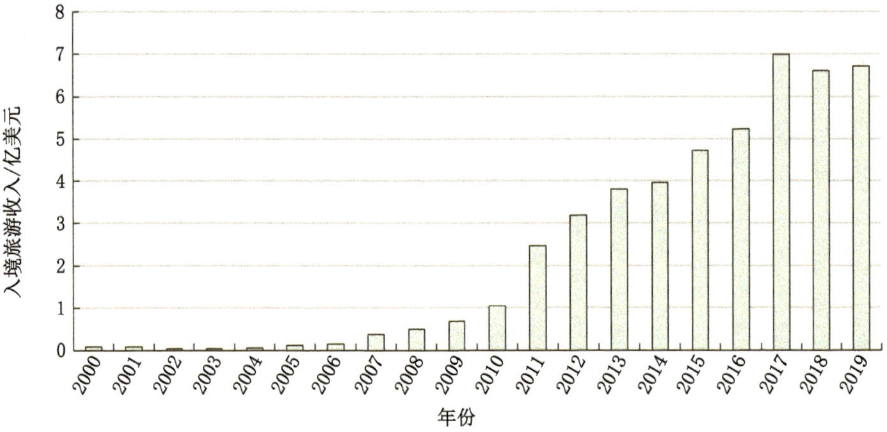

图 7-5　2000—2019 年池州市入境旅游收入变化

国家级风景名胜区，吸引了很多东亚、东南亚以及欧美地区的入境游客前来参加金地藏寻踪、气功修炼、宗教修学等特色的旅游活动。但是，九华山并未因其诸多的品牌荣誉而停下发展的脚步。2012 年，九华山大愿文化园开业，这是一座专为弘扬地藏菩萨大愿文化建设的主题公园，其中两处最为重要的景观为：一是国内最大的地藏文化展示中心——弘愿堂；二是高达 99 m 的地藏菩萨露天铜像，这尊铜像是目前世界上最高的地藏菩萨露天铜像，也成为九华山国际性佛教道场的标志性景观。2013 年，池州九华山机场建成通航，又为九华山打造知名的国际旅游目的地极大提升了入境交通的可达性。可以说，正是因为具有国际影响力旅游景观的打造、入境交通条件的改善等原因，才促使池州多年来不断地、持续地提升入境旅游经济。

7.1.1.3　旅游收入对 GDP 的贡献

目前，旅游发展促进经济增长已基本达成共识（王亚辉 等，2016）。因此，进一步通过计算长三角城市群各个城市的旅游收入与地区 GDP 的关系来分析长三角旅游景观服务的经济福祉效应。图 7-6 所示展现了 2000—2019 年全国以及长三角城市群 27 个城市的旅游收入与 GDP 的比重变化。

图 7-6(a)展现了全国和江苏区域城市旅游收入与 GDP 比重的变化，可见 20 年间，全国及江苏区域 9 个城市旅游收入占 GDP 的比重整体都是上升的。2000 年、2001 年南通的值低于全国，而后始终在全国水平之上发展；盐城与全国的曲线变化多次交织，发展水平相似；其余城市始终在全国水平之上，部分城市甚至远超全国。图 7-6(b)展现的是全国和浙江区域的情况，除了 2002 年湖州、2004 年温州的比重低于全国水平以外，其他年份的所有城市的比重

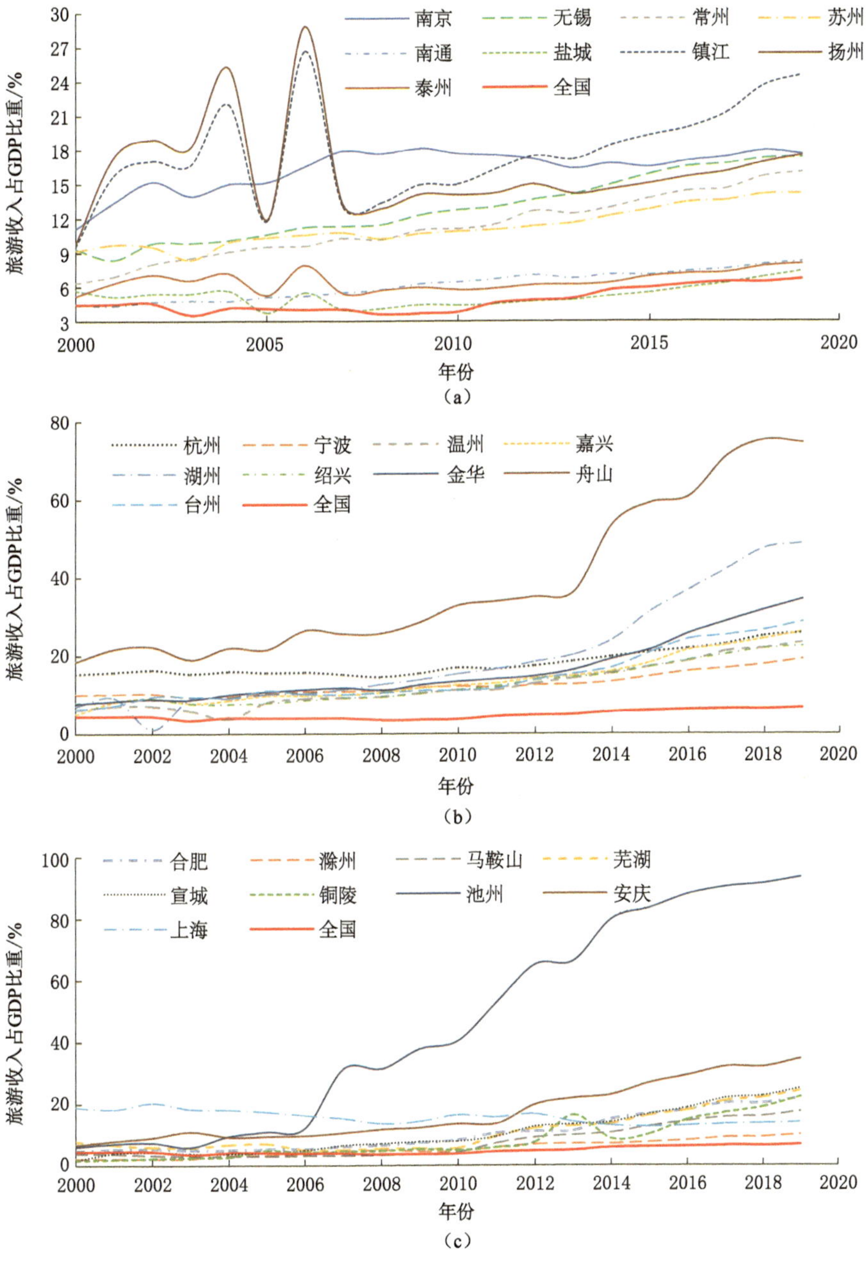

图 7-6　2000—2019 年全国及长三角城市群 27 个城市旅游收入占 GDP 的比重

均远超全国水平。图 7-6(c)展现了全国、上海和安徽区域的变化，自 2006 年起安徽区域的城市旅游收入占 GDP 比重全面超过全国水平，尤为突出的是池州，至 2019 年，池州旅游收入已经占到 GDP 总量的 93.56%。上海的比重一直是远高于全国水平，但上海作为我国的直辖市之一、长江三角洲世界级城市群的核心城市、我国国际经济、金融、贸易、航运、科技创新中心，旅游产业仅仅是其中之一，在长三角城市群 27 个城市中，也唯有上海旅游收入占 GDP 的比重是下降的，从 2000 年的 18.88%降至 2019 年的 14.13%。

进一步加总 2000—2019 年各地的旅游收入以及 GDP 的值，获得 20 年来全国及长三角城市群 27 个城市的旅游总收入占 GDP 总量的比重及其排序，如图 7-7 所示。由图 7-7 及前述分析可知，长三角城市群的旅游景观及其构成的目的地的发展，推动着地方旅游经济的增长，而旅游经济则对各个城市的 GDP 均有着不同程度的贡献，这种贡献均超过全国水平，说明长三角城市旅游是名副其实的支柱产业。但是，值得注意的是，池州和舟山两个城市的旅游收入占当地 GDP 的比重非常高，要谨防"荷兰病"效应。这是由于旅游业是一个高度脆弱和敏感的行业，极易受到外界因素的影响，如自然灾害、政治因素、社会治安、公共卫生事件等。例如，2020 年起肆虐全球多年的新冠肺炎疫情，就导致了舟山的国内旅游收入从 2019 年的 1 011.89 亿元降至了 2021 年的 169.6 亿元，降幅高达 83.24%。

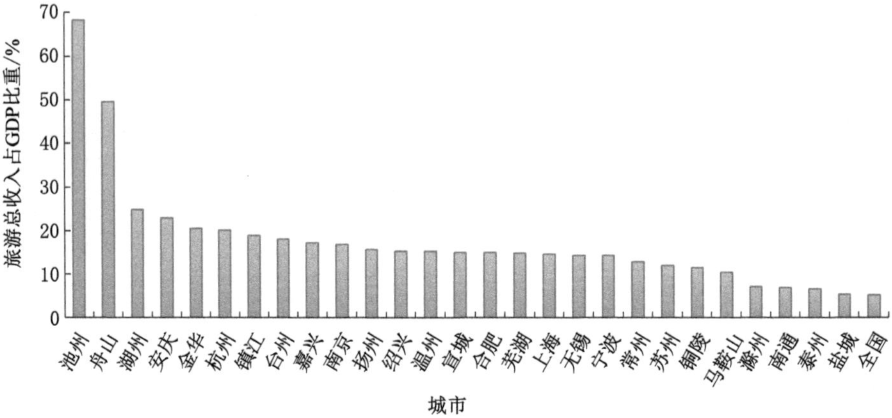

图 7-7　2000—2019 年全国及长三角城市群各城市旅游总收入占 GDP 的比重

7.1.2　突破传统景观，激发旅游经济新活力

在国家大力提倡"旅游＋"发展战略的影响下，突破传统蓝绿景观的基础

局限，具有专项旅游功能的景观成为大众参观、游览、学习、体验的对象，并受到旅游产业发展的重视，如地质旅游景观、农业旅游景观、矿业旅游景观、工业旅游景观、牧业旅游景观、渔业旅游景观、园林旅游景观等。这种分类与前述依据景观自然性的分类是有较大差别的，前述分类更多考虑景观的赋存状态和特征，这里更多考虑"旅游产业＋其他产业"融合发展的角度，即考虑和突出的是旅游景观在产业融合发展活动和开发中的作用。图 7-8 展示的是旅游产业融合的基本框架。

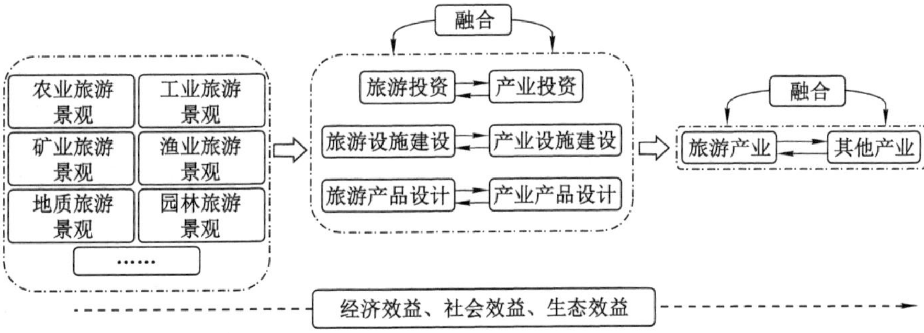

图 7-8　基于旅游景观的旅游产业融合框架图

当旅游产业与其他产业逐步融合发展，如"旅游＋科技""旅游＋农业""旅游＋工业""旅游＋体育""旅游＋餐饮""旅游＋交通"，形成了包括文化旅游、体育旅游、研学旅游、康养旅游等多种旅游融合新产品，它们的兴起与发展不仅能够大力促进目的地的旅游经济并带动相关产业的联动发展，而且还能够进一步增加劳动力就业岗位、提升税收经济，这些都将直接或间接地促进目的地的社会福祉水平的提升。

以工业旅游为例进一步分析，全国工业旅游示范点是指具有观赏、研学、展示、休闲、康养、购物等功能，提供相应旅游设施与服务的场所，包括工业企业、工业园区、工业展示区域、工业历史遗迹，以及反映重大事件、体现工业技术成果和科技文明等的载体。《全国工业旅游发展纲要（2016—2025 年）》指出，我国将拟建 1 000 个国家工业旅游示范点。2004—2007 年间，原国家旅游局已经公布了 4 批国家级工业旅游示范点。

2021 年 12 月，国务院印发《"十四五"旅游业发展规划》进一步提出，发挥旅游市场优势，推进旅游与科技、教育、交通、体育、工业、农业、林草、卫生健康、中医药等领域相加相融、协同发展，延伸产业链、创造新价值、催生新业态，形成多产业融合发展新局面。鼓励依托工业生产场所、生产工艺和工业遗产开展工业旅游，建设一批国家工业旅游示范基地。2022 年 11 月，文化和旅游部发布了《关于推出北京市 751 园区等 53 个国家工业旅游示范基地的公示》，连同 2017 年原国家旅游局评选出了 10 个国家工业旅游示范基地和 10 个国家工业遗产旅游基地，两批共计 63 家国家工业旅游示范基地和 10 家国家工业遗产旅游基地的推出，正是对促进我国工业旅游蓬勃发展的积极响应。从本研究的景观视角来看，国家级工业旅游示范点或示范基地即是在全国范围内具有示范效应的，开展工业旅游活动的景观空间（载体）。

对于长三角城市群 27 个城市而言，如图 7-9 所示，截至 2022 年年底，共有 77 个工业旅游示范点、示范基地和工业遗产旅游基地入选国家级目录。其中，上海、苏州、温州和南京位列前四，共计 38 个国家级工业旅游品牌项目，累计频率近 50%；上海至宣城 10 个城市，共计 58 个国家级工业旅游品牌项目，累计频率达 75.32%。此外，27 个城市中，有 4 个城市仍然没有国家级的工业旅游项目，这将影响长三角城市群工业旅游高知名度品牌项目的集群发展以及整体竞争力，说明部分城市还需要在工业文化、工业品牌、工业遗产的发展格局方面狠下功夫，这不仅能够有效提升地方经济活力、拉动就业、盘活工业资产，还能共同提升长三角工业旅游的多样性复合消费，形成更多有效的经济循环。

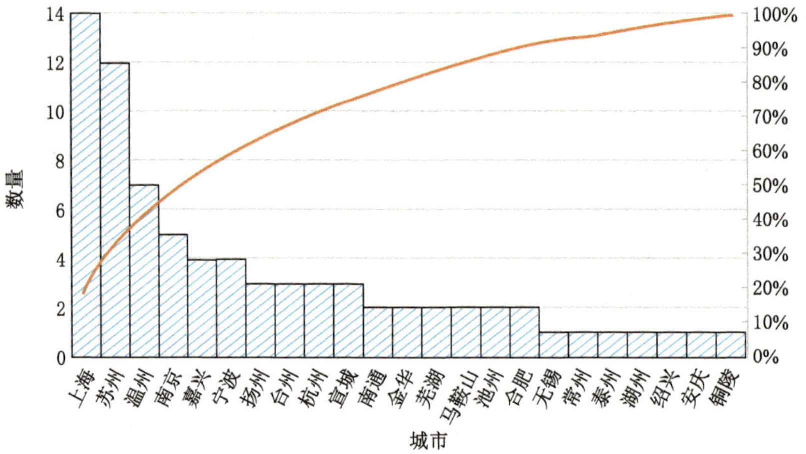

图 7-9　长三角城市群国家级工业旅游示范点、基地数量帕累托图

（盐城、镇江、舟山、滁州数量为零。数据来自中华人民共和国文化和旅游部和原国家旅游局网站）

以浙江温州为例，温州的民营经济发展在我国具有先锋作用，见表 7-1，温州已成功获批 7 个国家级工业旅游示范点、示范基地项目。2004 年入选的 3 家温州企业，仅一年时间，大虎打火机有限公司旅游示范点就接待了 10 万游客，旅游购物销售收入达 450 万元；奥康集团示范点共接待了 12 万游客，旅游购物销售收入 500 多万元；报喜鸟示范点接待了 1.84 万游客，旅游购物销售收入 400 余万元。3 个工业旅游示范点共直接吸纳 200 名劳动力就业，间接提供劳动就业岗位 1 000 多个。

表 7-1　温州国家级工业旅游示范点、示范基地

序号	品牌名称	项目名称	入选年份
1	全国工业旅游示范点	温州大虎打火机厂	2004
2	全国工业旅游示范点	浙江（永嘉）报喜鸟集团	2004
3	全国工业旅游示范点	浙江（永嘉）奥康集团	2004
4	全国工业旅游示范点	温州红蜻蜓集团	2005
5	全国工业旅游示范点	正泰集团股份有限公司	2005
6	全国工业旅游示范点	康奈集团工业园区	2006
7	国家工业旅游示范基地	浙江省温州矾矿工业旅游区	2022

为将工业旅游打造成文旅新 IP，温州市印发《温州市推进工业旅游创新发展行动方案》（温文办〔2022〕17 号），目标以“观光工厂”建设等为载体，到 2024 年，推出一批工业旅游示范点，设计一批工业旅游产品，努力打造 20 条以上工业旅游精品线路，培育 16 个以上省级工业旅游示范基地，力争创建 2 个以上国家工业旅游示范点，将温州打造成国内知名的工业旅游示范城市。通过行动方案，足见温州在政策方面对工业旅游蓬勃发展的高度重视。

温州的工业旅游模式特点及经济福祉效应主要包括以下 3 点：

（1）打造工业观光特色景观，形成工业研学线路

通过打造“工业研学”“工业遗产”“创新工厂”等温州工业旅游特色主题的系列景观，鼓励游客探秘温州民营企业的发展史；通过工业研学的旅游线路，让游客了解温州的工业历史及演变历程。

（2）打造工业旅游主题活动，拉动企业增量消费

鼓励企业通过举办“工业旅游嘉年华”等活动，为产品营销造势，并结合当前互联网流量 App 和在线流量平台合作，大力推广工业旅游线路。通过当地旅行社组团，拉动企业增量消费。如 2022 年入选国家工业旅游示范基地的温

州矾矿工业旅游区，还定期展示“温州矾矿特色工业主题灯光秀”等活动，丰富旅游产品供给体系，更好满足人民群众旅游消费需求。

(3) 聚焦工业文创，延长工业旅游消费链

温州通过推进工业旅游与商贸业、手工业以及服务业的融合发展，培育温州工业旅游文创产业体系。在工业文创设计中，不仅融入了温州工业品牌的文化和内涵，更融入了创新理念和高科技等元素，用工业文化的“内生”与“活化”构建一个“可观、可学、可购、可玩、可品”的工业旅游运营生态，让工业旅游成为温州文旅和温州工业企业高质量发展的“双赢”之举。

7.1.3 挖掘特色景观，绘就乡村振兴新图景

《国务院关于促进乡村产业振兴的指导意见》(国发〔2019〕12 号)明确要求突出优势特色，培育壮大乡村产业。其中，优化乡村休闲旅游业方面实施休闲农业和乡村旅游精品工程，建设一批设施完备、功能多样的休闲观光园区、乡村民宿、森林人家和康养基地，培育一批美丽休闲乡村、乡村旅游重点村，建设一批休闲农业示范县。也就是说，乡村旅游特色产业的培育与壮大是乡村振兴的重要发展动能，并且明确了通过一系列乡村旅游品牌项目的遴选与实施，来推动乡村旅游产业经济，并全面实现乡村振兴。

如图 7-10 所示，本研究给出了以乡村旅游景观为基础的乡村振兴发展框架。其中，各类特色乡村旅游景观是发展的必要和基础条件；在景观基础上，培育和兴旺特色型的乡村旅游产业，这是乡村振兴的最重要动能，不仅能够带动农民就业创业，实现增收致富，而且能够全面提升乡村地区的生态文明建设水平；乡村旅游产业是申报各类乡村旅游品牌项目的重要内容，而各类品牌项目的申报与实施不仅进一步促进了乡村旅游产业的壮大发展，还有效扩大了乡村旅游的知名度和影响力。因此，以景观为基，通过发展产业和培育品牌，充分发挥示范带动作用，使乡村更绿、乡愁更浓、乡味更足，从而促进农民就业增收、提升乡村经济，正是特色乡村旅游景观带来的经济福祉效应。

首先以美丽休闲乡村建设为例进行分析，美丽乡村是美丽中国的重要组成部分，从 2010 年至今，已经在全国范围内界定了约 1 500 个“美丽休闲乡村”。2010—2013 年，当时的称谓为“最有魅力休闲乡村”，2014—2015 年改为“最美休闲乡村”，2016 年至今为“美丽休闲乡村”，虽然名字几经改变，但其组织申报目的、组织部门、界定标准、界定流程等方面具有很强的延续性。同时，也有相应的改动、调整与变化，这些调整促使了“美丽休闲乡村”的体系更加完备，所涵盖的村落类型更加多元化。

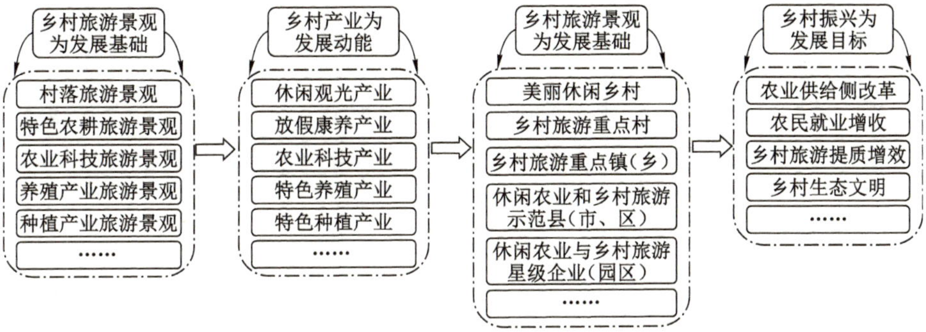

图 7-10　基于乡村旅游景观的乡村振兴框架图

图 7-11 给出了 2010—2022 年长三角城市群 27 个城市拥有的美丽休闲乡村数量，27 个城市共有 193 个美丽休闲乡村。从区域分布看，江苏（60 个）＞浙江（52 个）＞安徽（41 个）＞上海（40 个）。所以，整体来看，长三角城市群的美丽休闲乡村发展空间分布存在不平衡特点，上海市、江苏苏州市和安徽宣城市的美丽休闲乡村建设数量为前三甲，但安徽区域整体在美丽休闲乡村的品牌发展上较为差强人意，宣城最多，为 12 个，池州和合肥各有 3 个，铜陵最少，仅有 2 个。

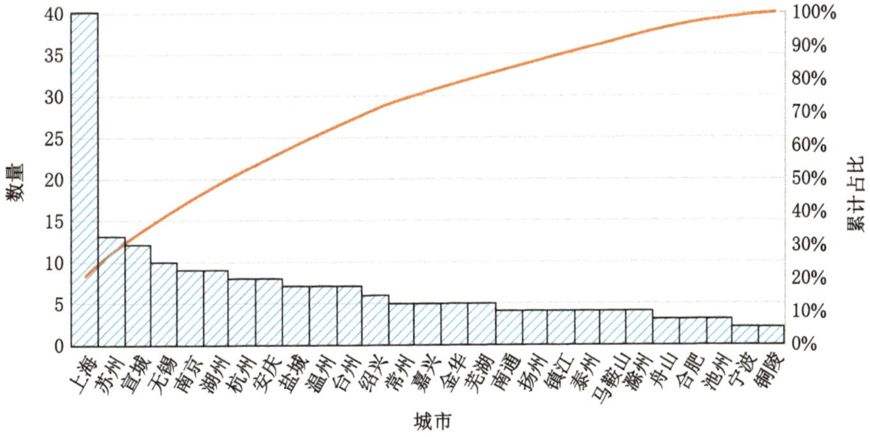

图 7-11　2010—2022 年长三角城市群的中国美丽休闲乡村数量帕累托图

以安徽宣城市泾县黄田村为例，分析其美丽休闲乡村的发展特点及成效，以期为安徽省其他地区的乡村振兴提供借鉴参考。

在乡村旅游景观方面，黄田村境内坐落有国家4A级旅游景区——黄田景区；为首批中国传统村落；2007年凤子河水系荣获中国景观村落评审委员会授于的“经典村落景观”称号；2009年黄田村被第二届中国景观村落评审委员会评为“中国景观村落”；2016年黄田村被农业部评为“中国美丽休闲乡村”。

在乡村产业发展方面，以茶叶、水稻、旅游为主要产业，并且泾县旅游在发展中以茶旅融合为发展重点，依托优美的自然环境和人文风景，在黄田打造了大量的观光茶园、茶文化体验馆等，2019年泾县的茶旅观光游客多达290万人次，茶旅收入达30亿元。

在发展成效方面，黄田景区有各类农家乐、民宿10余家，可同时接待餐饮人数400余人、住宿人数200余人，周边的餐饮住宿设施也十分齐全，日接待能力可达万人次以上。近年来，黄田村通过大力开展招商引资，实施“三乡工程”（市民下乡、能人回乡、企业兴乡），2020年全面打赢脱贫攻坚战，2021年实现村级集体经济收入33.38万元，经济社会各项事业取得了稳步发展。

再以全国乡村旅游重点村和乡村旅游重点镇（乡）品牌为例阐述。自2019年7月起，文化和旅游部会同国家发展改革委已先后推出4批1 399个全国乡村旅游重点村和2批198个全国乡村旅游重点镇（乡）名单，全国乡村旅游重点村镇日益成为推动乡村旅游发展及疫情后恢复、带动乡村就业创业、助力全面推进乡村振兴、满足城乡人民美好生活需要的重要力量。如图7-12所示，目前长三角城市群27个城市共有161个全国乡村旅游重点村、全国乡村旅游重点镇（乡）。其中，上海、苏州、湖州和安庆位列前四，数量占比累计超过35%；上海至泰州数量不到长三角城市群1/2的城市，累计的全国乡村旅游重点村、镇（乡）数量占比却已经接近70%，说明长三角城市群的全国乡村旅游重点村、镇（乡）主要分布在江（47个）、浙（49个）、沪（32个）地区，安徽城市拥有的数量相对落后且分布不均，如安徽安庆拥有8个全国乡村旅游重点村、镇（乡）品牌项目，而马鞍山仅2个，铜陵仅1个。这样的分布特点与前述美丽休闲乡村的分析基本一致，反映出在乡村旅游景观的经济福祉效应方面，安徽地区需要加大发展力度，争取早日追赶上江浙地区的发展水平，以提升长三角内部发展的均衡性与一体化水平。

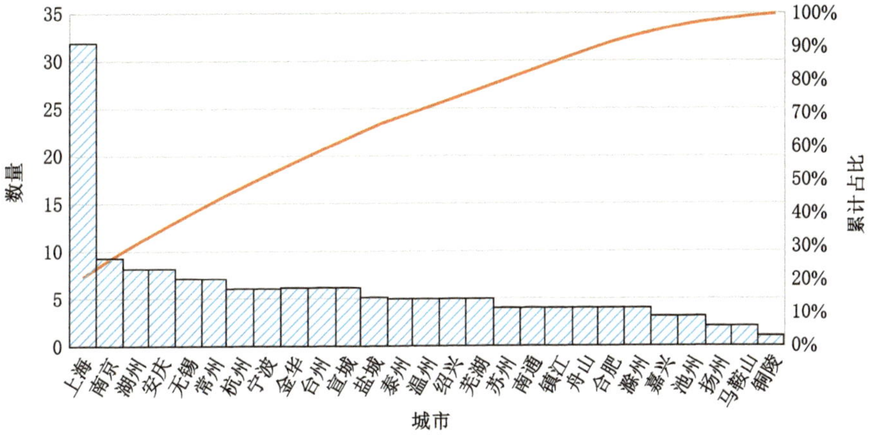

图 7-12 长三角城市群的全国乡村旅游重点村、镇(乡)数量帕累托图

7.2 长三角城市群旅游景观服务的环境福祉效应

7.2.1 自然景观合理开发,"绿水青山"底色鲜明

为了保护重要自然景观和资源,1956 年我国建立了第一个自然保护地,经过近 70 年的实践和发展,我国已经形成了由自然保护区、风景名胜区、森林公园、地质公园、湿地公园等组成的保护地体系(高吉喜 等,2019),覆盖了我国 90%的自然生态系统类型、85%的野生动植物种类和 65%的高等植物群落(余振国,2019),在保护自然遗产与生态安全方面发挥着重要作用。与此同时,我国的旅游业发展与自然保护地密不可分,已有研究表明保护地旅游正在进入一种新的"共生"范式(Weaver et al.,2017;吴必虎 等,2022)。一方面,自然保护地中优秀的自然生态资源同时又是重要的旅游景观(吸引物);另一方面,保护地作为旅游目的地能够通过获得旅游经济收益,为自然生态保护提供资金支持、帮助当地社区实现增收等。相比于一般的度假产品,基于自然的保护地旅游更能够提升个体幸福感和人类福祉,也更有利于自然保护(Bimonte et al.,2014;吴必虎 等,2021)。可以说,生态景观资源与旅游发展的关系就如同"绿水青山"与"金山银山"的关系,两者相得益彰,是"共存"与"双赢"。

由于自然保护地是生态建设的核心载体,为了强化发展中的生态根基,并解决我国自然保护地体系长期面临着重叠设置、多头管理、边界不清、保护与发展矛盾突出等问题，2019 年 6 月中共中央办公厅、国务院办公厅印发了《关于建立以国家公园为主体的自然保护地体系的指导意见》，明确提出建立以国家公园为主体的自然保护地体系。按照生态价值和保护强度的高低，自然保护地依次分为国家公园、自然保护区、自然公园三类，形成以国家公园为主体、自然保护区为基础、各类自然公园为补充的体系。在长三角城市群范围内，依托自然景观，如动物、植物、森林、湿地等，已经建立了各级各类的自然保护地，主要包括自然保护区和自然公园两大类，它们不仅成为长三角城市群旅游的重要目的地，而且在保护区域生物多样性、保存自然遗产、改善生态环境质量和维护生态安全方面发挥着重要作用。

7.2.1.1 自然保护区

自然保护区是指保护典型的自然生态系统、珍稀濒危野生动植物种的天然集中分布区、有特殊意义的自然遗迹的区域。自然保护区最重要的意义就是保护野生动植物的生物多样性和自然遗迹，从旅游角度看，野生动植物和自然遗迹都属于自然旅游景观，因此，通过发展自然保护区（生态）旅游，对维护生态平衡、改善人类环境、保持水土等均起着积极的作用。

图 7-13 给出了截至 2021 年长三角城市群各个城市的国家级和省级自然保护区数量，27 个城市自然保护区共计 54 个，合肥、嘉兴和泰州的数量为零，在珍稀野生生物多样性景观和自然遗迹的保护方面作用有限。省级自然保护区共计 33 个，平均每个城市 1.22 个。国家级自然保护区共计 21 个，平均每个城市仅 0.78 个，数量较少，这是因为国家级自然保护区面积普遍较大，而长三角地区人口密集，城市化程度高，与国家级自然保护区的实现条件有现实差距，尤其是江苏区域的国家级自然保护区数量太少，远低于安徽和浙江，各区域数量排序为：安徽（9）＞浙江（8）＞江苏（2）＝上海（2）。

从具体保护对象来看，长三角城市群自然保护区保护了扬子鳄、麋鹿、丹顶鹤、白鱀豚、江豚等珍稀野生动物，银杏、连香树、鹅掌楸等珍稀濒危植物，海洋贝藻类、海洋性鸟类、名贵海洋鱼类，以及重要的地质剖面和古生物化石等，同时保护了这些野生生物赖以生存的森林、湿地、海洋等栖息地及其生态环境。

以江苏盐城大丰麋鹿国家级自然保护区为例做进一步分析，该保护区以保护麋鹿及湿地生态系统为己任，2002 年被列入国际重要湿地名录。通过始终坚持以“科研促保护、以旅游促发展”的治区方针，这里的麋鹿数量已经由 1986 年建区时的 39 头发展到现在超 6 000 头，其繁殖率、存活率、年递增率均居世界之首，野生麋鹿也已经在野外出现了子五代，结束了全球千年以来无完

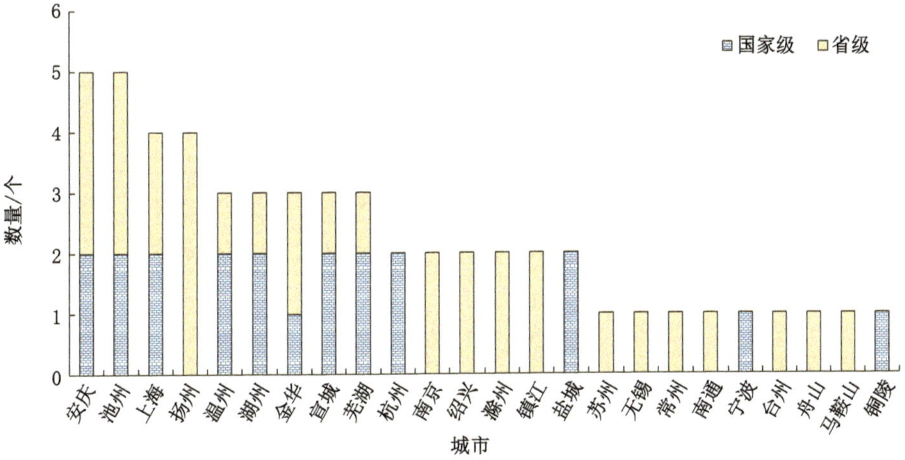

图 7-13　2021 年长三角城市群各城市自然保护区数量

（合肥、嘉兴、泰州的数量为零。数据来自中华人民共和国中央人民政府网站）

全野生麋鹿群的历史，为人类拯救濒危物种提供了成功的范例。目前，保护区已经形成了林、草、水、兽、鹿、鸟、鱼等共生的生态模式和完整的麋鹿生态系统，保护区的生物圈在逐年扩大，生物量在不断上升，有兽类 27 种、两栖爬行类动物 21 种、鱼类 156 种、鸟类 204 种、昆虫 599 种，有植物 499 种。除麋鹿外，被列入国家一、二级保护动物的有 41 种。保护区的自然生态环境不断得到提升，湿地效能充分显现。

依托大丰麋鹿国家级自然保护区丰富的自然资源和麋鹿等景观，当地发展了大丰中华麋鹿园景区，它是全球唯一以“湿地生态、麋鹿文化”为主题的旅游景区，2015 年景区获评为国家 5A 级旅游景区。总的来说，以保护野生动物和生态资源为目的的大丰麋鹿国家级自然保护区大力发展生态旅游业，每年大量的游客前来观光休闲、湿地研学、观鸟摄影等，同时带动了周边吃、住、行、购等旅游相关产业的联动发展，不仅成为当地人致富的重要途径，获得的经济效益又反哺保护区的自然保护事业，从而形成旅游发展与生态保护的良性循环与互动。

2019 年，盐城大丰麋鹿国家级自然保护区、盐城湿地珍禽国家级自然保护区等 5 个保护区共同被列入世界自然遗产中国黄（渤）海候鸟栖息地（第一期）遗产区域名单，该项目成为中国第 54 处世界遗产，也是中国第一个滨海湿地类型的世界自然遗产。

7.2.1.2　自然公园

在《关于建立以国家公园为主体的自然保护地体系的指导意见》中指出，发展自然公园的目的是要确保森林、海洋、湿地、水域、冰川、草原、生物等珍贵自然资源，以及所承载的景观、地质地貌和文化多样性得到有效保护。在长三角城市群中的自然公园主要有风景名胜区、森林公园、湿地公园、地质公园等。自然公园的保护强度虽然次于国家公园和自然保护区，却和老百姓打交道最多也最常见，这是因为自然公园是我国大众旅游的主要目的地之一。

(1) 风景名胜区

1979 年 4 月，国家建委城建总局举办的"全国自然风景区座谈会"在杭州召开，"风景名胜区"的名称由此确定，会议在我国风景名胜区事业上具有里程碑的意义(胡理琛，2017)。风景名胜区的名称，兼顾了"风景"与"名胜"，即含有"自然景观"与"传统文化"的双重属性，具体是指具有观赏、文化或者科学价值，自然景观、人文景观比较集中，环境优美，可供人们游览或者进行科学、文化活动的区域(高吉喜 等，2019)。

图 7-14 给出了 2021 年长三角城市群的国家级和省级风景名胜区数量，27 个城市的风景名胜区共有 96 个，平均每个城市 3.56 个，但空间分布十分不平衡。从区域来看，浙江(52 个)＞安徽(26 个)＞江苏(18 个)＞上海(0 个)；从级别来看，省级风景名胜区数量(63 个)远多于国家级(33 个)；再从城市看，浙江的金华、温州和台州数量最多，合计占到总量的 31.25%，尤其是金华市，共有 5 个国家级风景名胜区，位居长三角城市群之首。

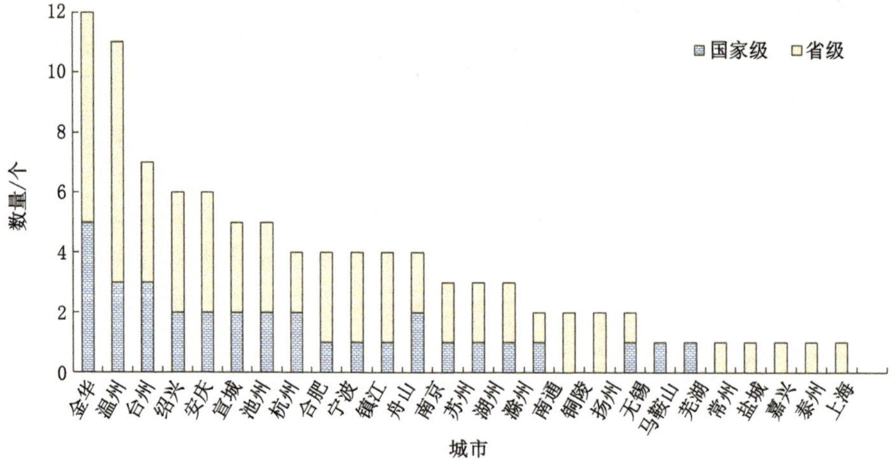

图 7-14　2021 年长三角城市群风景名胜区数量

以浙江省风景名胜区为例做简要介绍，浙江区域风景名胜区的数量不仅在长三角位居榜首（图 7-14），其省域国家级风景名胜区数量（22 个）在全国也排名第一，浙江省又是“风景名胜区”名称的诞生地，因此从历史和发展成果上均体现出浙江风景名胜区发展的典型性和代表性。浙江省域范围内风景名胜区的面积约占自然保护地面积的 36.5%，面积上占有绝对优势，这与全国的总体情况（自然保护区面积约为国土面积的 15%，风景名胜区约为 2%）大不相同，这也是浙江省自然保护地体系中的一大特点。浙江省风景名胜区充分呈现和保护了历史圣地、山岳、岩洞、江河、湖泊、海滨海岛、特殊地貌、城市风景、生物景观、纪念地等自然和人文景观，通过坚持“资源保护为本、文化内涵为魂、旅游发展为用、依法管理为要”的建设发展理念，融合风景名胜区的生态、文态、业态和形态，让风景名胜区成为“美丽浙江”的示范、公众“美好生活”的向往之地。

目前，新的保护地分类体系中，风景名胜区被纳入自然公园，风景名胜区的定位随之产生变化，无论怎样，它在自然景观、名胜古迹保护中发挥着不可替代的重要作用，是真正的人与自然和谐发展的典范之区。

(2) 森林公园

森林公园是以大面积森林景观为主体而建设的生态公园。建立森林公园的目的是保护公园范围内的自然环境和资源，并为满足人们游憩、疗养、避暑、文化娱乐和科学研究的需求，提供良好的环境。森林公园作为重要的旅游吸引物，是我国生态旅游、山地旅游和康养休闲旅游发展的主阵地（朱磊 等，2022）。2019 年，中国森林公园旅游总人数达到 10.19 亿人，旅游收入突破万亿元，达 10 005.45 亿元。

目前，我国的森林公园已经初步形成了以森林景观为主，地文景观、水体景观、天象景观、人文景观等资源有机结合而形成的多样化的森林风景资源的开发建设和保护管理体系（高吉喜 等，2019）。这一体系的建立与发展，使得森林公园中的野生动植物资源、生态景观资源和良好的森林生态环境得到有效保护，依托森林景观和环境发展的森林旅游业成为解决经济发展与环境保护之间矛盾的重要途径（陈玲玲 等，2016c）。

图 7-15 展示了 2021 年长三角城市群森林公园的数量，长三角城市群共计 216 个国家级和省级森林公园。其中，国家级森林公园占比 36.11%，省级占比 63.89%。从区域分布来看，浙江（107 个）＞安徽（57 个）＞江苏（44 个）＞上海（8 个），尤其是浙江的杭州、温州、绍兴、宁波和金华的森林公园占城市群的 39.81%。

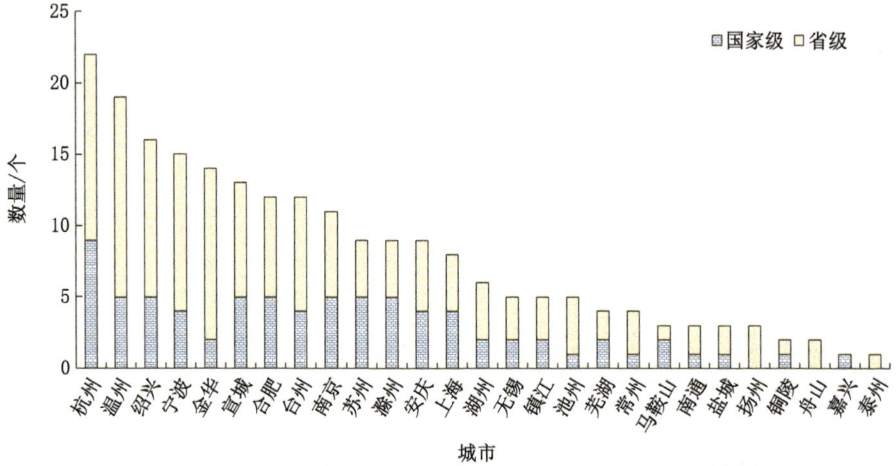

图 7-15　2021 年长三角城市群各城市森林公园数量

但是，需要注意的是，风景名胜区与森林公园重叠交叉的情况常有存在，例如，浙江金华双龙国家级重点风景名胜区又是国家 4A 级旅游景区，包含了双龙洞、黄大仙、大盘天、优游园、仙鹤妍、尖峰山等六大景区，其中双龙洞景区又为国家级森林公园；又如，江苏南京的钟山风景名胜区是中国著名的风景游览胜地、首批国家级风景名胜区、首批国家 5A 级旅游景区，又是国家森林公园。由于不同类型自然保护地的保护对象和强度、开发利用的要求等均不一致，区域的重叠就可能形成多头管理并导致资源保护实效的下降。因此，在新的自然保护地体系建立后，按照“将符合条件的优先整合设立国家公园，其他各类自然保护地按照同级别保护强度优先、不同级别低级别服从高级别的原则进行整合”等相关政策要求，重新厘清不同类型自然保护地的区域与边界，解决重叠交叉的现象，形成不同层次生态价值的自然景观资源和生态环境的保护和评价体系，实现边界清晰、分类评价、精准管理。

（3）湿地公园

湿地、森林和海洋并称为全球三大生态系统，也是重要的自然旅游景观。湿地公园是天然或人工形成、具有湿地生态功能和典型特征，以生态保护、科普教育和休闲游憩为主要功能的公园绿地。湿地公园的依托主体即湿地景观，是开展生态旅游最重要的吸引物之一，具备调节局地气候、保护生物多样性、提供休闲游憩、改善城市热岛效应等功能，可有效提高城市在全球变化背景下的适应性能力(周婷 等,2019;郭子良 等,2019)。可以说,湿地公园的开发建设与管理是解决湿地保护与开发利用之间矛盾的有效途径(杨利 等,2019)。

图 7-16 展现了长三角城市群的湿地公园数量,至 2021 年,国家级和省级湿地公园总计 109 个,铜陵市暂时没有,其中省级湿地公园占比 65.14%,国家级占比 34.86%。从区域看,江苏(49 个)>浙江(42 个)>安徽(16 个)>上海(2 个)。其中,江苏的国家级湿地公园数量远多于其他区域,是浙江的 2 倍、安徽的 3 倍有余,尤其是江苏苏州,国家级湿地公园多达 6 个,省级湿地公园多达 8 个,这与苏州地区水网密布有关,根据第 4 章遥感解译后计算的 27 个城市不同类型景观面积可知,苏州的水域面积占比高达 35.93%,这为苏州地区依托河流、湖泊、湿地等水域景观进行旅游目的地的建设开发奠定了重要的资源基础。

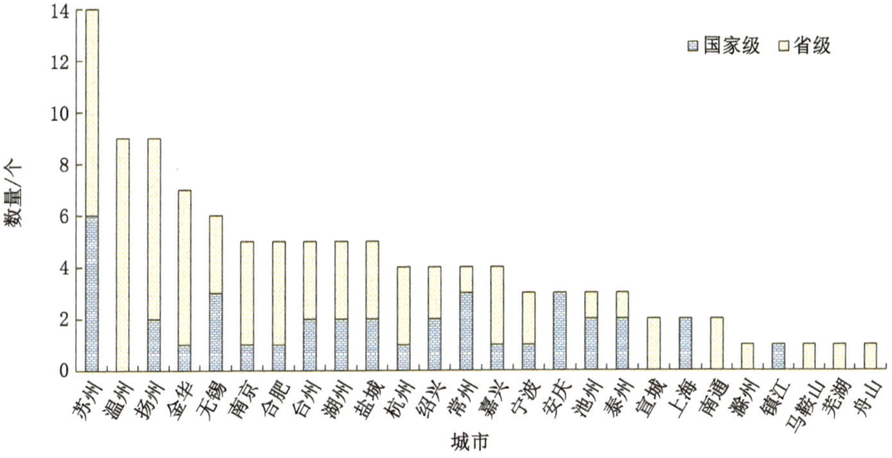

图 7-16 2021 年长三角城市群各城市湿地公园数量

(铜陵数量为零。国家级湿地公园数据来自国家森林网站,省级湿地公园数据来自各省林业局网站)

(4) 地质公园

地质公园是以具有特殊地质科学意义、稀有的自然属性、较高的美学观赏价值,具有一定规模和分布范围的地质遗迹景观为主体,并融合其他自然景观与人文景观而构成的一种独特的自然区域,既为人们提供了具有较高科学品位的观光旅游、度假休闲、保健疗养、文化娱乐的场所,又是地质遗迹景观和生态环境的重点保护区和地质科学研究与普及的基地。

目前,长三角城市群27个城市中,有3个地质公园进入了由联合国教科文组织批准的世界地质公园名录,分别是浙江雁荡山国家地质公园、安徽天柱山地质公园和安徽九华山世界地质公园。共有17个地质公园进入国家级地质公园名录,区域数量排序为:安徽(8个)>浙江(5个)>江苏(3个)>上海(1个);共有12个地质公园进入省级地质公园名录,区域数量排序为:浙江(6个)>江苏(4个)>安徽(2个)。

7.2.2 历史景观活化利用,人文环境优化提升

国务院、国家发展改革委、文旅部等相关政府部门先后通过一系列自然保护地体系品牌的创建、申报和评审活动,并通过开展自然保护地旅游活动,一方面给予了人民更多自然、生态的旅游、休闲和游憩空间,满足了人民的精神生活需求,感受了生活的幸福和精神的愉悦;另一方面旅游收益对自然保护地的反哺,有效促进了自然生态环境保护的可持续发展,实现了目的地在旅游发展和自然环境保护之间取得了良好平衡与互动。这些品牌目的地创建的重要基础均是良好的自然生态景观,可以说,自然生态景观既是被开发利用的对象,更是被珍惜保护的对象,既体现了重要的产业发展价值,更给予了人民持续的自然环境福祉。

相似的,国家发展改革委、住建部、文旅部等政府机构通过如国家历史文化名城、名镇(村)、中国历史文化街区、美丽休闲乡村、全国乡村旅游重点村、镇(乡)等品牌的创建活动,不仅极大推动了城市、地区、乡村的旅游产业,而且对当地的人文、历史、社会等环境起到了全面的保护和提升作用。在这些目的地,人文景观通过被利用、欣赏、体验,使地方的文化传统和历史风貌得以可持续保护、传承和弘扬。

7.2.2.1 中国历史文化名城、名镇(村)、街区

保存文物特别丰富且具有重大历史价值或者革命纪念意义的城市,由国务院核定公布为历史文化名城。保存文物特别丰富且具有重大历史价值或者革命纪念意义的城镇、街道、村庄,由省、自治区、直辖市人民政府核定公布为历史文化街区、村镇,并报国务院备案。从行政区划看,历史文化名城并不一定是地级市,也可能是县或区。

《历史文化名城名镇名村保护条例》中明确了申报历史文化名城、名镇、名村的条件:① 保存文物特别丰富;② 历史建筑集中成片;③ 保留着传统格局和历史风貌;④ 历史上曾经作为政治、经济、文化、交通中心或者军事要地,或者发生过重要历史事件,或者其传统产业、历史上建设的重大工程对本地区的

发展产生过重要影响，或者能够集中反映本地区建筑的文化特色、民族特色。申报历史文化名城的，在所申报的历史文化名城保护范围内还应当有 2 个以上的历史文化街区。

1982 年起，我国开始评选国家历史文化名城，经过 40 余年的发展，我国逐步建立了较为成熟的历史文化名城名镇名村保护制度，使我国城市、镇村地区的历史文化遗存得以有效保护和传承。保护的对象从名城到名镇名村，逐步拓展到历史文化街区、历史地段、历史建筑，并进一步纳入了承载乡愁记忆的古建筑、老宅子、老树木等(杨保军 等，2022)。历史文化名城名镇名村以及历史街区的申报和评选，在传承目的地的人文历史文脉、赓续传统文化基因以及塑造目的地的人文特色风貌等方面均发挥了重要作用。

图 7-17 展示了长三角城市群各个城市的中国历史文化名城、名镇、名村和街区的数量，截至 2021 年共计 155 个，其中安徽马鞍山和芜湖的数量目前空白。在 4 个层次的品牌创建中，中国历史文化名镇数量最多，合计 70 个，其次是中国历史文化名村为 53 个，中国历史文化名城有 23 个，中国历史文化街区数量最少，合计 9 个。从城市所属区域看，江苏区域的中国历史文化名城、名镇和街区的数量最多(分别为 11 个、31 个和 5 个)，浙江区域的中国历史文化名村的数量最多(31 个)。

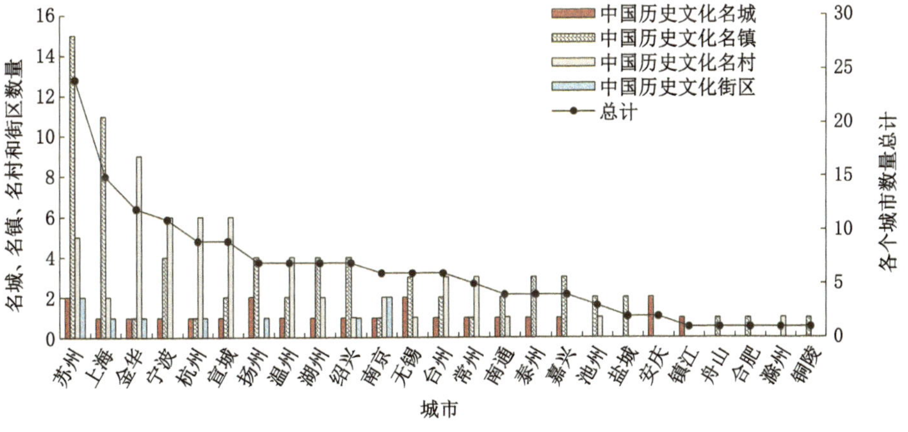

图 7-17　2021 年长三角城市群的中国历史文化名城、名镇、名村和街区数量

[马鞍山、芜湖数量为零。中国历史文化名城共公布了 3 批，后又陆续增补；中国历史文化名镇(村)共公布了 7 批；中国历史文化街区公布了 1 批，数据全部来自中华人民共和国中央人民政府网站]

再从图 7-17 的城市分布可见，品牌数量位列前三的城市排序为：苏州（24 个）、上海（15 个）、金华（12 个）；4 个层次品牌均有的城市有 6 个，排序为：苏州、上海、金华、杭州（9 个）、绍兴（7 个）和南京（6 个），说明这些城市已经形成了较为系统的、覆盖不同层次的城乡历史文化遗产保护体系，能够通过对人文历史景观及其环境的修缮、保护并借助旅游产业、特色产业等发展的效益，进一步传承、弘扬当地传统文化习俗和社会风尚，并通过产业发展对社区居民的增收，使社区的人文社会环境进一步得以提升，从而形成宜居、宜业、宜游的生活生产空间。在 27 个城市中，品牌数量总计 2 个以下的城市有 8 个，排序为：盐城（2 个）、安庆（2 个）、镇江（1 个）、舟山（1 个）、合肥（1 个）、滁州（1 个）、铜陵（1 个）、马鞍山（0 个）、芜湖（0 个），这其中有 6 个是安徽城市，反映出安徽区域在重要历史文化遗产保护上可能存在滞后性以及历史文化资源的严重区内不平衡。因为根据统计，属于安徽省但未在本研究范围内的黄山市，仅中国历史文化名村就多达 16 个。

7.2.2.2 全国特色景观旅游名镇（村）

全国特色景观旅游名镇（村）是基于村镇的特色景观，积极发展旅游村镇，并通过旅游经济的发展，保护当地的自然环境、田园景观、传统文化、民族特色、特色产业等资源。全国特色景观旅游名镇（村）的发展对地区人文和自然环境的保护与提升，对农民的增收就业，对建设安心、安逸、安全的村镇旅游和人居环境具有重要作用。

目前，住建部和原国家旅游局一共公布了 3 批全国特色景观旅游名镇（村）名单，图 7-18 展现了长三角城市群的全国特色景观旅游名镇（村）数量，总计 68 个，名镇和名村分别为 39 和 29 个。从区域看，江苏区域的全国特色景观旅游名镇数量最多（19 个），浙江区域的全国特色景观旅游名村数量最多（10 个），这个特点与中国历史文化名城、名镇（村）、街区的特点一致。从城市来看，苏州以 14 个全国特色景观旅游名镇（村）的数量独占鳌头，占长三角城市群的 20.59%。数量在 1 个及以下的城市有 10 个，其中盐城、扬州、杭州、芜湖、铜陵均空白。总的来看，相比中国历史文化名镇（村）中重要的历史文化遗产景观，全国特色景观旅游名镇（村）的发展更加依托当地一定规模或独特的自然、人文景观，适宜开展旅游活动并形成了一定的市场吸引力和辐射力，通过旅游活动的开展，进一步保护当地的自然和文化资源，对城乡统筹协调发展、城乡交流，改善乡镇地区的人居环境等均有重要的现实价值。

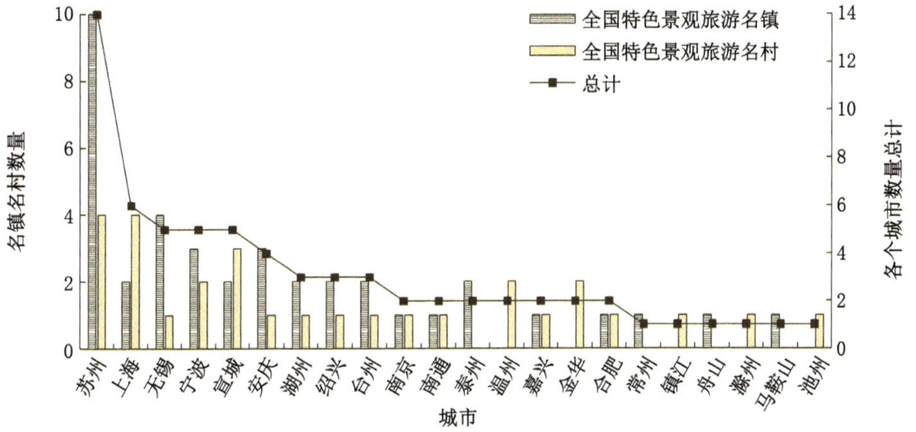

图 7-18　2021 年长三角城市群全国特色景观旅游名镇(村)数量

(盐城、扬州、杭州、芜湖、铜陵数量为零。数据来自中华人民共和国中央人民政府网站)

7.3　长三角城市群旅游景观服务的文化福祉效应

7.3.1　建设国家文化公园,传播传承中华文化

国家文化公园即整合具有突出意义、重要影响、重大主题的文物和文化资源,实施公园化管理运营,实现保护传承利用、文化教育、公共服务、旅游观光、休闲娱乐、科学研究功能,形成具有特定开放空间的公共文化载体,集中打造中华文化重要标志。中国国家文化公园是具有国家整体象征意义的文化景观地域体系,它兼具了自然景观和文化景观的属性,它的建设弥补了自然保护地体系对内部文化关注的不足(吴必虎 等,2023)。目前,我国正在建设的国家文化公园有长城、大运河、长征、长江和黄河国家文化公园。其中,和长三角城市群相关的包括大运河和长江国家文化公园。

(1) 大运河国家文化公园

表 7-2 给出了大运河国家文化公园在长三角城市群 27 市的建设范围,可知大运河在长三角城市群主要涉及江苏和浙江区域城市,两个区域相关城市也针对大运河国家文化公园的建设进行了详细的规划并有条不紊地建设实施,如《大运河国家文化公园建设保护规划》《大运河国家文化公园(江苏省)建

设保护规划》《杭州市大运河文化保护传承利用暨国家文化公园建设方案》、《杭州大运河国家文化公园规划》《世界级运河文化遗产(无锡段)旅游廊道建设实施方案》等。“一条大运河、半部中国史”,根据相关规划与实施方案,2021年,扬州中国大运河博物馆已经建成开放,成为大运河江苏段重要的保护、展示和利用大运河文化的标志性建筑和项目,推动大运河从“地理空间”概念走向“文化空间”的内涵式发展。随着大运河文化公园的主体功能区建设、标志性项目和产品的创新与发展,大运河沿线的文化景观遗产得以保护与恢复,华夏子孙将在这些新文化景观空间里,逐渐拥有共同的中华民族历史文化记忆;通过大运河旅游唤起国民的文化自觉,从而保护中华民族的基因,传承中华民族的血脉(吴殿廷 等,2021)。

表 7-2　大运河国家文化公园在长三角城市群的建设范围

所含部分	所含河段	关联城市
京杭大运河	里运河	扬州
	江南运河	镇江、常州、无锡、苏州、嘉兴、湖州、杭州
隋唐大运河	江南运河	镇江、常州、无锡、苏州、嘉兴、湖州、杭州
浙东运河	浙东运河	杭州、绍兴、宁波

(2) 长江国家文化公园

中华五千年文明可以概括为以“(长)江(黄)河互济”为内在驱动力,以“两条对角线运动”(即西北-东南文明交流对角线和瑷珲-腾冲经济地理对角线)为表征的文化结构系统(傅才武,2022)。建设长江国家文化公园,充分激活长江丰富的历史文化资源,深入挖掘长江文化的时代价值,对进一步赓续历史文脉、坚定文化自信、提升中华文化标识的影响力具有重大而深远的意义。

长江国家文化公园的建设范围综合考虑了长江干流区域和长江经济带区域,表 7-3 给出了长江国家公园在长三角城市群的建设范围,其包含了本研究中长三角城市群 27 市中的 20 个,因此长江国家文化公园与长三角城市群的关系更为紧密。目前,长江国家文化公园的建设实施方案、保护规划等正在有序进行与推进。未来,通过长江国家文化公园的整体建设以及打造中华文化的超级 IP,实现强化中华文化的对内凝聚力和对外传播力、影响力;通过打造富有长江象征、意义、符号、情感、记忆等文化内核的场所、空间,将中华文明和民族文化代代传承。

表 7-3　长江国家文化公园在长三角城市群的建设范围

所含区域	所含分段	关联城市
长江干流区域	长江下游干流沿线	安庆、池州、铜陵、芜湖、马鞍山、南京、镇江、南通、上海
长江经济带区域	长江下游城市群	南京、扬州、镇江、苏州、无锡、常州、南通、泰州、杭州、嘉兴、湖州、宁波、绍兴、舟山、合肥、马鞍山、安庆、铜陵、池州、芜湖

7.3.2　文化驱动旅游创新，满足个性旅游需求

随着旅游产业和其他产业的深度融合与创新，旅游业的外延在不断加速放大和衍生，并逐渐形成了多种旅游新业态。旅游新业态伴随着旅游市场发展和旅游需求的变化而演化发展，是当前旅游业的新生动力和新型市场，如研学旅游、邮轮旅游、营地旅游、租车旅游、影视旅游、医疗旅游、康养旅游、邮轮旅游、博物馆旅游、红色旅游、自驾车旅游、自行车旅游等，旅游产品从传统的资源依赖型向文化创新驱动型转变，并将这些创新创意资源、融合型资源有效转化成新兴旅游产品，不断满足旅游者的个性化、多层次的需求。

图 7-19 展示了截至 2022 年年底长三角城市群部分旅游新业态的国家级品牌项目数量，包括体育旅游、博物馆旅游、康养旅游、自驾车旅游、邮轮旅游和红色旅游 6 种新业态，以下以这 6 种新兴业态产品为代表做简要分析。

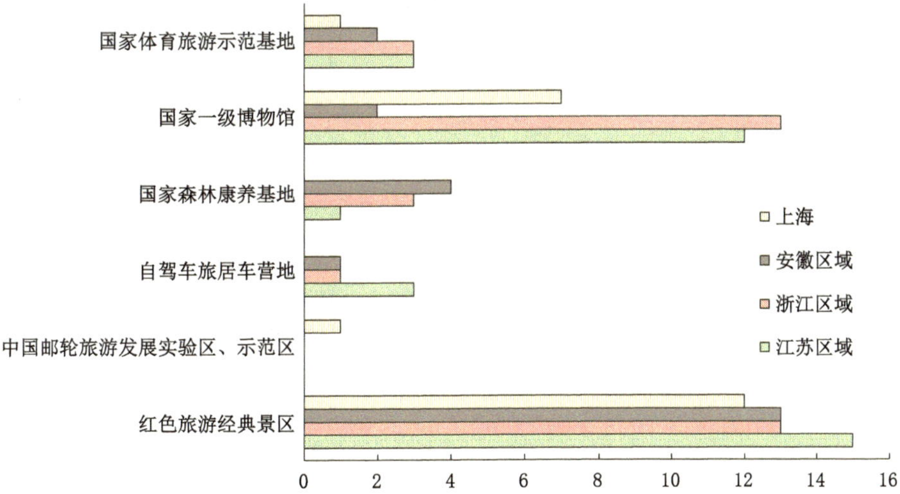

图 7-19　2022 年长三角城市群各区域新兴业态产品国家级品牌数量

（1）体育旅游

体育旅游作为“体育＋旅游”的新型融合业态，近年来兴起并快速发展。与以自然风景为吸引物的观光旅游不同的是，体育意味着运动和活动参与，尤其是户外运动和活动，因此运动景观和体验是体育旅游的重要吸引元素。体育与旅游的融合，可以从两方面着手，在户外运动目的地的基础上融合旅游等多元业态，或者在旅游目的地的基础上植入大量户外运动的业态。从目前创建的体育旅游示范基地来看，绝大多数都在这两种类型中。

国家体育旅游示范基地是体育旅游融合发展的重要物质和空间载体，也是扩大体育旅游产品和服务供给的重要平台。长三角城市群目前共有 9 个国家体育旅游示范基地，江苏和浙江区域各 3 个，安徽区域 2 个，上海 1 个（图 7-19）。由于体育旅游是新业态，因此亟需一系列户外运动项目的经营标准，也需要旅游的管理标准，这时国家体育旅游示范基地就成了体育旅游新业态可持续发展的先行者与探路者，因此示范基地的发展就有了重要的价值和意义。

以国家体育旅游示范基地——浙江杭州千岛湖景区为例做简要分析。1982 年，千岛湖旅游业开始发展，并成为首批国家级风景名胜区；1986 年，千岛湖风景区成为国家森林公园；2010 年被评为国家 5A 级旅游景区；2022 年 12 月入选第二批国家体育旅游示范基地名单。千岛湖景区群山绵延、森林繁茂、湖泊广袤、湖水晶莹，从 1982 年初级的岛屿观光，经过 40 余年的持续发展，如今的千岛湖已经成为具有观光旅游、水上运动、休闲度假、会展产业复合型旅游功能的世界级湖泊旅游风景区。依托丰富、优秀的旅游资源，千岛湖陆续开发了登山健身、绿道徒步/骑行、皮划艇、龙舟、动力伞、热气球、蹦床、卡丁车、高空秋千等户外运动项目和休闲活动。目前，千岛湖境内有体育旅游景区 2 个、体育训练基地 4 个、体育俱乐部 40 家、体育示范基地 3 个。据不完全统计，来千岛湖的游客“体育旅游”占比高达 24％。

（2）博物馆旅游

博物馆旅游是“博物馆＋旅游”融合发展形成的新业态，它是以博物馆为物质空间载体，以博物馆中的历史文化景观和内容为主要旅游吸引物的文化旅游活动。与传统观光旅游最大的不同是，博物馆旅游以文化为核心和导向，高品质的文化体验将是游客最大的收获。由于博物馆旅游是新兴旅游类型，如何将博物馆资源与旅游市场深度融合，需要相关部门共同思考，简单的历史文化资源陈列或缺乏品牌意识的塑造等都将无法激发游客强烈的旅游动机，因此，博物馆旅游如何创新发展和形成核心竞争力成为行业探索和实践的重要课题。

中国博物馆等级从高到低依次为一级、二级和三级，由国家文物局定期开展博物馆的定级工作。国家一级博物馆评估由中国博协组织实施，国家二级、三级博物馆评估由各省参照国家一级博物馆评估模式实施（李李季，2019）。博物馆的分级管理，不仅可以规范对博物馆行业的管理，同时也能够促进博物馆发展的竞争意识，提升运营水平和质量。长三角城市群目前拥有的国家一级博物馆共计 34 个，浙江区域最多为 13 个，安徽区域最少仅有 2 个；从城市看，上海和杭州最多，分别有 7 个，南京其次，为 5 个，宁波、苏州和合肥紧随其后，分别有 2 个。众所周知，各个博物馆，尤其是国家一级博物馆珍藏着最珍贵的历史文化遗存，徜徉其中，游客可以充分了解国家、地域历史和文化，对增强全民族的历史自信、文化自信具有重要的作用，因此，长三角已有的国家一级博物馆不仅要让自身的历史文化资源更好地服务人民对美好生活的不断追求，更要通过不断创新，促进文旅深度融合，提升旅游体验，传播历史文化知识，让历史文物在新时代绽放新的光彩，发挥更为普世的价值。

（3）康养旅游

康养旅游是“康养＋旅游”融合发展的新型旅游业态，它顺应人们对健康和旅游的追求而发展，在我国还处于萌发期，刚刚起步。对传统观光旅游而言，良好的自然生态景观和环境是欣赏的对象，是视觉体验吸引物，而对康养旅游而言，自然生态景观和环境不仅仅通过视觉放松游客的身心，重要的是运营者要将这些良好的自然生态景观和环境与身心解压/放松、身体康复/疗愈、康体休闲等需求有机融合起来，这就使得康体旅游目的地的类型众多，可以依托海滨、湖滨、山地、森林、温泉等自然类旅游目的地，也可以依托避暑、避寒、空气洁净等气候功能型目的地，或依托中医药、医疗、运动等产业型目的地开展，从而形成海滨康养、湖泊康养、森林康养、温泉康养、避暑康养、运动康养、中医药康养等满足不同群体需求的康体旅游活动。

在各类康体旅游产业发展中，2019 年，国家林草局、民政部、国家卫健委、国家中医药局联合印发了《关于促进森林康养产业发展的意见》（林改发〔2019〕20 号），要求持续高位支持森林康养发展，到 2035 年，建成覆盖全国的森林康养服务体系，建设国家森林康养基地 1 200 处。国家森林康养基地是我国森林康养旅游发展的重要品牌项目和实践平台，对产业布局、标准体系、运营规范等都具有重要的探索价值，长三角城市群共有 8 个国家森林康养基地，4 个在安徽区域，3 个在浙江区域，江苏区域较少，仅 1 个，上海目前空白。这与 4 个区域的景观特点有关，浙江和安徽区域的林地是优势景观类型，江苏和上海的林地均较少。森林康养旅游能够将民众福祉与生态文明建设以及旅游产业的高质量发展有机衔接，同时，浙江又是绿水青山就是金山银山理念的发源地，因此，长三角城市群，尤其是浙江和安徽区域，应该继续充分利用林业资源，开发高品质的森林康养旅游产品，给予长三角的游客更多的身心健康和精神愉悦。

(4) 自驾车旅游

自驾车旅游在我国刚刚兴起，属于新兴业态，它与传统大众旅游最大的不同是交通服务方式的差别，传统大众旅游依靠旅行社组团进行，交通服务是旅行社提供的服务之一，交通工具可以是飞机、轮船、汽车或火车，游客是被服务者；而自驾车旅游则是个人组织的旅游活动，交通服务由自主提供与负责，交通工具为汽车，主要是私家车、旅居车(房车)或租车。随着我国私家车数量的剧增，以及游客对旅行中个性化、灵活性、便利性等的需求，自驾车旅游日益成为风靡全球的旅游方式。

自驾车营地的发展是随着自驾车旅游的发展应运而生的，它是自驾车旅游发展的必然产物。自驾车营地可以为旅行者提供必要的服务，例如停泊、住宿、餐饮、露营、休闲活动、越野、汽车维修与租赁、户外运动、信息服务以及医疗与救援等。文旅部于 2019 年出台了《自驾车旅居车营地质量等级划分》(LB/T 078—2019)的行业标准，分为 3 个质量等级，用 C 表示，分别是 3C、4C、5C 级，C 越多即等级越高。目前长三角城市群的自驾车旅居车营地总计 5 个，江苏区域 3 个，安徽和浙江区域各 1 个，上海空白。已经获评的自驾车旅居车营地基本为集住宿、餐饮、娱乐、休闲于一体的营地综合体，广受自驾车旅游、露营休闲旅游爱好者的欢迎。随着自驾车旅居车营地发展的布局合理和服务、设施的完善与成熟，自驾车旅居车营地既可以成为旅游的节点，也可以成为旅游目的地，带给游客更有特色、更加个性的新鲜体验和美好经历。

(5) 邮轮旅游

邮轮旅游是以海上邮轮为载体，将海上观光与到岸游憩、度假、购物、娱乐等功能融为一体的休闲旅游活动。与传统旅游活动最大的不同是，邮轮既是串联到岸旅游目的地的交通工具，也是海上移动着的旅游酒店。邮轮旅游在我国属于新生事物，但丰富的旅游资源、绵长的海岸线和庞大的客源市场预示着中国发展邮轮旅游具有巨大的潜力(徐虹 等，2019)。

为了推动我国邮轮旅游持续、快速、健康发展，不断积累经验，原国家旅游局于 2012 年批准在上海市设立中国邮轮旅游发展试验区，这也是长三角唯一的邮轮旅游发展试验区。上海市立足母港优势、区位优势和政策优势，积极探索邮轮旅游的市场管理模式、政策制度体系、产业发展体系和服务配套体系。

2018 年，邮轮港累计接靠邮轮 1 800 多艘次、出入境游客突破 1 100 万人次，已经成为规模亚太第一、全球第四的邮轮母港，这也标志着我国的邮轮旅游产业进入了新的发展阶段。为进一步发挥上海在全国邮轮旅游方面的优势和示范引领作用，2019 年 9 月，文旅部正式批准在上海设立首个中国邮轮旅游发展示范区，以中国邮轮旅游发展示范区建设为抓手，逐步完善邮轮旅游标准体系，不断丰富邮轮旅游产品，更好推动我国邮轮旅游高质量发展。

(6) 红色旅游

红色旅游是将红色人文历史景观和绿色自然景观结合起来，革命传统教育与旅游产业发展有机融合的一种新型主题旅游活动。与传统观光旅游最大的不同是，红色旅游景观和吸引物更具有正式性和严肃性，红色旅游的仪式性也更强(李卫飞 等，2021)，它作为一种特殊的旅游形态，在传播中华优秀传统文化、革命文化和社会主义先进文化方面能够发挥重要的作用。

截至 2021 年，我国已基本建立起以“全国红色旅游经典景区”为核心、具有中国特色的红色景区管理体系(赖继年，2022)。长三角城市群共有全国红色旅游经典景区 53 个，4 个区域分布比较平衡，江苏区域有 15 个，安徽和浙江区域分别有 13 个，上海有 12 个。一百余年前，在上海党的一大会址(现为中国共产党第一次全国代表大会会址纪念馆)，在嘉兴南湖的小小红船(现属嘉兴市南湖风景名胜区)，它们是中国共产党初心启程的地方，翻开了百年党史的壮阔篇章，正是党百折不挠、自力更生、开拓进取的红色精神引领着长三角地区历经风霜洗礼，成为中国经济最强、开放度最高、创新力竞争力最强的区域之一。未来，在红色旅游的发展上，长三角地区仍应以创新示范引领，通过“红色＋科技”“红色＋创意”等，持续放大、强化红色精神效应，让红色基因代代传承。

以上分析了 6 种旅游新业态的民众福祉情况，随着旅游市场个性化需求的提高以及旅游业竞争的加剧，新业态成为各地新一轮旅游竞争的重要法码。如图 7-20 所示，长三角城市群各个城市在新兴业态国家级品牌产品的发展上存在严重的空间不均衡性，位列前三甲的城市是上海、南京和杭州，这 3 个城市的 6 种新业态国家级品牌产品之和累计占比超过了 40%，前六名上海至安庆累计占比近 60%。从多样性上看，只有上海、南京、杭州和温州有 4 种类型的新业态国家级品牌产品，其余城市均在 3 种及以下。

总的来说，旅游新业态的发展壮大，为旅游业的转型升级及高质量发展提供了新动能，为民众提供了更多新鲜、多彩且蕴含丰富文化内涵的活动和体验。旅游新业态发展的根本是融合与创新，在助力新型旅游消费，推动形成以

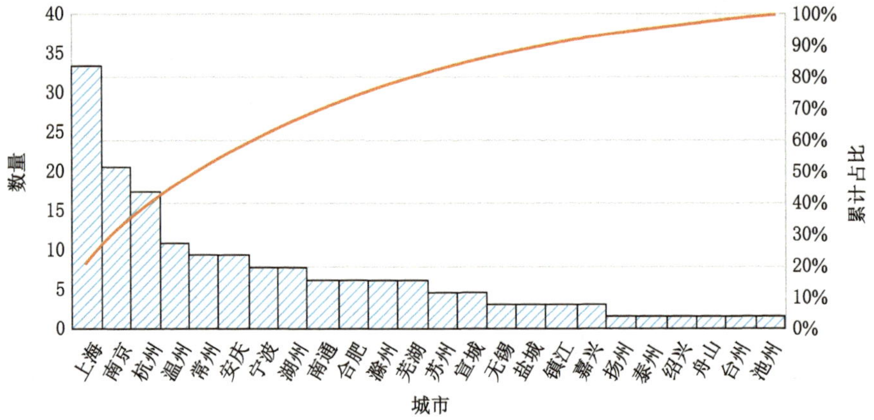

图 7-20　长三角城市群各城市的 6 种新兴业态产品国家级品牌数量帕累托图
（金华、马鞍山、铜陵数量为零）

国内大循环为主体、国内国际双循环相互促进的新发展格局中，长三角城市群的旅游新业态应该发挥更大的示范引领作用，并形成更广泛的社会福祉效应。

7.3.3　景区价格持续优化，尽享文旅惠民福利

景区门票是我国大部分景区收益来源的最重要途径，众多景区也在为摆脱单一的门票经济尝试着各种努力，这是因为过高的门票价格将增加游客的经济负担，背离了风景名胜区、自然保护区、文物保护单位、国家公园等公共资源为全民共有，公共资源型景区应该体现公益属性的要求。因此，多年来，国家计委、国家发展改革委、原国家旅游局等相关部门陆续出台了多项政策，遏制国有景区的价格上涨、优化国有景区的价格形成机制（张凌云，2019）。通过景区门票政策的持续优化，能够让不同类型的群体通过文旅行业的利民惠民福利尽享文旅行业的发展成果，并助力人民不断追求更加幸福美好的物质和精神生活。

在长三角城市群大量的 A 级景区中，景区门票价格的调整优化主要体现在 4 个方面：

① 景区降价。通过门票降价的方式，直接体现景区的利民惠民。例如，2018 年，无锡鼋头渚景区门票从 105 元降至 90 元，嘉兴桐乡乌镇古镇旅游区门票从 200 元降至 190 元，池州九华山风景区门票从 190 元降至 160 元，上海科技馆门票从 60 元降至 45 元，扬州瘦西湖门票则是从淡旺季的 90 元和 150

元，调整为 30 元、60 元和 100 元三种月份更为细化的价格层次，等等。

② 景区免费。从激发文旅消费潜力的角度看，景区推行门票免费，必然会提升接待的游客数量，并有利于游客幸福感和获得感的直接形成。在长三角城市群，门票免费的景区众多，如南通濠河风景区、无锡惠山古镇景区、南京夫子庙-秦淮风光带、杭州西湖风景名胜区、嘉兴南湖旅游区、湖州南浔古镇景区、合肥三河古镇景区、上海中国共产党一大·二大·四大纪念馆景区等。有统计显示，旅游经济中 1 元的直接收入可以带来 6.8 元的间接收入。更加强调景区的公共属性，用门票免费政策"四两拨千斤"，可以更好发挥景区资源的带动作用。

③ 弹性价格。一般而言，景区为了提升淡季游客量，会实行旺季和淡季不同的门票价格，旺季通常为每年的 5—10 月。例如，苏州虎丘山风景区旺季门票 70 元，淡季 60 元；苏州留园旺季门票 55 元，淡季 45 元；舟山普陀山风景名胜区旺季门票 160 元，淡季 120 元。此外，在特殊的节庆活动中，景区也在特定时段采取门票惠民政策，让更多的民众参与到景区节庆活动中。例如，2023 年 2 月 13 日—3 月 12 日，中国南京国际梅花节期间，明孝陵景区门票价格做出下调 10 元/人次调整。

④ 特殊群体免费。对老人、儿童、军人以及特殊群体，景区均形成了优惠或免费价格机制以体现其社会责任，有效提升更多人的幸福感。如多数景区对 1.2 m/1.3 m/1.4 m(对身高要求各不相同)的儿童，70 周岁(含)以上的老人，持有消防证、现役军官证、有效残疾人证等人群均免门票。为了感谢新冠疫情期间医护人员的辛苦付出，很多景区对医护人员进入景区实施免费。例如，无锡鼋头渚景区于 2023 年 1 月 21 日—12 月 31 日向全市医务人员免首道门票；温州刘伯温故里景区于 2023 年 1 月 1 日—3 月 31 日对全国医护人员免费；宣城绩溪龙川景区自 2020 年 6 月 10 日对全国援鄂医疗队员，包括国家、军队及各省(自治区、直辖市)医疗队所有队员，凭有效证件(身份证、援鄂医疗队员相关证件)，实行 5 年内不限次免门票游览政策，执行时间至 2024 年 12 月 31 日；等等。

7.4　本章小结

旅游景观类型丰富、业态多样，涉及领域众多，从量化角度衡量旅游景观的社会福祉价值十分困难且鲜见，但旅游高质量发展亟需从理论层面梳理旅游与社会福祉的关系，从而持续推动旅游增强社会福祉的能力。本章从区域宏观角度，基于经济-环境-文化维度，采用定性研究与定量分析相结合、理论分析与案例研讨相结合、分类分析与总结归纳相结合的方法，尝试全面剖析了长三角城市群旅游景观服务的社会福祉效应。

① 长三角城市群旅游景观服务具有显著的经济福祉效应。

首先，极具魅力的城市旅游景观为基，促进了长三角城市群旅游收入高增长。2000—2019 年，城市群尺度上，国内旅游收入翻了 19.96 倍，高于全国水平；区域尺度上，国内旅游收入排序为：浙江＞江苏＞上海＞安徽，入境旅游收入排序为：上海＞江苏＞浙江＞安徽；城市尺度上，上海、杭州、苏州、南京的国内旅游收入位列前四，安徽区域城市相对落后，入境旅游收入的城市分布极其不平衡，上海、苏州、南京、杭州、池州、金华、无锡 7 个城市占比超过 81%，安徽池州是旅游景观提升入境旅游经济的典型案例。再从旅游收入占 GDP 的比重看经济福祉效应，发现绝大部分城市的比重均远高于全国水平。需要注意的：一是盐城，在近些年与全国占比不相上下，应努力超越提升；二是池州和舟山，旅游收入占 GDP 比重过高，应谨防“荷兰病”效应。

其次，“旅游＋”战略背景下，突破传统蓝绿景观的资源局限，形成专项旅游景观以及目的地新类型，激发经济新活力。以“工业＋旅游”为例，发现至 2022 年，长三角城市群的国家级工业旅游示范点和基地集中在上海、苏州、温州、南京等城市，盐城、镇江、舟山、滁州无。

再次，以乡村特色景观为基，发展乡村产业和培育品牌，促进农民就业增收，提升乡村经济，全面推进乡村振兴。以“美丽休闲乡村”品牌建设为例，2010—2022 年，长三角城市群的美丽休闲乡村数量集中在上海、苏州、宣城、无锡等城市，铜陵、宁波并列末位。

② 长三角城市群旅游景观服务具有重要的环境福祉效应。

第一，以国家公园为主体的自然保护地体系是我国生态建设的核心载体，在长三角城市群范围内，依托自然景观基础，建立的自然保护地主要包括自然保护区和自然公园两大类，不仅是自然旅游景观集聚型目的地的重要组成部分，更维护了区域“绿水青山”的鲜明底色。

至 2021 年，长三角城市群中，安庆、池州、上海、扬州的国家级和省级自然保护区位列前四，合肥、嘉兴、泰州无，江苏区域城市的国家级自然保护区数量稀少，仅盐城有 2 个国家级自然保护区。自然公园主要包括风景名胜区、森林公园、湿地公园、地质公园等，长三角城市群风景名胜区空间分布极不平衡，浙江区域数量占比近 55%，且浙江金华、温州、台州位列三甲，而上海无。类似的，浙江区域森林公园数量占比近 50%，且浙江杭州、温州、绍兴、宁波、金华位列前五，5个城市占比约40%，而嘉兴、泰州并列末位。从湿地公园看，江苏区域水网密布，湿地公园数量最多，苏州、温州、扬州、金华、无锡数量位居前列，舟山、芜湖、马鞍山、镇江、滁州并列末位。地质公园中，城市群共有3个地质公园进入世界地质公园名录，分别在安徽与浙江区域，与区域地貌、景观美学等要素密不可分。

第二，依托城市/乡村的人文、历史景观，创建国家历史文化名城、名镇（村）、中国历史文化街区、美丽休闲乡村及全国乡村旅游重点村、镇（乡）等品牌，不仅形成人文旅游景观集聚型目的地，也促进地方人文环境优化提升、文化传统和历史风貌得以持续保护和传承。

至2021年，长三角城市群中，中国历史文化名城、名镇、名村、街区数量总计位列三甲的城市为苏州、上海、金华，马鞍山、芜湖数量为零，且铜陵、滁州、合肥等安徽区域城市数量也位列末位。再从全国特色景观旅游名镇（村）数量看，苏州仍然独占鳌头，占比超过20%，上海、无锡位列2、3位，盐城、扬州、杭州、芜湖、铜陵均空白。

③ 长三角城市群旅游景观服务具有凸显地域特色的文化福祉效应。

首先，中国国家文化公园兼具了自然景观和文化景观的属性，弥补了自然保护地体系对内部文化关注的不足。长三角城市群范围内，正在建设的包括大运河和长江国家文化公园，推动大运河、长江从地理空间走向文化空间，通过大运河、长江线性文化旅游唤起国民的文化自觉，通过挖掘大运河、长江文化的时代价值，传播传承中华文化，具有重大意义。

其次，旅游产业深度融合，新兴旅游景观应运而生，新业态日益丰富，满足旅游者对个性化、多层次的民族多彩文化的体验需求。主要包括：a. 体育旅游，从国家体育旅游示范基地上看，各区域差别不大。b. 博物馆旅游，从国家一级博物馆数量上看，浙江区域的国家一级博物馆数量最多（13个）、安徽最少（2个）；城市尺度看，上海、杭州、南京位列三甲。c. 康养旅游，从国家森林康养基地数量上看，安徽和浙江区域共占87.5%，上海空白。d. 自驾车旅游，从自驾车旅居车营地数量上看，江苏区域占60%，上海空白。e. 邮轮旅游，目前上海设立了首个中国邮轮旅游发展试验区。f. 红色旅游，从全国红色旅游经典景区看，4个区域分布较为均衡。

最后，景区呈现了复合式的旅游景观，是旅游活动的核心空间载体，景区价格的持续优化给予了百姓实实在在的文化福利。景区价格的优化通常体现在门票降价、门票免费、弹性价格和特殊群体免费等。

第8章　长三角城市群旅游交通景观演进、体系构建及社会福祉效应——交旅融合视角

旅游越来越成为一段异地的美好生活体验,“享受在路上”已然是这段异地体验中不可或缺的有机组成部分,于是,交通不再仅仅是通达性作用,还日渐具备了景观观赏、地域文化展现、休闲游憩等复合功能,交通与旅游逐步融合,而单一的交通景观也因为融合了旅游功能而具备了生态系统服务的功能和价值,从而增进了区域社会福祉。交通与旅游的融合既是旅游高质量发展背景下产业供给侧改革的现实需要,也是旅游者个性化体验的实际需求。发展至今,旅游交通景观已经成为城市旅游目的地景观体系的重要组成部分。基于以上理念,本章对旅游交通景观的发展与演进进行理论分析,构建“快进慢游”旅游交通景观体系,并采用与第 7 章旅游景观服务社会福祉效应同样的研究方法,从经济-环境-文化维度,全面剖析长三角城市群“快进慢游”交通景观服务提供的社会福祉效应。

8.1　传统旅游交通景观发展及演进

8.1.1　我国旅游交通功能的传统认知

不同学科看待旅游交通的视角及所形成的研究焦点不尽相同,地理学科背景的学者多考虑旅游交通的发展对区域旅游格局或可达性的影响,尤其是我国高铁的快速发展掀起了“高铁＋旅游”融合研究的热潮,如高铁对长三角区域旅游一体化影响的研究(黄泰 等,2017)、高速铁路对区域内部旅游的可达性影响(李保超 等,2016)、高铁网络化背景下中国城市旅游场强的空间格局研究(汪德根 等,2016)等。可见,地理学研究更加侧重从空间的角度审视交通在旅游活动中的通道作用,较少考虑交通的景观特征及其功能。

在航空、铁路、公路、水运等众多旅游交通方式中，公路交通具有灵活、快速、方便、直达的优越性，也是最普及的旅游交通方式。因此，交通规划、城乡规划等相关学科的研究者对旅游公路开展了大量的研究。国内的旅游公路伴随着我国旅游产业的发展而形成，早期关于旅游公路的概念基本上从交通功能的角度进行理解和阐述（刘晨慧，2010）。而后，随着人们对景观绿化功能的强调以及环保意识的增强，旅游公路所蕴含的审美价值越来越受到人们的重视。例如，秦晓春等（2007）认为，旅游公路是公路建设的一种新发展模式，即将旅游业发展的思想融合到旅游区域的公路建设中，同时将生态保护和审美原理渗入规划和设计中，以保护沿线的生态环境和景观资源，为地区旅游营造良好的公路景观环境；凌珑（2020）提出，旅游公路应当依托旅游资源基础，如公路沿线有自然风景区或是终端有旅游目的地，公路本身具有一定的景观优势，沿线景观良好、风景独到、文化特色鲜明，能让游客在这条路上真切感受自然与文化，获得身心的双重享受体验，公路视域范围内是拥有视觉、自然、文化、历史、娱乐价值的复合功能廊道。

从这些内涵的变化可以看出，学者们从旅游公路的单一交通功能逐渐赋予其“景观与交通”的复合功能，尽管如此，我国传统旅游公路景观的认知与研究往往致力于对公路及公路沿线所见所感的景观在视觉及生态方面的研究（杜智民，2009；陈夏，2017），而忽视了交通景观与沿线历史、文化、旅游、游憩、生态等的关系，景观内容相对单一，在理论与实践内容上都具有较大的提升空间。

8.1.2　旅游风景道及其在我国的提出

在国外，对旅游公路及景观的研究和实践主要是围绕风景道概念展开的。美国在 1930 年蓝岭风景道路建成时首次提出风景道的概念，随后美国各级政府都致力于将旅游概念运用于交通规划中。美国旅游公路的一大特色是将风景道打造成结合旅游和交通功能的独特景观道路。1995 年提出的保护和促进风景道发展的官方推广计划——国家风景道计划（National Scenic Byway Program，NSBP）中，将风景道定义为：一条土地所有权公有的，具备风景、历史、休闲、文化、考古和（或）自然等六大品质的道路，风景道不单指道路本身，还包括道路两边视域范围内的廊道风景，风景道要通过立法或官方声明来认定。美国国家风景道体系由泛美风景道、国家风景道、州级风景道三个层级构成。风景道不仅独立成为无数自驾者的向往之地，也是旅游者进入绝大部分国家公园的主要途径，与国家公园体系共同形成点-线-面的空间发展结构，是美国旅游体系的核心支撑(王萌萌,2015)。

在我国,政策层面首次提出国家风景道的概念是在2016年国家发展改革委、原国家旅游局联合印发的《全国生态旅游发展规划(2016—2025年)》(发改社会〔2016〕1831号)中,要求为适应日益兴起的自驾车和房车旅游,结合国家整体路网布局,打造25条国家生态风景道,形成点-线-面相结合、适应多样化需求的生态旅游发展格局。同年11月,原国家旅游局等11部委联合发布《关于促进自驾车旅居车旅游发展的若干意见》,提出要加强国家旅游风景道、旅游公路自驾车旅居车营地建设规划,形成国家旅游风景道自驾游营地服务体系,积极推动跨区域、跨境自驾游产品组合和线路合作。这充分说明随着我国自驾游的兴起,自驾游依托的旅游公路建设日益受到重视,单一的交通或交通+景观功能已经在向交通、美学、游憩和保护等复合功能逐步转变,并且随着交旅融合发展以及游客旅游体验的个性化、多元化需求与日俱增,旅游风景道建设也在发生着从"道路"建设向"景观+道路"建设,再进一步向"旅游体验+景观生态+道路"建设的理念嬗变,促使旅游目的地产生新的转型升级。

8.1.3 交旅融合与"快进慢游"理念

随着中国经济社会全面进入高质量发展阶段,以及旅游供给侧改革、构建双循环新发展格局等战略的提出,交旅融合在政策和实践层面受到越来越广泛的重视与支持(王娇娥 等,2022)。由表8-1可知,2017年3月,交通运输部、原国家旅游局等6部委在《关于促进交通运输与旅游融合发展的若干意见》(简称《若干意见》)中,首次正式提出交通运输与旅游融合发展的新格局,并提出"快进慢游"理念,而"快进慢游"理念也正是交旅融合发展的核心理念(汪玚,2017)。《若干意见》提出依托高铁、城铁、民航、高等级公路等构建"快进"交通网络,要求通往4A级景区有一种以上"快进"交通方式,通往5A级景区有两种以上"快进"交通方式;推进建设集"吃住行游购娱"于一体的"慢游"交通网络,因地制宜建设旅游风景道,根据旅游业发展要求建设自行车道、步行道等"慢游"设施。在改善旅游交通服务方面,鼓励机场、车站、码头等客运枢纽拓展旅游服务功能,高速公路服务区增设游憩、娱乐、购物等功能,鼓励在公路路侧空间充足路段建设驿站、营地、观景设施和厕所等旅游服务设施。在提升旅游交通服务质量方面,提高联网、联程、异地和往返票务服务水平,推进空铁联运服务,完善全国汽车租赁联网。因此,在"快进慢游"理念下,应该系统考虑旅游与交通的关系,而非旅游公路交通运输功能的单一化提升或旅游公路本身的景观塑造与提升。

表 8-1　交旅融合的相关政策推进

时间	部门	文件名称	主要相关内容
2016 年 7 月	国家发展改革委	《关于推动积极发挥新消费引领作用加快培育形成新供给新动力重点任务落实的分工方案》	加快旅游基础设施建设，大力发展智能交通，推动交通零距离换乘和无缝化衔接，开辟跨区域旅游新路线和大通道
2016 年 11 月	原国家旅游局等 11 部委	《关于促进自驾车旅居车旅游发展的若干意见》	加强国家旅游风景道、旅游公路自驾车旅居车营地建设规划，形成国家旅游风景道自驾游营地服务体系，积极推动跨区域、跨境自驾游产品组合和线路合作
2016 年 12 月	国务院	《“十三五”旅游业发展规划》	培育 25 条国家旅游风景道；加强交通基础设施建设，完善信息咨询等旅游公共服务体系，推动旅游各产业要素更新换代
2017 年 2 月	国务院	《“十三五”现代综合交通运输体系发展规划》	拓展交通运输新领域、新业态，积极引导交通运输新消费，依托重点生态旅游目的地、精品生态旅游线路和国家旅游风景道，大力发展自驾车、房车营地，配套建设生活服务功能区
2017 年 3 月	交通运输部等 6 部委	《关于促进交通运输与旅游融合发展的若干意见》	首次正式提出交通运输与旅游融合发展的概念，要求建立健全交通运输与旅游融合发展的运行机制，形成“快进”“慢游”旅游交通基础设施网络
2018 年 3 月	交通运输部、原国家旅游局	《关于加快推进交通旅游服务大数据应用试点工作的通知》	整合旅游交通资源，开展旅游交通综合运行分析，加强交通、旅游等部门间信息双、多向整合应用，开展景区周边路网客流监测预警
2018 年 3 月	国务院办公厅	《关于促进全域旅游发展的指导意见》	推动旅游与交通、环保、国土、海洋、气象融合发展，打造旅游风景道和铁路遗产、大型交通工程等特色交通旅游产品，积极发展邮轮游艇旅游、低空旅游
2019 年 9 月	中共中央、国务院	《交通强国建设纲要》	加速新业态新模式发展，深化交通运输与旅游融合发展，推动旅游专列、旅游风景道、旅游航道、自驾车房车营地、游艇旅游、低空飞行旅游等发展，完善客运枢纽、高速公路服务区等交通设施旅游服务功能

表 8-1(续)

时间	部门	文件名称	主要相关内容
2021 年 2 月	中共中央、国务院	《国家综合立体交通网规划纲要》	充分发挥交通促进全域旅游发展的基础性作用,加快国家旅游风景道、旅游交通体系等规划建设,打造具有广泛影响力的自然风景线。强化交通网"快进慢游"功能,加强交通干线与重要旅游景区衔接。完善公路沿线、服务区、客运枢纽、邮轮游轮游艇码头等旅游服务设施功能,支持红色旅游、乡村旅游、度假休闲旅游、自驾游等相关交通基础设施建设,推进通用航空与旅游融合发展。健全重点旅游景区交通集散体系,鼓励发展定制化旅游运输服务,丰富邮轮旅游服务,形成交通带动旅游、旅游促进交通发展的良性互动格局
2021 年 11 月	交通运输部	《综合运输服务"十四五"发展规划》	加快推动运游融合发展,打造运游融合精品站点,推动在汽车站、机场、火车站、高速公路服务区等建设旅游集散中心,加快构建"快进慢游"的旅游客运网络,加大对重点旅游城市航线和高铁车次保障,完善直达景区景点道路旅游客运网络
2021 年 12 月	国务院	《"十四五"现代综合交通运输体系发展规划》	有序推进交通强国建设试点示范,建立健全试点成果总结和系统推广机制,依托车购税等资金加大对试点示范项目的支持力度
2022 年 1 月	交通运输部	《绿色交通"十四五"发展规划》	推动交通与旅游融合发展,完善客运场站等交通设施旅游服务功能,因地制宜打造一批旅游公路、旅游服务区
2022 年 3 月	国务院	《"十四五"旅游业发展规划》	加快建设国家旅游风景道、旅游主题高速公路服务区、旅游驿站,推动地方政府和中国国家铁路集团有限公司建立平台,合力打造主题旅游列车,推进旅游和交通融合发展

表 8-1(续)

时间	部门	文件名称	主要相关内容
2023 年 3 月	交通运输部、文化和旅游部	《关于加快推进城乡道路客运与旅游融合发展有关工作的通知》	要提升“快进”交通网络衔接效能。加密火车站、民航机场、汽车客运站等客运枢纽至重点旅游景区、旅游度假区的旅游客运直达线路，加强城市公共交通与对外客运方式的衔接。提高“慢游”交通网络通达深度。支持在国家旅游风景道开通旅游观光客运线路，在全国红色旅游融合发展示范区开通红色旅游主题客运线路。鼓励通过增设旅游客运专线、开行定制客运线路、优化客运线路布局和运行时间等方式，提升乡村旅游资源可达性

随着我国旅游市场新业态、新类型的发展，交旅融合的相关政策吸纳了越来越多的新方式、新理念，交旅融合政策涵盖的内容愈加广泛。例如，2018 年 3 月，国务院办公厅《关于促进全域旅游发展的指导意见》提出旅游与交通、环保、国土、海洋、气象融合发展，打造旅游风景道和铁路遗产、大型交通工程等特色交通旅游产品，将交通设施本身也纳入旅游目的地范畴；《交通强国建设纲要》(2019)、《国家综合立体交通网规划纲要》(2021)等进一步提出旅游专列、旅游航道、低空飞行旅游等新型交旅融合方式。

根据交旅融合的相关政策及其提出的具体要求和意见，要实现“快进慢游”，在发展理念上需要做到以下几大转变。

首先，尽管交通是旅游“吃住行游购娱”六要素之一，但原有“交通”与“旅游”属于独立发展模式。交旅融合后，旅游交通不再仅有“旅游通道”的意义，而应向“线性旅游目的地”的内涵转变(张圆刚 等，2020)。

其次，改变原有旅游公路、航道、铁路、航空等的单一通道发展模式，把旅游交通产业发展成为以旅游公路为主，协同步行、骑行、轨道、船行、空中游览等交通于一体，实现不同交通方式之间无缝衔接的旅游型立体综合交通网络体系。

再次，形成丰富而多元化的旅游产品谱系，引导旅游交通从旅行成本向旅行收益方向发展，使其功能和构成元素更多样化，在发挥基础功能的同时发挥深层次效用。如图 8-1 所示，以旅游交通中的旅游公路为例，交旅融合背景下旅游公路交通功能逐渐向复合型及旅游化转变。

总体而言，“交通＋旅游”的融合就是要在交通运输业和旅游业落实“十三五”规划提出的“创新、协调、绿色、开放、共享”五大理念，完善交通设施建设，创新旅游交通产品，提升旅游交通的服务品质，高效地整合交通资源以形成新型旅游资源、促进交通沿线旅游产业集群、打造区域品牌价值。要以完善游客出行链为重点，提升交通旅游产品的创新意识，让旅游体验贯穿于交通行为的全过程中，在快速通达的基础上满足游客的舒适体验性，使交通在串联风景的同时贯通文脉，形成“快进慢游”的交通旅游新格局，并最终形成具有地域特色的线性交通旅游目的地。

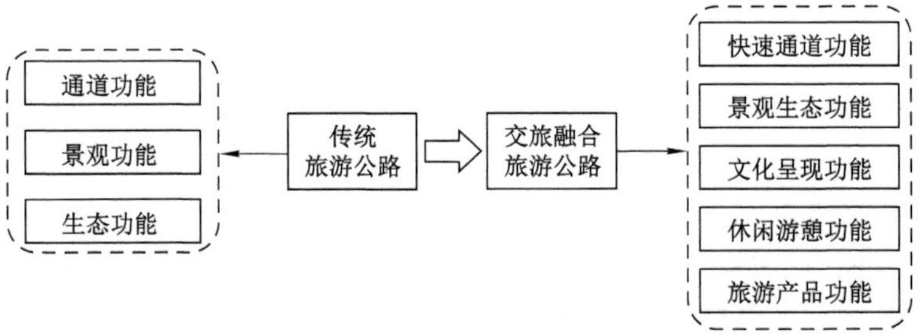

图 8-1　交旅融合下旅游公路交通功能的转变

8.1.4　“快进慢游”旅游交通景观体系构建

根据交旅融合的理念，以及国内外在“快进”“慢游”交旅融合体系建设中的经验，如图 8-2 所示，本研究在客源地与目的地之间、目的地内部以及目的地与目的地之间构建了“快进＋慢游”的旅游交通景观网络体系。

首先，“快进”交通网络包括航空、高铁、高速公路，通过“快进”交通将游客导入“慢游”交通旅游景观网络体系，包括“慢游”交通网络、视域空间和辐射空间。其中，“慢游”交通网络包括了机动化慢游道、景观性慢游道以及慢游交通设施，辐射空间即通过“快进慢游”能够直接连通的旅游景区、旅游接待设施或其他旅游资源。

其次，旅游者从客源地，可以采用“快进”或“慢游”交通方式到达目的地城市，在目的地城市内，通常采用景观性慢游通道进行慢游活动，包括自然景观性慢游道和人文景观性慢游道；另一种情况是，到达目的地城市后，经过机动化慢游通道进行慢游活动，机动化的慢游通道则包括了旅游风景道、旅游铁路和旅游航道等。此外，慢游设施是快进高速公路交通、机动化慢游道与景观性慢游道都需要配套的交旅融合型附属设施。

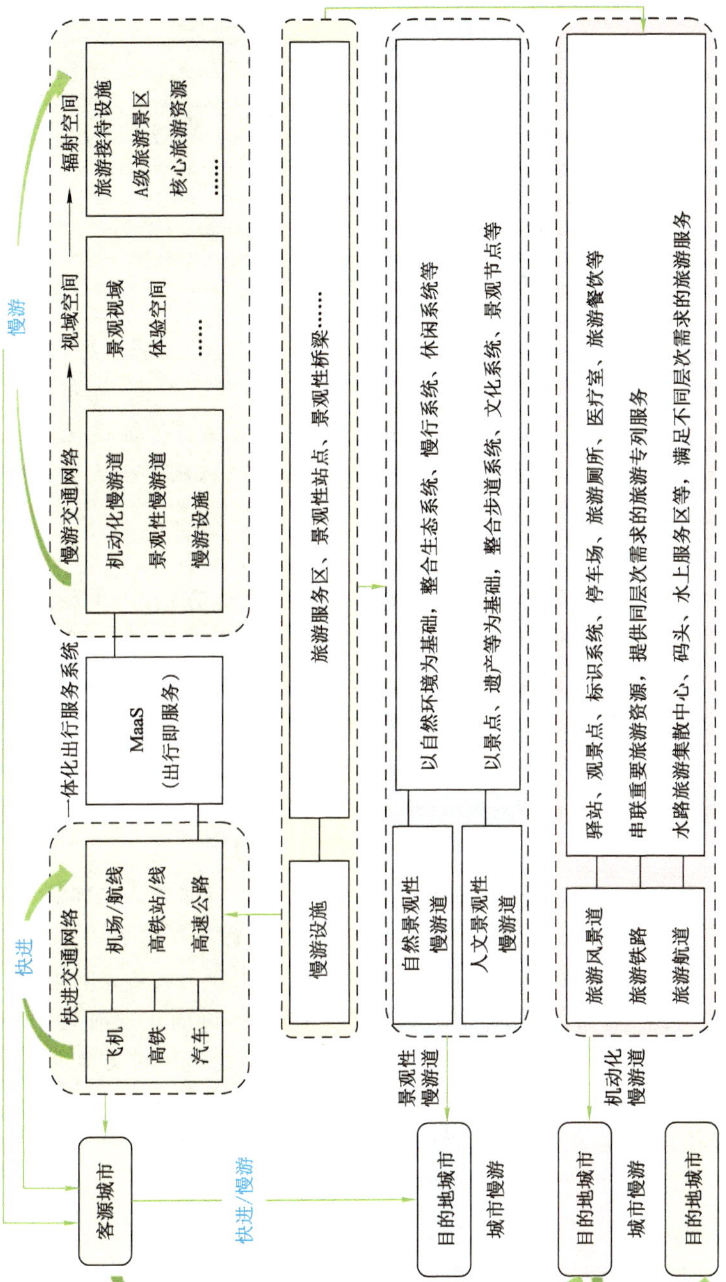

图8-2　“快进慢游”旅游交通景观网络体系构建

再次，MaaS 服务是集成“快进慢游”体系一体化的出行服务系统，与自驾享受“独自浪漫”相比，MaaS 更加凸显绿色低碳理念。

8.2 长三角城市群“快进慢游”景观服务的经济福祉

8.2.1 快进交通重塑交旅产业发展格局

交通可达性是制约旅游决策的重要因素之一，“快进”交通包括航空、高铁、高速公路等高速交通，高速交通的发展极大提升了大尺度、远距离旅游目的地的空间可达性。高速交通通过其网络化及外部性特征加速旅游人力资本、旅游要素流扩散的强度和辐射范围(郭向阳，2022)，从而扩大和重塑了旅游产业的发展格局。

(1) 航空

随着航空逐渐成为旅游者出行时选择的重要交通方式，对于旅游城市而言，是否有便利的空中交通条件成为开展大规模国际旅游业的前提，航空运输业的发展程度也成为衡量各国旅游业发展水平的重要标志(王辉 等，2010)。经过多年的建设，截至 2021 年年底，我国境内共有运输机场 248 个，相比 2010 年的 175 个增加 73 个。通用机场 370 个，相比 2010 年的 43 个增加 327 个。根据“十四五”民用航空发展规划，到 2025 年中国民用运输机场数量将达到 270 个以上，将对我国旅游行业形成更有力的支撑。

我国机场的名称大多与地名相关，部分机场直接以旅游景区命名，如九寨黄龙机场、稻城亚丁机场、安顺黄果树机场等。以旅游景区命名的机场大部分属于支线机场，支线旅游航线的开通不仅可以吸引更多的游客到旅游地本身，而且可以增加这些旅游地与其他旅游地的联系强度，进而扩大对其他旅游目的地的辐射和带动作用。这种辐射和带动作用可以通过两种方式来实现：一是通过采用中枢辐射式的航线模式，使支线机场间的联系加强，从而使支线机场周围的旅游地相互间的联系加强，游客从一个旅游地到另一个旅游地的可能性和吸引力增大；二是通过主要旅游目的地之间的直接航线联系，使两个旅游地间的联系加强，从而将核心旅游目的地的游客吸引到这些直接相联系的旅游地去(方贵金，2007)。

就长三角地区而言，长三角地区规划形成包括上海国际航空枢纽，杭州、南京、合肥区域航空枢纽等在内的世界级机场群，为国内外游客抵达长三角地区旅游提供了优越的航空条件。上海浦东机场是我国境内(不含香港、澳门、台湾)国际旅客吞吐量最大的机场,2019 年旅客吞吐量 7 615 万人次,仅次于首都机场,但国际、地区旅客吞吐量为 3 850 万人次,占比超过 50%,对于支撑长三角建设世界级旅游目的地起到重要作用。江苏省目前已形成"两枢纽、一大、六中"的运输机场布局,10 个地级市拥有运输机场。浙江省、安徽省分别拥有 8 个、6 个运输机场。在长三角运输机场中,连云港花果山机场、舟山普陀山机场、池州九华山机场、安庆天柱山机场直接以旅游景区命名。浙江省通用机场与旅游资源结合紧密,在已取证的 5 座通用机场中有 4 座机场与著名景区结合建设,包括建德千岛湖通用机场、东阳横店通用机场、安吉天子湖机场、德清莫干山机场等。

(2) 高速铁路

随着我国高速铁路的飞速发展,高铁已经成为 800 km 以内出行的首选。至 2022 年年底,长三角三省一市的高速铁路里程超 6 600 km,覆盖三省一市 95%的设区市,总里程位居全国主要城市群首位;其中江苏高铁里程超 2 200 km,占长三角高铁里程三分之一。在高铁已经形成网络的城市群地区,旅游部门已经充分利用高铁和旅游融合,推出了众多的高铁旅游产品。2020 年起,长三角地区苏浙皖文旅管理部门就开始依托快速便捷的高铁网络和丰富多样的资源配套,设计了 60 条长三角"高铁+"旅游产品线路、6 条长三角"高铁+"跨省主题游线路以及长三角"高铁+"自由行专列行动计划。近 300 条产品线路中,筛选、组合出了 30 条"高铁+景区门票"快捷旅游产品线路、30 条"高铁+酒店"快捷旅游产品线路以及 6 条高铁跨省主题旅游产品线路。其中,"高铁+景区门票"快捷旅游线路包含了世界自然或文化遗产、国家 5A 级景区、国家级旅游度假区、著名文博场馆、旅游新业态等丰富的文旅资源;"高铁+酒店"快捷旅游产品中,既有景观与文化并重的度假式酒店,也有性价比较高的度假村,还有深耕山野中的精品民宿,为广大消费者出游提供多样化的选择。

(3) 高速公路

随着我国高等级公路的持续开发建设、人民生活水平的不断提高以及汽车文化的普及,自驾游逐渐成为旅游业的主流。截至 2019 年年底,全国 66 个城市汽车保有量超过百万辆,私家车保有量突破 2 亿辆。马蜂窝大数据显示,2022 年自驾游用户增长至 79%,较 2021 年同比增长 9%;出游消费者中,周边游用户占比为 89%;在自驾游消费客源城市中,长三角城市群中的上海、杭州、南京位居全国前十名,浙江、上海和江苏位于全国自驾游消费客源省份前十名。由这些数据可见，长三角城市群自驾周边游具有巨大的消费市场，尤其是至2022年长三角三省一市的高速公路网规模已经达到1.6万km，实现了陆域县县通，长三角高速公路与自驾游必将有更加深度的融合发展空间。

8.2.2 景观性慢游道促进旅游资源网络化

非机动化交通是旅游的必经环节，绝大部分景点需要采用步行、骑行等慢行交通方式到达或游览。景观性慢游道就是指以自然或人文线型景观为基础，采用步行、自行车等非机动化交通方式进行旅游休闲活动的通道。景观性慢游道与当下实践应用中的“绿道”内涵十分相似，都包含了生态、游憩、文化、美学及土地的可持续发展等相关概念、多重目的的规划设计及管理。在全域旅游和旅游高质量发展的时代背景下，慢行旅游交通(绿道)规划设计已经成为融合城市生态系统服务和游憩功能的重要空间手段，并在国土空间规划和城市规划中得到广泛应用(叶洋洋 等，2019)。

绿道是发达国家为了解决城市环境恶化问题、丰富居民的游憩和交往空间，在保护自然生态的基础上改善人居环境所提供的一种线性交通空间。奥姆斯特德在1867年所做的波士顿系列规划被公认为是第一次真正意义上的绿道规划，至今已有超过150年的历史。发达国家对绿道理论的深入研究可以追溯到20世纪90年代，此时已有大量绿道建设项目投入使用，在1987年绿道的概念被美国户外旅游总统委员会认可。21世纪初我国开始对绿道进行深入的理论探讨，园林学界俞孔坚教授和刘滨谊教授等率先对绿道进行系统性的研究(胡剑双 等，2010)。

绿道在中国真正的实践活动从2009年珠三角绿道网建设开始(秦小萍 等，2013)，《珠江三角洲绿道网总体规划纲要》是中国有关绿道的第一个官方文件，是我国首次在区域尺度对绿地进行系统和综合利用规划的尝试(王凯 等，2019)。广东省绿道规划设计指引等配套技术指引，则是中国第一个有关绿道规划设计的技术指引(马向明，2019)。珠三角绿道网的建成标志着我国绿道由理论研究走向了实践应用。从2010年开始，北京、浙江、江苏、安徽等10多个省、市、自治区也开始了各具特色的绿道规划与建设，例如浙江省绿道网规划、杭州市绿道、温州市域绿道网专项规划、成都绿道、武汉绿道等。由表8-2可知，我国各地在多年的规划建设实践中，将绿道与本土特色结合，形成了充满地域特征的绿道体系。2016年，住房和城乡建设部颁布《绿道规划设计导则》，标志着绿道在中国形成了官方的标准。

表 8-2　我国绿道建设部分实例

地区	绿道名称	绿道结构与特征
广东省	—	慢行游径融合生态服务与游憩功能，建设 3 800 km 绿道、2 000 km 碧道、1 000 km 登山步道、180 km 的城市“翠环”、11 条南越古驿道、10 km 云道等(邓兴栋 等，2022)
福建省	福道	福道即福州城市森林步道，以福建省地质地貌、田野风光、山林原野和历史文化为特征，顺应山形水势，融合了绿色出行、生态保护、游憩健身、文化展示等复合功能
四川省成都市	天府绿道	包括“一轴、两山、三环、七带”的 1 920 km 区域级绿道、5 380 km 城区级绿道、9 630 km 社区级绿道，其中标志性主题绿道有环城生态绿道、熊猫绿道、锦城绿道、LOHAS 绿道等
湖南省岳阳市	—	以“揽胜巴陵、行走江湖”为目标，构建“沿河连湖、沿山连景、绿道成网”的绿道体系，充分利用长江、洞庭湖等自然资源禀赋，营造山水城市绿道链的特色

就长三角地区而言，在绿道建设上，浙江起步较早。2003 年，杭州市在实施市区河道整治时，探索在绿化带内铺设慢行道。之后，浙江在建设生态省中提出要将生态省里所有的江河湖泊、风景名胜、郊野空间、历史村落等自然和人文资源的“明珠”串联起来。2012 年，浙江启动绿道网建设工作，编制了省级绿道网布局规划，成为全国两个编制省级绿道规划的省份之一。截至 2022 年，浙江全省绿道共 1.7 万 km。无论是绿道的密度，还是每万人绿道拥有的长度，都在全国名列前茅。

2015 年上海启动《上海绿道专项规划(2035)》，各区也陆续编制了区级绿道专项规划。上海的绿道主要分布于外环林带、黄浦江滨江空间、苏州河滨水空间以及各社区公园、绿地之中。上海市绿道建设重视将绿道和城市人文内涵结合，例如苏州河绿道普陀段结合“苏河十八湾、湾湾有故事”的人文内涵，注入历史、文化、艺术、科技等元素，使行人在慢行中与过去、现在和未来对话，营造“漫步绿道就是在阅读城市”的绿道文化。根据《上海市生态空间专项规划(2021—2035)》，到 2035 年，上海绿道总长度将超过 2 000 km。截至 2022 年上海市已建成 1 538 km 绿道。

江苏省众多城市也开展了绿道网规划和建设工作，2019 年《南京市绿道总体规划(2019—2035 年)》获南京市政府批复，规划在南京市域形成江南江北相对独立、环带相接、串点连景的两个绿道结构。其中，市级绿道共 16 条，规划总长度约 1 099 km;区级绿道是在各区范围内连接绿道主线的绿道支线,规划总长度约 1 563 km;社区绿道主要是在社区或绿地内部形成的绿道微循环系统,主要服务于周边居民。2022 年《无锡市绿道网规划》提出到 2035 年,形成“湖山融城、九水归心”的山水城绿道网格局,建成 48 条蜿蜒曲折、相互通达的绿道,让近 800 km 的绿道贯穿市域、服务百姓生活。

8.2.3 机动化慢游道助推交通旅游化升级

机动化慢游道是指采用汽车、火车、动力轮船等机动化交通方式进行旅游体验活动的路径,主要包括旅游公路、旅游铁路、旅游航道三类。

(1) 旅游公路(风景道)

旅游公路即旅游风景道,不同于“快进”交通中的高速公路,旅游风景道是沿线具有优美景观的慢游公路,更多承载服务功能、生态功能,成为旅游产品或旅游产品的一部分。

《全国生态旅游发展规划(2016—2025 年)》(发改社会〔2016〕1831 号)首次在政府文件中提出建设国家风景道,指出按照主题化、精品化原则,加强生态风景道沿线资源环境保护,营造景观空间,建设游憩服务设施,完善安全救援体系,优化交通管理,实现道路从单一的交通功能向交通、美学、游憩和保护等复合功能的转变。《全国生态旅游发展规划(2016—2025 年)》提出建设 25 条国家生态风景道,穿越四川、西藏、陕西、重庆等共 25 个省市,与长三角城市群相关的共有 3 条,具体见表 8-3。从已有国家风景道的特点来看,都具有“美在路上”和“串联景点”功能,不仅沿路本身具有风景大道的特点,还串联了众多的旅游城市。

表 8-3 与长三角城市群相关的国家生态风景道

序号	名称	沿线节点
1	大运河风景道	浙江宁波、绍兴、杭州、湖州、嘉兴,江苏苏州、无锡、常州、镇江、扬州、淮安、宿迁
2	东南沿海风景道	浙江杭州、宁波、台州、温州,福建福州、厦门,广东汕头、深圳、湛江,广西北海
3	华东世界遗产风景道	安徽九华山、黄山,浙江开化钱江源、江郎山,江西上饶,福建武夷山、屏南白水洋

资料来源:《全国生态旅游发展规划(2016—2025 年)》。

在国家风景道外，长三角各地还积极规划省、市级的旅游公路和风景道。例如，2017 年，江苏省旅游局等 5 部门联合行文，命名了 13 条首批旅游风景道，其中有 9 条旅游风景道在长三角城市群区域中，具体见表 8-4。

表 8-4　长三角城市群江苏区域首批“旅游风景道”

序号	名称	沿线城市
1	南京紫金山绿色长廊旅游风景道	南京
2	南京老山十里画廊旅游风景道	南京
3	南京江宁西部乡村旅游风景道	南京
4	无锡宜兴张灵慕乡村旅游风景道	无锡
5	太湖旅游风景道(苏州高新区段)	苏州
6	苏州金鸡湖环湖旅游风景道	苏州
7	常州溧阳 1 号公路旅游风景道	常州
8	盐城东台黄海森林公园旅游风景道	盐城
9	镇江茅山景区九龙山旅游风景道	镇江

2022 年，浙江省交通运输厅公布了浙江省首批“十大最美农村路”，开展“看浙路好风光”的主题活动，其中有 8 条位于长三角城市群中，具体见表 8-5。

表 8-5　长三角城市群浙江区域首批“最美农村路”

序号	名称	沿线城市
1	杭州市余杭槽桥至雅城公路	杭州
2	宁波市余姚莫家湖至大岭顶公路	宁波
3	温州市洞头三盘桥头至白迭公路	温州
4	湖州市环太湖公路	湖州
5	绍兴市柯桥平水至王坛公路	绍兴
6	金华市义乌东关至黄宅公路	金华
7	舟山市普陀晓晖至朱家公路	舟山
8	台州市仙居环神仙居公路	台州

2022 年，安徽省公布首批 8 条“安徽省旅游风景道”，旨在推动文旅、交通、林业融合发展，其中有 4 条位于长三角城市群范围内，具体见表 8-6。

表 8-6　长三角城市群安徽区域首批“旅游风景道”

序号	名称	沿线城市
1	皖南川藏线旅游风景道(宁国—泾县)	宣城
2	江淮分水岭风景道·滁州江淮岭脊线	滁州
3	九华秘境风景道	池州
4	“繁昌慢谷”旅游风景道	芜湖

在旅游风景道的规范标准方面,安徽省在全国率先发布《安徽省旅游风景道认定基础条件》,提出旅游风景道应具有 5 个必备条件:“看得清”“进得畅”“停得下”“玩得好”“留得住”,分别从视域范围与观赏性、可进入性、停车及换乘服务、沿线旅游业态与产品、旅游元素构成等方面为各地建设旅游风景道提供了参考依据。

(2) 旅游铁路

旅游铁路是铁路旅游的交通基础设施与旅游线路,一般指“慢游铁路”。铁路旅游是旅游者以列车为主要交通工具,以实现客源地与目的地之间、旅游目的地与目的地之间的空间位移转化为基础,以提供独特的铁路旅游经历和服务为吸引物的旅游方式(李曦,2008)。在“快进慢游”的交旅融合模式中,高速铁路满足旅客“快进”需求,而交通门户与景区、景区与景区间的“慢游”铁路主要承担着为旅游者提供旅游经历和服务的功能。旅游铁路不以快捷为目的,而是以整合沿线旅游景观或挖掘铁路文化突出体验性和感受性为特征。

目前欧洲的旅游铁路发展较为完善,旅游铁路一般修建在风景优美的地区,例如著名的瑞士冰川观光铁路(Glacier Express),连接瑞士的圣莫里茨(St-Moritz)和策马特(Zermatt),全程约 300 km。从瑞士东部到西部的阿尔卑斯山,这条铁路穿过阿尔卑斯山的中心地带,跨越 291 座桥梁、穿过 91 条隧道。铁路沿线既有悬崖峭壁和峡谷深渊的险峻,也有田园风光,最高会到达海拔两千多米的欧伯拉普隘口(Oberalp Pass),而这一切,都将通过全景车窗展现在你的眼前。为了让游客尽可能的延长游览时间,平均时速限制在 45 km 以下,全程约 8 h。日本旅游铁路也很发达,已经脱离纯粹的交通工具用途,开发出了相关的旅游载体功能。以“只见线”为首的很多铁路,都囊括了交通及游览。城市与城市之间的连接特别密切,不仅如此,还有发达的乡村本地线,从而带动了沿线很多相关经济。

我国目前旅游铁路仍处于发展的起步阶段。主要是各地铁路部门利用既有线路,结合铁路沿线的旅游资源特点,开行旅游专列。旅游专列是指连接具有代表性的景点，具有定时、定点、定线等特点的铁路线路，把多个旅游景点串联起来，满足游客“一线多游”“夜行日游”的需求，沿途还可以欣赏迷人的风景。如新疆的“坐着火车游新疆”旅游列车品牌，包括“环游北疆”“畅览南疆”“南北疆环游”“新东方快车”等旅游专列产品。

对于长三角地区而言，“铁路＋旅游”的融合主要仍以“快旅慢游”为主，即“高铁＋旅游”组合形成“快旅”，进入目的地后继续“慢游”。例如 2023 年 4 月 6 日，200 余名团队游客乘坐上海假日列车“六安号”首发前往安徽六安，开启为期 5 天 4 夜的“记录春光里、寻游大别山”之旅。

(3) 旅游航道

自古以来，航道就是人们旅行的主要交通方式。2019 年国务院印发的《交通强国建设纲要》提出要推动旅游航道等发展；2020 年交通运输部印发《内河航运发展纲要》，更明确提出了高品质内河水上客运旅游化、舒适化、客滚化的发展目标，要求城市打造高标准的内河精品航线、丰富完善水上旅游客运多样化产品。

2021 年 10 月，交通运输部公布了我国首批 50 条水路旅游客运精品航线，包括了城市景观游、自然景观游、特色文化游和沿海观光游，其中与长三角三省一市范围相关的航线共有 10 条，具体见表 8-7。

表 8-7　长三角三省一市范围内的国内水路旅游客运精品航线试点

序号	试点类型	省份	试点航线及船舶名称
1	城市景观游	上海	试点航线：浦江游览精华观光游航线 船舶名称：“君子兰号”等
2	城市景观游	江苏	试点航线：南京五马渡魅力滨江游航线 船舶名称：“长江传奇”轮
3	城市景观游	浙江	试点航线：品味宋韵—运河钱塘江联游航线 试点船舶：“拱宸邀月号”等
4	自然景观游	江苏	试点航线：东山长折码头—三山岛先奇码头航线 船舶名称：“太湖山水号”等
5	自然景观游	安徽	试点航线：万佛湖码头—燕子岛—周瑜岛—龙王岛航线 船舶名称：“文翁号”等
6	特色文化游	上海	试点航线：初心启航 · 浦江红色文化游航线 船舶名称：“浦江游览 6”轮

表 8-7(续)

序号	试点类型	省份	试点航线及船舶名称
7	特色文化游	江苏	试点航线:大运河夜景游航线 船舶名称:“翔宇 8 号”等
8	特色文化游	浙江	试点航线:(南湖会景园—狮子汇—湖心岛—南湖水上课堂—南湖革命纪念馆)新时代“重走一大路”航线 船舶名称:“杉青号”等
9	特色文化游	安徽	试点航线:新安江—千岛湖皖浙省际航线 船舶名称:“新安客 1 号”等
10	沿海观光游	浙江	试点航线:“慈航普渡,情满旅途”朱家尖—普陀山精品客运航线 船舶名称:“新海华 62”等

浙江省在旅游航道的发展规划上走在了长三角地区前列。2021 年 6 月,浙江省交通运输厅印发《浙江省水运发展“十四五”规划》,明确提出积极推动旅游航道发展,结合大运河文化和浙江四条诗路文化带建设,打造具有浙江特色的交旅融合人文品质旅游航道。践行“绿水青山就是金山银山”的理念,谋划推进梅湖线安吉市区段旅游航道建设。加快推进长三角生态绿色一体化示范区嘉善片区旅游航道建设,开展旅游航道试点示范。结合美丽航道沿线滨河景观、城市风貌、文化资源、特色产业等,谋划推进浙东古运河、曹娥江、瓯江中上游等旅游航道建设,形成一批各具特色、引领示范的旅游航道。支持山区 26 县具备条件的地区建设旅游航道,提升山区旅游品质。

8.2.4 慢游设施主题化打造延长体验时间

我国高速公路服务区作为旅游“快进”交通系统的“驿站”,正由单一功能向复合功能转变。服务区不再只是司乘人员短暂停留的空间,而是集旅游集散、观光、餐饮娱乐、对外交流和文化展示等为一体的多功能场所。服务区业态不断发展演进,正逐步转变为商业综合体,甚至是“慢游”目的地,对旅游业的带动和发展作用愈加凸显,成为新的交旅融合增长点。

中国公路学会分别于 2019 年和 2021 年评选出两届全国高速公路旅游服务区,共评选出“全国旅游主题服务区”11 处、“全国旅游特色服务区”27 处,其中位于长三角城市群地区的服务区具体见表 8-8。

表 8-8　长三角城市群地区的旅游服务区

评选活动	评选类型	所属地区	服务区名称
“2019 全国高速公路旅游服务区”评选	全国高速公路旅游主题服务区	江苏苏州	阳澄湖服务区
		江苏常州	芳茂山服务区
	全国高速公路旅游特色服务区	浙江嘉兴	嘉兴服务区
		安徽池州	九华山服务区
第二届全国高速公路旅游服务区评选	全国高速公路旅游主题服务区	江苏扬州	扬州广陵服务区
		浙江绍兴	绍兴服务区
	全国高速公路旅游特色服务区	江苏南京	东庐山服务区
		安徽合肥	巢湖服务区

以芳茂山服务区为例简要介绍，如图 8-3 所示，江苏常州芳茂山服务区以“梦回侏罗纪，乐享芳茂山”为主题，整个服务区依托龙控集团打造恐龙文化的专业经验，使功能建筑、园艺景观、室内装帧、商业展陈均与恐龙主题交相呼应。芳茂山恐龙主题服务区借助空间环艺、光影科技、互动游乐及沉浸式体验等形式，将恐龙主题融入饮食、购物、娱乐等各种经营业态，通过一大批国内外知名品牌为顾客带来视觉和味蕾的双重享受，并让顾客在用餐、购物、休憩之余，获得更为丰富的体验感(孙林枫，2019)。自从装修成恐龙主题服务区之后，车辆平均停靠时长从 25 min 延长到 35 min。

图 8-3　芳茂山旅游主题服务区
(图片来源：网络)

主题或特色服务区通过创新其传统业务，延伸服务区的服务内容，逐步真正实现了旅游元素的呈现与转型。一般来说，高速公路服务区的交旅融合，主要从 4 个方面体现：① 对周边的人文、自然、商贸等资源进行充分研究，避免同质化竞争；② 从商业运营的角度策划业态、规模和经营模式，更有针对性地拓展旅游功能；③ 注重建筑内外空间序列组织和环境景观设计，力求建筑与环境的有机融合，并综合考虑服务区内外交通衔接和商业、旅游业态等多种功能布局；④ 参照城市综合体，建立专业运营团队，实行标准化运营模式，保障服务区的设施环境卫生和商旅服务水准，使旅客在服务区也能感受到城区同等的高质量服务（李扬，2022）。

8.2.5 公路交通衍生线型旅游体验新空间

当自驾游越来越受到旅游者的青睐，“快进”交通中的高速公路、“慢游”道路中的旅游风景道等公路交通，可以通过有效串联道路沿线的旅游资源、合理布局沿线基础设施和旅游设施，以及辐射广袤空间的旅游资源，从而形成点、线结合而成的线型旅游体验新空间。其概念图如图 8-4 所示。

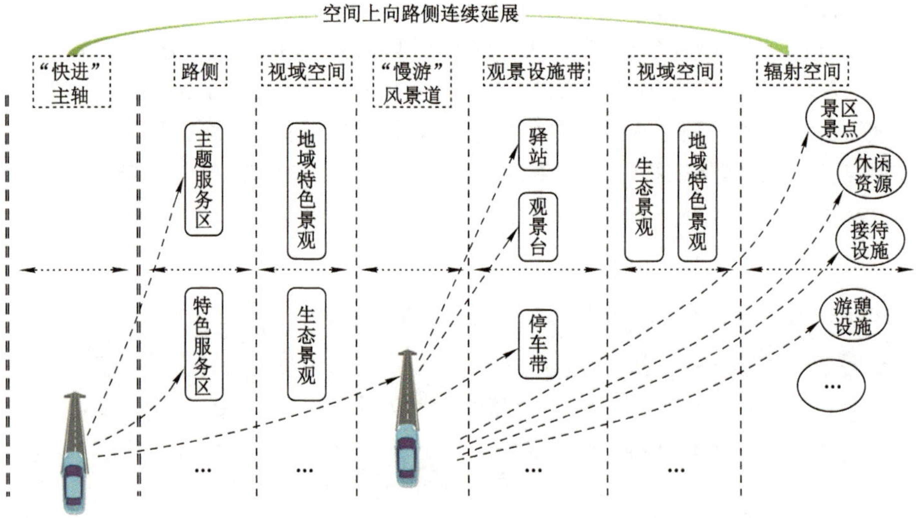

图 8-4 线型旅游体验空间构成概念图

通过图 8-4 可知，传统单一行驶功能的公路交通，已经与旅游元素充分融合，并成为一种开敞的、线型的、绿色的、符合景观生态美学和关注行驶体验的新型旅游体验空间。这种旅游体验空间在公路交通的基础上，能够将沿线以及空间能够直接延展到的旅游资源、接待设施、旅游风景道、产业集聚区等串联起来，形成“公路＋旅游”融合发展的新型旅游目的地。

此外，无论是“快进”主轴两侧，还是“慢游”风景道沿线，需要有附属设施或观景设施等基础设施、旅游设施相配套，如高速公路沿线的主题/特色服务区、旅游风景道沿线的驿站、停车带、观景台、接待设施等，这些设施的地域化、特色化打造，丰富旅游业态的融入，能够充分激发旅游者的体验兴趣，延长旅游者的体验时间，提高旅游者的消费水平，从而促使“流动”的公路交通嬗变为体验的“停留”空间。

8.3　长三角城市群“快进慢游”景观服务的环境福祉

8.3.1　自然景观性慢游道有效串联城市绿地

（1）滨水游憩绿道/碧道/蓝道

景观性慢游道包括自然景观性和人文景观性慢游道，以生态和自然环境为基础的慢游道即自然景观性慢游道，包括了河流保护型绿道、自然山脊型绿道等。但由于绿道在我国的实践发展只有不到20年的时间，因此各地在具体发展中使用的绿道名称和分类也不尽相同。例如，河流保护型绿道在《南京市绿道详细规划（2020—2035年）》中称为滨水游憩绿道，指依托长江、秦淮河等滨水空间建设的绿道类型。广东省则在绿道的基础上，结合水道资源优势，提出了“碧道”规划，认为碧道是统筹山水林田湖草系统治理，以水为纽带，以江河湖库及河口岸边带为载体，统筹生态、安全、文化、景观和休闲功能建立的复合型廊道。《长三角生态绿色一体化发展示范区国土空间总体规划（2021—2035年）》中提到，依托骨干河道和重要湖荡，构建富有水乡特色、功能多样、舒适宜游的蓝道系统。

尽管名称不一，但各地在滨水游憩绿道的建设中已经付出了实实在在的努力。例如，2022年初，浙江钱塘江绿道成为浙江首个完全贯通的城市主要水系绿道，也是全国目前已建成的最长沿江（河）连续绿道，主线长度约751 km，串联起钱塘江、富春江、新安江、千岛湖一线山水景观资源，大大拉进了人与自然及各类山水奇景的距离，如图8-5所示。

（2）森林景观绿道/登（环）山道

自然山脊型绿道在南京绿道的规划中称为森林景观绿道，即沿着山地丘陵建设的绿道类型，一般包括登山道、环山步道等。

以南京市环紫金山绿道为例，环紫金山绿道全长约29.9 km，从2013年

图 8-5　钱塘江绿道
（图片来源：网络）

开始建设，到 2018 年年底基本建设完成。该绿道系统将沿线的多个公园以及历史文化节点纳入其中，提供健身休闲、享受惬意慢生活的平台，充分凸显紫金山“绿肺”的生态、环保价值。2022 年，环紫金山绿道被评为南京市“最美绿道”，如图 8-6 所示。

图 8-6　环紫金山绿道
（图片来源：网络）

（3）云道

2021 年 9 月 2 日，广东省中山自然资源局发布了《〈关于在我市加快推进云道建设，增添文旅交融新地标的建议〉回复函》，提出云道是创新形式的绿道，是由地面步道、空中步道、木栈道多形态构成的城市复合型慢行系统工程。

目前，我国已建的云道主要集中在广东和福建省。如图 8-7(a)所示，广州白云山云道，正式名称为“白云山麓湖越秀山连通工程”，于 2020 年 5 月 1 日正式开放，串联广州城区内八大城市公园。其功能是打破道路分割，将原来被城市道路分割的景点有机衔接。又如图 8-7(b)所示，福州福道，全称“福州城市森林步道”，以架空栈道为主，位于福州市中心，贯穿福州五大公园，主要承担市民步行休闲健身及森林公园游玩功能。

(a) 广州云道

(b) 福建福道

图 8-7　广州云道和福建福道
（图片来源：网络）

云道的建设，能够通过绿色无障碍路径，将城市低效的灰空间转化为全民共享的积极空间，打通慢行的断点，并为市民提供更多的绿色开放空间，提升城市景观和功能品质，必将成为未来串联城市自然山水与文化脉络，促进旅游业更高质量发展的重要途径。

8.3.2　自然景观性慢游道发挥生态廊道价值

廊道是不同于周围景观基质的线状或带状景观要素（傅伯杰 等，2011），植被、水体、地形或是经过生态建设的人工道路等是构成生态廊道的主要组成部分（林琨，2015）。城市生态廊道是由生态廊道的理念衍生而来，按其生成的方式可以分为三类：自然廊道、人工廊道、自然-人工廊道。那么，自然景观性慢游道即属于自然-人工廊道。云道、蓝道、绿道等自然景观性慢游道需要有效串联城市的诸多景观节点，成为城市空间的纽带，因此一般而言，城市自然景观性慢游道在空间上是连续的，且向多样化、立体化方向发展。这些城市自然景观性慢游道不仅为本地居民提供了良好的休闲、游憩场所，具有丰富的人文内涵与景观美学功能，而且在城市生态可持续性上还具有重要作用。首先，具有一定宽度的城市自然景观性慢游道能够形成动物迁徙廊道，对城市生物多样性保护具有重要意义。其次，城市自然景观性慢游道能够为新鲜空气及污染物形成通风廊道，缓解城市的热岛效应，从而有效改善城市气候。

例如，上海大都市圈规划将区域绿道与区域生态廊道统筹考虑，充分体现生态优先、生态筑底的基本原则，提出绿道与生态廊道结合的发展策略。首先，结合骨干河湖和道路，打通区域生态廊道。贯通沿海生态带、长江生态带、钱塘江生态带，充分依托黄浦江、京杭运河、吴淞江、红旗塘、南溪河等现有河流形成沿河生态廊道，构建完整的区域生态廊道体系。其次，结合生物多样性要求，在满足最小廊道宽度的基础上，因地制宜扩展生态空间。再次，整体修复廊道内水质、林相、土壤等生态环境，最大化地提升廊道生态品质(刘博，2022)。

8.3.3 MaaS服务模式体现绿色出行理念

在“快进慢游”体系中，除了自驾交通，旅行者必然需要使用公共交通方式。那么，如何更好地整合各类不同交通方式，尤其是公共交通方式，为出行者提供便捷、高效的一体化出行服务是为旅行者提供更好体验的重要方面，也是在总体上提高公共交通等绿色出行方式的重要手段。“出行即服务”(MaaS，Mobility as a Service)是一种交通出行服务模式，强调利用公共交通的一站式出行，减少私家车通行，为出行者提供更加便利的出行服务，同时在总体上减少交通拥堵。MaaS建立在移动互联技术和共享经济理念基础上，融合了共享交通与公共交通等出行方式。核心理念可以简单概括为“一次支付”“一票到底”“一个App”。

MaaS概念最早出现于2014年芬兰赫尔辛基召开的欧盟ITS大会上；2015年法国波尔多召开的世界ITS大会上成为交通领域流行的主题。芬兰的Whim公司是世界上第一个MaaS运营服务商，为赫尔辛基市民提供各种出行方式服务，包括出租车、租车、公共交通、共享单车等，未来将增加城际出行方式(火车、长途汽车等)和共享汽车等。MaaS出行的“一站式”“便捷出行”“智慧出行”“绿色出行”“品质出行”的服务理念与交旅融合的要求不谋而合。在城市旅游场景中，MaaS系统能够整合城市公共交通系统与旅游景区的动态情况，提供出行前、出行过程、出行后三个阶段的服务内容。

2022年10月，上海市绿色出行一体化平台“随申行”App上线。一个App就集合了公交、轨道交通、轮渡等公共交通以及一键叫车、智慧停车等出行服务。这意味着上海MaaS系统正式面向公众提供服务。据介绍，当前版本的“随申行”App的公共出行服务覆盖了上海1 500多条公交线路和17条轮渡线路，打车服务接入了上海市出租车统一平台，停车服务覆盖了上海89万个公共泊位。此外，用户如果申报白名单成功，即可在11条轨道交通线路的指定闸机刷“随申码”乘坐地铁。根据规划，“随申行”App还将逐步接入网约车、共享单车、省际客运等服务，进一步覆盖江苏、浙江、安徽等长三角地区。

8.4　长三角城市群"快进慢游"景观服务的文化福祉

8.4.1　人文景观性慢游道保护线性文化遗产

人文景观性慢游道与道路廊道遗产的概念相似，在遗产保护对象由遗产本体向周边环境和视觉廊道扩展的基础上，逐渐形成了通过修复活化古代道路(古道)的方法发挥绿道、文化线路、遗产保护与传承的多重作用(李飞 等，2016)。

在长三角城市群地区，已经实现了部分古道的旅游化打造与开发。2018年，长三角古道旅游联盟成立，发布了"徒步历史"的长三角古道保护(宁国)共同宣言。表8-9列举了长三角城市群地区的部分较为著名的古道。通过合理开发利用，这些古道的原生姿态以及廊道沿线的文物古迹、遗产等均被最大限度地得以保护。

表8-9　长三角城市群部分著名古道概况

序号	名称	位置	特征
1	徽池古道	安徽安庆市至黄山市之间的山道	我国除茶马古道以外的，又一条保存最完好、沿途生态环境最优美的徽商古道。目前为池州市第五批市级文物保护单位
2	霞客古道	浙江部分途径宁波市宁海县、天台县和绍兴新昌县	古道两侧多为名胜古迹，有"浙东唐诗之路"发祥地之美誉，沿途植被茂盛，生态环境好，传说故事众多，人文底蕴深厚
3	吴越古道	五代十国时期吴越(杭州临安)与南唐(宣城宁国)的主要通道	国内十大经典徒步线路之一，沿途自然风光旖旎，山水奇秀。目前为国家3A级旅游景区
4	徽杭古道	起于宣城绩溪县，止于杭州临安县	古时徽商和浙商互通贸易的重要通道，沿途自然风光秀美，历史文化底蕴深厚。目前为国家4A级旅游景区、第七批全国重点文物保护单位

表 8-9(续)

序号	名称	位置	特征
5	陆羽古道	地处湖州市吴兴区妙西镇西南部	曾是茶圣陆羽问茶求道之路，也是当时香客上香、村民进山之路，是陆羽茶文化孕育、诞生、发展、传播、交流过程中所留下来的线性文化遗产，具有深厚的文化底蕴
6	上青古道	古时嵊州一带通往绍兴的唯一官道，也称会稽古道	集自然风光和历史文化于一体，有被誉为“江南第一名茶”的绍兴平水珠茶以及精美的绍兴丝绸
7	红枫古道	浙江温州市文成县境内	红枫与古道一同蜿蜒盘绕在群山之中，形成独特的人文景观
8	天字古道	湖州市吴兴区埭溪镇境内	古道目前位于天字山生态旅游景区内，林木茂盛，幽深雅静，人文底蕴深厚
9	贡茶古道	起于湖州市水口金山村，止于夹浦北川村	因古时为紫笋贡茶运送线路而得名，沿途溪水潺潺，翠竹青青

8.4.2 景观地域文化设计助力文化赓续传承

(1) 以慢游设施——景观性桥梁为例

景观桥梁是指能唤起人们美感的、具有良好视觉效果和审美价值、与桥位环境共同构成景观的桥梁，它既可成为一定环境的主体，也可成为景观环境的载体(项海帆，2011)。随着交通旅游融合度的提高，桥梁景观作为旅游线路或者旅游城市的重要标志之一，在交旅融合中发挥着重要的作用。景观桥梁承载着传承地域旅游文化的历史使命，对于彰显区域历史文化、宣扬时代精神，并使之成为当今交通旅游中新的增长点是交通规划和建设者的重要诉求(宋福春 等，2019)。

景观性桥梁的设计主要从两个方面实现交通旅游融合。首先，在城市规划或区域旅游规划阶段，提出交旅融合的概念。桥梁的景观设计既符合疏散交通的通行性的功能要求，又能符合区域旅游的规划。其次，融入桥梁所在区域的旅游文化。对景观桥梁所处地域的旅游文化进行深入挖掘，准确把握其特征并进行抽象提取，获得景观桥梁造型设计的线形元素。旅游文化包括桥梁所在区域的历史文物、古迹、民风民俗、民间传说及某些特殊纪念性活动等。

以南京“青奥眼”步行桥为例简要介绍。“青奥眼”步行桥是近年来长三角地区景观性步行桥的代表性作品，如图 8-8 所示。步行桥位于青奥轴线中轴，跨越南京夹江，作为两岸旅游观光的纽带。它将青奥会期间河西青奥村及江心洲青年森林公园的世界青年文化交流活动联系在一起，也为赛后文化活动的开展创造了有利条件。从远处看，步行桥像一条白玉腰带系在夹江之上；从近处看，斜拉桥的刚度与拱塔的飘逸有机结合，羽翼般斜拉的钢索振翅向上像竖琴的琴弦，行人穿行其间犹如琴弦上跳跃的音符。漫步在桥上是一种美的享受，上下桥时会穿越成片绿地登桥远眺，奥体中心、河西 CBD 建筑群、青奥村、江心洲科技岛尽收眼底。低头凝望，桥下则是奔腾的长江。

图 8-8　南京“青奥眼”步行桥
（图片来源：网络）

(2) 以慢游设施——高速公路主题服务区为例

以苏州阳澄湖服务为例简要介绍。苏州阳澄湖服务区作为 2019 年(第一届)全国高速公路旅游主题服务区，因与当地旅游特色结合的空间形态和创新的业态而广受好评，还被授予“最美园林文化服务区”，如图 8-9 所示。阳澄湖是第一家把江南街景搬进高速服务区的服务区，同时也是第一家在服务区里建造苏州园林的服务区。服务区主楼改造以“梦里水乡、诗画江南”为总体设计理念，外立面整体采取了著名画家吴冠中水乡水墨画的抽象线条，通过外部大型水景的营造、粉墙黛瓦的人字坡天际线以及宅前屋后的乔灌木，整体构成了中国水乡的“如诗梦境”。阳澄湖服务区引进各类业态 46 种，除传统的餐饮、零售类，经营单位还新增了科技体验类和文化服务类，服务区非餐饮类业态占比已超过 70%。自从阳澄湖服务区变身苏州园林，其日均营收增长了 90%。

图 8-9　苏州阳澄湖服务区

（资料来源：网络）

8.5　本章小结

传统视角而言，交通是旅游产业的重要组成部分，可达性是衡量旅游交通的重要指标。随着旅游产业的深度发展，人（旅游者）的体验需求越来越受到重视，逐渐地，交通景观设计从“以车为本”向“以人为本”转变，充分考虑人的体验，关注人的旅行需求。交通不再只是简单的旅行通道功能，还承载着景观、文化、历史、游憩、交流、产品、生态等复合型价值，交通和旅游的关系也逐渐相互交融、并行交织、共谋发展。基于旅游交通理念与实践的发展，本章对交旅融合及其“快进慢游”的核心理念进行了阐释，构建了“快进慢游”旅游交通景观体系，并从经济-环境-文化多重维度剖析长三角城市群“快进慢游”交通景观的社会福祉效应。

长三角地区拥有丰富的交通与旅游资源，在“快进”“慢游”交通景观及设施方面都具有良好的基础条件，在交旅融合方面走在全国前列。在“快进”基础设施方面，拥有上海浦东、虹桥和南京禄口、杭州萧山等国际航空枢纽，以及发达的公路、高铁网络；在“慢游”设施方面，已经构筑了大运河风景道、东南沿海风景道、华东世界遗产风景道三条国家级生态风景道和数十条省级风景道，以及旅游航道、绿道网络在内的“慢游”交通景观体系；在运营方面，推出了长三角“高铁＋”旅游产品线路，以及绿色出行一体化平台“随申行”等 MaaS 系统。

“快进慢游”旅游交通景观服务对长三角城市群的社会福祉效应主要体现在经济、环境和文化三个方面。在经济方面，交旅融合对于旅游体验升级具有重要价值，承载交通功能的道路向景观道路的升级、高速公路服务区向主题式服务区升级等交旅融合措施，进一步挖掘了既有交通设施的经济潜力。在环境方面，以绿道为代表的自然景观性慢游道对于串联破碎的城市生态绿地、构筑城市通风和动物迁徙廊道发挥了不可替代的作用，MaaS 系统在为游客提供更连续顺畅的交通体验的同时促进了绿色交通方式的使用。在文化方面，通过对徽杭古道、吴越古道等人文景观性慢行道的挖掘，进一步保护了线性文化遗产，并有助于区域文化的呈现与传承。

未来，我国城镇化高质量发展将对长三角交旅融合提出更高的要求，应将交旅融合作为长三角世界级城市群的重要竞争力之一，将景观作为城市和区域发展的底色，并将交通作为景观的线性载体和纽带，将交旅融合的理念融入长三角地区的交通规划和国土空间规划，从整体上更系统地提升旅游交通景观的社会福祉。

第9章 结论与讨论

9.1 结论

城市旅游是改善民生、增进民众获得感和满足感的重要途径。城市中的山、水、林、田、湖、草、路、城构成的景观共同体，形成了旅游者眼中的城市旅游目的地景观体系，连接着城市的过去与未来，展现城市形象，反映城市气质和特色，为游客提供无数个体会城市自然、人文、历史的空间和瞬间，并深刻影响旅游者的体验效果以及随之形成的幸福感受。因此，以景观为切入点，构建城市旅游目的地与区域人类福祉之间的关联，对于促进旅游目的地可持续发展及提升区域人类福祉水平具有重要的理论与现实意义。

我国长三角城市群地区社会经济发展迅速，旅游业发达，土地利用导致的景观变化具有较强的典型性和代表性，无论是城市化还是旅游化的土地开发利用均对地区生态系统功能和服务价值产生显著作用，进而影响区域人类福祉。本研究尝试从景观生态学、生态系统服务地理学、城市旅游学、旅游地理学、城市交通学等多学科视角，以长三角城市群 27 个城市为研究区域，构建“氛围景观(蓝绿景观)-核心景观(旅游景观)-通道景观(旅游交通景观)”共同形成的城市(群)旅游目的地景观体系，并着手从生态福祉、社会福祉两个方面探析研究区景观变化对区域人类福祉影响的效应。研究综合运用遥感技术与空间分析相结合、定量测度与定性分析相结合、理论研究与个案分析相结合、分类研讨与总结归纳相结合的多学科交叉方法，通过剖析蓝绿景观格局的时空演变特征和影响因素，开展基于生态系统服务的蓝绿景观生态福祉效应研究；通过分析以 A 级旅游景区为代表的旅游景观时空格局演变及影响因素，开展旅游景观服务的社会福祉效应研究；通过梳理旅游交通景观的发展与演进，构建交旅融合背景下的“快进慢游”旅游交通景观体系，开展旅游交通景观服务的社会福祉效应研究。通过对研究区三类景观服务福祉效应的系统研究,以期为城市群国土空间规划与优化和制定可持续发展战略提供科学依据。主要研究结论概括为以下几个方面。

① 以长三角城市群为研究区域,综合运用 RS 和 GIS 技术、景观格局分析、SEM/SLM 空间计量模型等方法,从多层次、多尺度视角对 2000—2020 年长三角城市群蓝绿景观的空间数量分异、转移变化特征、蓝绿景观变化的综合和单一动态度、蓝绿景观在景观水平和景观类型水平上的格局指数变化,以及蓝绿景观时空演变的影响因素展开了全面分析。

第一,2000—2020 年,长三角城市群蓝绿景观空间受到极大挤占,主要以耕地减少为主,蓝绿景观中唯有水域面积略有增加,非蓝绿景观中建设景观扩张显著。城市群内部 4 个区域的蓝绿景观也不同程度减少,而建设景观增加,尤其是江苏耕地面积减少最多,建设景观面积增加最多;上海耕地面积则是占比下降最多,而建设景观面积占比提升最多。

第二,2000—2020 年,长三角城市群耕地主要转移用于城市建设,水域是唯一净转入的蓝绿景观,得益于耕地对其具有最大的转入贡献。耕地、林地和草地自 2010 年起净转出面积不同程度下降,蓝绿景观空间流失程度整体逐步减弱。城市群内部 4 个区域蓝绿景观流失的面积排序为:江苏＞安徽＞浙江＞上海,流失面积比重排序为:上海＞江苏＞安徽＞浙江。4 个区域的城市建设空间主要由耕地和林地转化而来,其中,江苏区域的耕地转出最多,浙江的林地转出最多;就水域而言,唯有上海呈现净转出状态。2015—2020 年研究期内,4 个区域的非蓝绿景观均首次不同程度地净转化为蓝绿景观,体现出生态文明建设的行动实效。

第三,长三角城市群蓝绿景观的综合利用动态度先持续增加(2000—2010 年)、后持续减小(2010—2020 年),单一动态度排序为:耕地＞水域＞草地＞林地,均在 2005—2010 年阶段达到峰值。城市群内部 4 个区域蓝绿景观的综合和单一动态度在变化特征上不尽相同,说明各区域发展速度、特点不一致,区域发展并不均衡,其中,上海蓝绿景观的综合和单一动态度均最大,反映出上海各类蓝绿景观的变化最为剧烈。

第四,长三角城市群蓝绿景观破碎化日趋增强,斑块边缘复杂性增加,稳定性减弱,优势景观连接性降低;人类活动对耕地、水域干扰程度大,对林草景观干扰程度相对较小。区域尺度上,上海草地景观破碎性增强;江苏耕地和草地破碎性增强;浙江的景观生态过程最为活跃,且水域破碎化程度加剧;安徽的景观类型更加均匀,景观格局整体变化不大。

第五，长三角城市群各类蓝绿景观空间演变受多种因素共同驱动，社会经济因素是直接驱动力，自然因素的驱动作用不如社会经济因素显著。林业产值、绿地面积、建成区绿化覆盖率、人均公园绿地面积是蓝绿景观演变的社会经济驱动要素，农业产值对耕地和林地正向驱动非常显著，城镇化发展对草地面积的正向促进和水域面积的负向抑制均不显著。高程、降水和气温是主要的自然驱动因素。

② 以长三角城市群为研究区域，基于旅游目的地多尺度、景区多等级及空间非稳定现实，综合运用标准差椭圆、核密度分析、最邻近指数等多种空间分析方法及地理加权回归模型，分析以 A 级旅游景区为代表的旅游景观时空格局演变的特点，并在此基础上探究其空间分布的影响因素。

第一，历时性演变方面，自 A 级旅游景区评定以来（2001—2021 年），长三角城市群 A 级旅游景区总量呈持续上升趋势，年均增速 16.61%，以 3A、4A 旅游景区为结构主体，5A、2A 和 1A 旅游景区为辅。无论是高等级景区（4A、5A），还是中低等级景区（A～3A），数量的区域排序均是：浙江＞江苏＞安徽＞上海，其中，3A、4A 以浙江区域最多，5A 以江苏区域最多。从城市看，上海、杭州、湖州、南京、安庆、金华、温州、台州 8 个城市的各级景区发展均较好，安徽的城市景区整体发展稍弱一些。

第二，空间演变方面，长三角城市群 A 级旅游景区空间集聚性显著，并呈现“几”字形高密度景区带特征。不同等级景区辐射范围不断增加，景区分布离散程度逐步增强，均形成东南-西北空间分布格局。区域尺度上的各级旅游景区均呈现集聚特征，但上海和浙江区域景区集聚性减弱，江苏和安徽集聚性持续增强。城市尺度中，各级旅游景区呈现空间集中分布，但趋向分散与均衡，若达到完全均匀分布的话，理论时间排序为：3A＜4A＜5A＜A、2A。

第三，影响 A 级旅游景区空间分布的因素包括自然旅游资源、人文旅游资源、旅游接待人次、年末公路里程和人均 GDP。各个因素在不同时期的影响力大小不同，A 级旅游景区发展初期的主导推动因素是人均 GDP，至 2019 年转变为主要由人文和自然旅游资源驱动。各个因素在空间上均具有显著的异质性，且随时间变化而变化。

③ 在 2000—2020 年长三角城市群蓝绿景观数据基础上，利用基于生态系统服务价值修正算法的生态福祉核算模型、人均生态福祉核算模型以及城市生态福祉分类模型，从城市群和区域尺度，对蓝绿景观生态系统服务的生态福祉价值整体变化及其分别引致的资源福祉和环境福祉效应进行了深入探讨，进而从城市尺度对生态福祉的供给能力进行了时空分析。

第一，长三角城市群生态福祉由 2000 年的 9 252.85×10^8元提高至 2020 年的 9 351.07×10^8元，只有水文调节、净化环境和美学景观服务提供的生态福祉是提升的。水域景观生态系统服务是生态福祉提升的主要来源。上海和安徽区域的生态福祉下降，江苏和浙江上升。从生态福祉要素看，4 个区域的资源福祉均呈减弱趋势，上海降幅最大，江苏和浙江的环境福祉有所增强。

第二，蓝绿景观的资源福祉主要来自供给服务和文化服务，形成的资源福祉由 2000 年的 763.42×10^8元下降至 2020 年的 726.67×10^8元，且唯有水域的资源福祉价值是提高的。供给服务包括食物和原料生产服务，提供的资源福祉价值由 513.90×10^8元降至 476.37×10^8元；文化服务主要体现在美学景观服务中，由 249.52×10^8元微增至 250.30×10^8元，也只有江苏和浙江区域的水域美学景观服务价值是提高的。

第三，蓝绿景观的环境福祉主要来自调节服务和支持服务，福祉价值由 2000 年的 8 489.43×10^8元提高至 2020 年的 8 624.40×10^8元，且唯有水域景观服务的环境福祉价值是提高的。调节服务提供的环境福祉由 7 482.6×10^8元上升至 7 631.49×10^8元，其中气体和气候调节服务价值下降，净化环境和水文调节服务价值提升。区域中，上海的环境福祉价值下降，其他区域整体提高。支持服务包括了土壤支持及生物多样性保护，提供的环境福祉价值微降，只有江苏区域蓝绿景观的生物多样性保护服务价值略有提升。

第四，长三角城市群 27 个城市中，生态福祉价值前三甲为苏州、杭州和安庆，最后三位为舟山、嘉兴和镇江，城市间生态福祉价值差异巨大。16 个城市的生态福祉是下降的，其中上海降幅最大；环境福祉主导了生态福祉的变化方向；有 25 个城市的资源福祉都是下降的，降幅最大的仍是上海。

第五，长三角城市群 27 个城市中，19 个城市的人均生态福祉（PGEW）呈现下降趋势，平均降幅为 32.52%，合肥降幅最大，达 52.85%，说明城市整体生态福祉供给能力有所退化。根据相对福祉指数分级，共有 12 个城市的人均生态福祉低于长三角城市群的人均生态福祉，最低的为上海和嘉兴。在空间上，城市 PGEW 存在显著的空间集聚性，高 PGEW 地区主要集聚在安徽西南部及周边，低 PGEW 地区集中在江苏南部及周边。

④ 长三角城市群旅游景观服务和旅游交通景观服务社会福祉的逻辑主要实现于区域宏观层面，作用于旅游经济、环境改善、文化传承 3 个维度，采用定性研究与数量统计相结合、理论分析与案例研讨相结合、分类分析与总结归纳相结合的方法，构建了“快进慢游”旅游交通景观体系，全面剖析了城市群旅游景观和旅游交通景观服务带来的社会福祉效应。

第一，旅游景观服务经济福祉效应方面。旅游景观吸引游客，促进收入高增长。2000—2019 年，城市群国内旅游收入增速高于全国水平，安徽区域城市的国内旅游收入相对落后，入境旅游收入分布极不平衡，安徽池州是改善旅游景观提升入境旅游经济的典型城市。专项旅游景观发展激发了旅游经济的新活力。乡村特色景观成为助力推进乡村振兴的重要基石。

第二，旅游景观服务环境福祉效应方面。以自然保护区和自然公园为主的自然旅游景观维护了区域“绿水青山”的鲜明底色，但空间差异突出，与地区蓝绿景观分布关系密切。其次，通过创建国家历史文化名城、名镇(村)、美丽休闲乡村等人文旅游景观品牌目的地，促进地方人文环境得以保护与优化，安徽区域部分城市的此类景观数量相对较少。

第三，旅游景观服务文化福祉效应方面。首先，长三角城市群范围内正在建设大运河和长江国家文化公园，通过大运河、长江线性文化旅游传播传承中华文化。其次，文化驱动旅游业态持续创新，不断满足旅游者的个性化需求。最后，景区价格的持续优化，给予百姓实实在在的文化福利。

第四，旅游交通景观服务社会福祉效应方面。经济维度，交旅融合对于旅游体验升级具有重要价值，承载交通功能的道路向景观道路的升级、高速公路服务区向主题式服务区升级等交旅融合措施，进一步挖掘了既有交通设施的经济潜力。环境维度，以绿道为代表的自然景观性慢游道对串联破碎的城市生态绿地、构筑城市通风和动物迁徙廊道发挥了不可替代的作用，MaaS 系统在为游客提供更连续顺畅的交通体验的同时促进了绿色交通方式的使用。文化维度，通过对徽杭古道、吴越古道等人文景观性慢行道的挖掘，进一步保护了线性文化遗产，对慢游设施的文化塑造与设计也有助于地域文化的呈现与传承。

9.2 建议

针对研究的具体内容以及获得的研究结论，从长三角城市群旅游目的地景观可持续发展和区域人类福祉提升角度，对国土空间优化等提出具体的对策建议。

① 严格控制长三角城市群城市化进程中建设用地的过度扩张，重点关注上海区域；加强耕地数量和质量的恢复与提升，重点关注江苏和安徽区域；重视林地保护与植被恢复，重点关注浙江和安徽区域，促进城市群及区域的生态福祉逐步提升。

首先，长三角城市群建设用地的大规模扩张一再压缩蓝绿景观空间，导致研究期内蓝绿景观生态系统服务提供的生态福祉总价值仅提升约 1%，且上海和安徽区域均下降，因此未来必须严格控制城市建设空间对蓝绿景观空间的侵占，尤其是上海，鉴于其蓝绿景观流失面积占比最大，各类蓝绿景观综合利用变化最为剧烈，且上海生态福祉在 27 市中降幅最大。其次，长三角城市群各区域的资源福祉全部下降，且食物生产服务提供的资源福祉价值在所有景观服务提供的福祉价值中降幅最大，反映出亟需加强耕地的保护与恢复，因为耕地的食物生产单位面积生态系统服务价值当量远大于其他景观。同时，耕地又是粮食生产的重要保障，而粮食安全直接关系国家安全，江苏和安徽历来为产粮大省，理应为国家不断夯实粮食安全基础，但江苏耕地面积流失最多，耕地又是城市化发展中最大的“牺牲者”，导致长三角应尽的粮食安全保障责任已经受到极大的挑战，这种局面的改善迫在眉睫、刻不容缓。此外，环境福祉主导了生态福祉的变化，除了水域景观之外，林地景观服务对环境福祉影响巨大，尤其林地具有最大的碳汇能力，是我国实现“碳中和”目标的重要路径，因此需要高度重视林地保护，尤其要关注林地份额最大的浙江和安徽区域。

② 蓝绿景观空间保护与经济发展同向发力，重点关注安徽区域西南部及周边城市；强化蓝绿景观空间保护，重点关注江苏区域南部及周边城市；加大长三角城市群相互间生态系统服务价值化合作，促进城市生态福祉供给能力的空间平衡。

长三角城市群城市人均生态福祉高集聚区集中在安徽区域西南部及周边城市，但此地区的特点是生态福祉价值下降但常住人口持续净流出，如安庆、池州、宣城，因此需要生态空间保护与经济水平提升同向发力，以提升生态福祉供给能力。江苏区域南部及周边城市，生态福祉价值持续下降，常住人口持续增加，人均生态福祉提升压力巨大，需要强化蓝绿景观生态空间的保护以逐步扭转低生态福祉供给的集聚现状。同时，长三角城市群区域一体化发展过程中，应加强生态系统服务价值间的合作，通过迁地路径实现生态系统服务价值化，如上游森林生态系统涵养水源功能的价值化实现需要在中下游予以体现，从而促进城市群生态福祉供给能力的空间平衡。

③ 构建和优化“生态源地＋生态廊道”的城市生态空间结构，保障城市群不同空间尺度的景观生态功能及其稳定性。

快速城市化导致长三角城市群及各区域不同空间尺度的蓝绿景观面积减少，破碎化严重，合理布局大尺度的林地、水域、草地等生态源地，有利于景观格局的稳定性，也有助于促进景观过程的发展（陈玲玲 等，2016a）。保留和保护城市内或城市间低干扰的生态廊道，如河流廊道，拓展城市自然景观性慢游道类型、宽度和长度等，从而便于景观流的运行并维持景观生态系统功能的安全稳定。

④ 加强自然与人文景观保护及可持续地旅游化利用，积极探索旅游新业态发展，重点关注安徽区域城市，推动长三角城市群城市旅游的错位竞争与一体化高质量发展，助力旅游增进社会福祉的多样性和空间平衡性。

自然与人文历史景观的资源本底以及旅游化程度，对旅游景观服务提供的社会福祉具有重要影响，因此，建议城市群各城市加强自然与人文景观保护并进行可持续地旅游开发利用，以促进长三角城市群旅游社会福祉的多样化和可持续性。

在此基础上，突破传统旅游景观的局限，积极探索专项旅游景观，开发旅游新业态，尤其关注安徽区域城市，这是因为安徽区域城市的旅游景观服务增进社会福祉效应整体偏弱，如 A 级旅游景区数量偏少、全国历史文化名城、名镇（村）数量少、特色景观旅游名镇（村）数量少、旅游经济收益偏低，等等。建议主动、积极探索休闲度假、康体养生、文化体验、房车自驾、古道徒步等旅游新业态发展，通过发展独具特色的现代旅游景观、资源、产品并与其他城市旅游形成错位竞争，从而推动长三角城市群一体化的高质量发展以及旅游社会福祉的空间平衡。

⑤ 通过培育“节点”“线性”“面状”多种结构组合的世界级文化旅游景观集群，助力长三角城市群成为世界级旅游目的地。

安徽池州通过开发和全面提升九华山景区的文化旅游景观品质，促进了入境旅游经济的快速提升，为长三角城市群全面建设世界级旅游目的地提供了数据实证信心，这是因为城市群拥有着大量丰富的文化旅游景观资源。建议通过培育一批有深厚文化底蕴的世界级景区、度假区为节点；抓住长三角建设大运河和长江国家文化公园的契机，建设多条具有中华文化标识的文化旅游线性廊道，包括旅游航道和风景道；建设以长三角最大的湖泊——太湖为中心，周边城市加强相互合作，重要文旅资源环绕太湖共建而成“面状”旅游目的地，从而形成点-线-面多种结构组合的世界级文化旅游景观集群，为长三角城市群建设世界级旅游目的地奠定重要的资源基石。

⑥ 在“快进慢游”线性廊道建设中，通过跨行政区统筹旅游资源，将相同主题的快进、慢游通道和旅游目的地整合成为主题旅游交通廊道，实现长三角具有典型地域特色的更高水平的交旅融合。

交旅融合既是推动交通系统高质量发展的抓手，也是促进各类旅游目的地资源协同整合的关键。目前，长三角已经构筑了世界级的综合交通枢纽体系，也打造了若干以旅游为特色的公路、航道和绿道系统，但由于行政区划的分隔，在旅游资源的开发上仍需要进一步提升统筹协同、一体化推进的水平。建议通过建设具有长三角地域自然、文化景观特色的主题廊道，将跨行政区但服务同一主题的高速公路、高铁等快进通道和旅游公路、旅游航道、绿道等慢游通道以及各类旅游目的地整合起来，进一步加强交通与旅游系统之间的整体性、指向性，从旅游线路的全过程推动交旅融合。例如，构建以大运河串联的江苏-浙江旅游廊道、以长江串联的上海-江苏-安徽旅游廊道、以海岸带串联的江苏-上海-浙江旅游廊道等。在同一廊道内构筑统一的旅游服务设施体系、标识引导体系、智能信息服务体系，促进旅游资源的共享协同。

参考文献

[1] 保继刚，张捷，徐红罡，等，2017. 中国旅游地理研究：在他乡与故乡之间[J]. 地理研究，36(5)：803-823.

[2] 邴振华，高峻，2015. 景观服务：生态系统服务评估的新进展[J]. 生态经济，11：27-31.

[3] 曹芳东，黄震方，黄睿，等，2021. 江苏省高速公路流与景区旅游流的空间关联及其耦合路径[J]. 经济地理，41(1)：232-240.

[4] 曹翊坤，付梅臣，谢苗苗，等，2015. 基于 LSMM 与 MSPA 的深圳市绿色景观连通性研究[J]. 生态学报，35(2)：526-536.

[5] 曹跃群，赵世宽，杨玉玲，等，2020. 重庆市生态系统服务价值与区域经济增长的时空动态关系研究[J]. 长江流域资源与环境，29(11)：2354-2365.

[6] 常青，李双成，王仰麟，等，2012. 基于稳定映射分析的深圳绿色景观时空演化及启示[J]. 地理学报，67(12)：1611-1622.

[7] 陈宏胜，王兴平，刘晔，等，2020. 城镇化与居民主观福祉关系研究：兼论对城乡规划的检视与启示[J]. 城市规划，44(7)：18-27.

[8] 陈康林，龚建周，刘彦随，等，2016. 近 35a 来广州城市绿色空间及破碎化时空分异[J]. 自然资源学报，31(7)：1100-1113.

[9] 陈利顶，孙然好，刘海莲，2013. 城市景观格局演变的生态环境效应研究进展[J]. 生态学报，33(4)：1042-1050.

[10] 陈玲玲，曹杨，2016a. 城市旅游地景观时空演变及优化的比较研究：以长三角典型城市为例[M]. 北京：科学出版社.

[11] 陈玲玲，曹杨，易琳，等，2016b. 城市旅游地景观格局演变与优化研究：以南京为例[J]. 长江流域资源与环境，25(7)：1024-1033.

[12] 陈玲玲，屈作新，2016c. 我国森林旅游资源开发现状及可持续发展策略[J]. 江苏农业科学，44(1)：483-486.

[13] 陈玲玲,汤澍,2021. 旅游目的地管理[M]. 长沙:湖南师范大学出版社.
[14] 陈瑞霞,2020. 旅游对幸福感的影响研究:基于旅游者和目的地居民视角的两个实证[D]. 深圳:深圳大学.
[15] 陈爽,刘云霞,彭立华,2008. 城市生态空间演变规律及调控机制:以南京市为例[J]. 生态学报,28(5):2270-2278.
[16] 陈夏,2017. 我国生态旅游公路景观设计探析:以鄂西郧西县郧羊路为例[D]. 武汉:湖北工业大学.
[17] 成超男,胡杨,赵鸣,2020. 城市绿色空间格局时空演变及其生态系统服务评价的研究进展与展望[J]. 地理科学进展,39(10):1770-1782.
[18] 成雅田,吴昌广,2020. 基于局地气候优化的城市蓝绿空间规划途径研究进展[J]. 应用生态学报,31(11):3935-3945.
[19] 程宪波,陶宇,欧维新,2021. 生态系统服务与人类福祉关系研究进展[J]. 生态与农村环境学报,37(7):885-893.
[20] 戴培超,2020. 城市公园绿地生态系统文化服务价值及其估算方法研究[D]. 徐州:中国矿业大学.
[21] 邓申凡,2021. 土地利用变化下江西省景观格局与生态系统服务价值分析[D]. 抚州:东华理工大学.
[22] 邓兴栋,韩文超,霍子文,2022. 基于人地和谐的国土空间治理框架:以广州市为例[J]. 城市规划学刊,2:47-53.
[23] 董孝斌,刘梦雪,2022. 土地利用/覆盖变化-生态系统服务-人类福祉关系研究进展[J]. 北京师范大学学报(自然科学版),58(3):465-475.
[24] 杜嵘,陈洁萍,2022. 基于社会网络分析方法的南京主城边缘带绿色空间景观系统评估[J]. 中国园林,38(4):68-73.
[25] 杜智民,2009. 基于 RS、GIS 的高速公路生态景观技术研究[D]. 西安:长安大学.
[26] 范钦栋,2017. 景观格局变化与生态系统服务[M]. 北京:科学出版社.
[27] 方贵金,2007. 民航支线机场旅游航线布局及管理体制研究[D]. 成都:西南交通大学.
[28] 方精云,郭兆迪,朴世龙,2007,等. 1981—2000 年中国陆地植被碳汇的估算[J]. 中国科学(D 辑),6:804-812.
[29] 方叶林,苏雪晴,黄震方,等,2022. 城市韧性对旅游经济的空间溢出效应研究:以长三角城市群为例[J]. 地理科学进展,41(2):214-223.
[30] 冯英杰,吴小根,张宏磊,等,2018. 江苏省水利风景区时空演变及其影响

因素[J]. 经济地理,38(7):217-224.

[31] 冯悦怡,胡潭高,张力小,2014. 城市公园景观空间结构对其热环境效应的影响[J]. 生态学报,34(12):3179-3187.

[32] 傅伯杰,陈利顶,马克明,2011,等. 景观生态学原理及应用[M]. 北京:科学出版社.

[33] 傅才武,2022. 长江国家文化公园建设中的国家目标、区域特色及规划建议[J]. 决策与信息,8:5-9.

[34] 高吉喜,徐梦佳,邹长新,2019. 中国自然保护地 70 年发展历程与成效[J]. 中国环境管理,11(4):25-29.

[35] 高洁,2019. 浅谈旅游者幸福感知[J]. 旅游学刊,34(7):4-6.

[36] 顾浩,胡智清,马敏,等,2013. 山水为基,人文为魂,特色为本:浙江绿道规划实践与探索[J]. 城市发展研究,20(4):22-27.

[37] 管青春,郝晋珉,石雪洁,等,2018. 中国生态用地及生态系统服务价值变化研究[J]. 自然资源学报,33(2):195-207.

[38] 郭向阳,穆学青,明庆忠,等,2021. 长江经济带快速交通系统对城市旅游生产率的影响效应分析[J]. 经济地理,41(12):213-222.

[39] 郭向阳,穆学青,明庆忠,2022. "绩效"二元视角下高速交通对旅游发展的影响及空间效应研究:以长三角地区为例[J]. 人文地理,37(3):172-182.

[40] 郭子良,张曼胤,崔丽娟,等,2019. 中国国家湿地公园的建设布局及其动态[J]. 生态学杂志,38(2):532-540.

[41] 郭宗亮,刘亚楠,张璐,等,2022. 生态系统服务研究进展与展望[J]. 环境工程技术学报,12(3):928-936.

[42] 何春阳,黄庆旭,刘志锋,2018. 城市景观生态学:过程、影响和可持续性[M]. 北京:科学出版社.

[43] 贺小荣,彭坤杰,马晶宝,等,2019. 生态位理论视阈下湖南省城市旅游竞争力提升研究[J]. 湖南社会科学,6:110-119.

[44] 胡剑双,戴菲,2010. 中国绿道研究进展[J]. 中国园林,26(12):88-93.

[45] 胡静,谢双玉,冯娟,2016. 2016 中国旅游业发展报告[M]. 北京:中国旅游出版社.

[46] 胡理琛,2017. 而今迈步从头越:写在我国风景名胜区事业 35 年[J]. 中国园林,33(10):44-46.

[47] 胡强盛,2020. 城市旅游地气候变化风险评价与适应机制研究:以长株潭

城市群为例[D]. 长沙：湖南师范大学.
[48] 胡炜霞，2011. 景观生态视角下周边环境与旅游景区协调规划研究：以平遥古城为例[J]. 人文地理，26(6)：155-159.
[49] 黄成林，刘云霞，王娟，2013. 旅游地景观变迁研究[M]. 芜湖：安徽师范大学出版社.
[50] 黄甘霖，姜亚琼，刘志锋，等，2016. 人类福祉研究进展：基于可持续科学视角[J]. 生态学报，36(23)：7519-7527.
[51] 黄立贤，沈志学，2011. 高光谱遥感图像的监督分类[J]. 地理空间信息，9(5)：81-83.
[52] 黄蓉蓉，2015. 旅游涉入对游客主观幸福感的影响[D]. 长沙：湖南师范大学.
[53] 黄硕，郭青海，2014. 城市景观格局演变的水环境效应研究综述[J]. 生态学报，34(12)：3142-3150.
[54] 黄泰，席建超，葛全胜，2017. 高铁对长三角区域旅游一体化影响计量研究[J]. 长江流域资源与环境，26(9)：1311-1322.
[55] 黄颖，邓富民，金亚男，2021. 大型体育赛事居民参与度与主观幸福感的链式中介效应研究[J]. 北京体育大学学报，44(1)：104-115.
[56] 黄震方，黄睿，2015. 基于人地关系的旅游地理学理论透视与学术创新[J]. 地理研究，34(1)：15-26.
[57] 惠宁，刘鑫鑫，2019. 新中国 70 年产业结构演进、政策调整及其经验启示[J]. 西北大学学报(哲学社会科学版)，49(6)：5-20.
[58] 贾垚焱，胡静，刘大均，等，2019. 长江中游城市群 A 级旅游景区空间演化及影响机理[J]. 经济地理，39(1)：198-206.
[59] 贾卓，强文丽，王月菊，等，2020. 兰州-西宁城市群工业污染集聚格局及其空间效应[J]. 经济地理，40(1)：68-75.
[60] 姜斌，张恬，威廉·C. 苏利文，2015. 健康城市：论城市绿色景观对大众健康的影响机制及重要研究问题[J]. 景观设计学，3(1)：24-35.
[61] 姜晗，吴群，2021. 基于 LUCC 的江苏省生态系统服务价值评估及时空演变特征研究[J]. 长江流域资源与环境，30(11)：2712-2725.
[62] 姜磊，何世雄，崔远政，2020. 基于空间计量模型的氮氧化物排放驱动因素分析：基于卫星观测数据[J]. 地理科学，40(3)：364-373.
[63] 蒋艳，2020. 冬奥会对举办城市旅游休闲的影响和启示：一个文献综述[J]. 旅游学刊，35(4)：1-3.

[64] 蒋依依,2009.格局与过程:旅游景观研究[M].北京:中国旅游出版社.
[65] 金卫东,2019.把旅游业打造成幸福产业的路径探索:以综合性区域中心城市南京为例[J].旅游学刊,34(7):8-10.
[66] 金准,2021.碳达峰、碳中和与旅游业高质量转型[J].旅游学刊,36(9):3-5.
[67] 景壮壮,韩景,刘万波,等,2021.山西省A级景区空间分布特征及可达性研究[J].资源开发与市场,37(2):200-207.
[68] 赖继年,2022.红色旅游经典景区发展路径:以网络关注度时空演变为视角[J].社会科学家,8:44-51.
[69] 兰思仁,2020.水利风景区蓝皮书:中国水利风景区发展报告(2020)[M].北京:社会科学文献出版社.
[70] 雷越,张学斌,罗君,等,2023.基于不同样带的干旱区城市景观格局时空演变特征:以张掖市为例[J].生态学报,43(5):2034-2048.
[71] 李昂,杨琰瑛,师荣光,等,2022.居民福祉及其与生态系统服务的关系研究进展[J].农业资源与环境学报,39(5):948-957.
[72] 李保超,王朝辉,李龙,等,2016.高速铁路对区域内部旅游可达性影响:以皖南国际文化旅游示范区为例[J].经济地理,36(9):182-191.
[73] 李东,王玉清,陈玥彤,等,2020.社区嵌入式目的地居民主观幸福感探测与亲旅游行为研究:正、负影响感知的调节效应[J].地域研究与开发,39(4):109-114.
[74] 李飞,马继刚,2016.我国廊道遗产保护与旅游开发研究:以滇、藏、川茶马古道为例[J].西南民族大学学报(人文社会科学版),37(2):136-140.
[75] 李刚,2022.京津冀城市群区域文化旅游竞争力评价及对策[J].社会科学家,4:68-74.
[76] 李广东,戚伟,2019.中国建设用地扩张对景观格局演化的影响[J].地理学报,74(12):2572-2591.
[77] 李慧璇,2021.旅游目的地城市居民主观幸福感影响因素及提升建议研究:以江苏省徐州市为例[D].兰州:兰州财经大学.
[78] 李嘉欣,谢德体,王三,2021.重庆市A级旅游景区空间格局特征及演变[J].西南大学学报(自然科学版),43(1):153-163.
[79] 李静,白江,2016.新型城镇化对社会福祉提升的影响分析[J].求是学刊,43(5):62-68.
[80] 李李季,2019.我国博物馆分级分类评估体系的分析及改进研究[D].北

京:北京化工大学.
[81] 李潜,唐波,彭永超,2020.珠三角城市群4A级及以上旅游景点空间特征和可达性测度[J].地理信息世界,27(1):78-83.
[82] 李双成,2014.生态系统服务地理学[M].北京:科学出版社.
[83] 李坦,陈天宇,惠宝航,2022.基于Meta分析的黄山市森林生态系统服务价值研究[J].地理科学,42(12):2179-2188.
[84] 李维维,陈田,马晓龙,2019.城市旅游综合体土地利用空间格局演变及驱动机制:以西安曲江为例[J].地理研究,38(5):1103-1118.
[85] 李伟峰,欧阳志云,肖燚,2011.景观生态学原理在城市土地利用分类中的应用[J].生态学报,31(3):593-601.
[86] 李卫飞,方世敏,阎友兵,等,2021.红色旅游传承红色记忆的理论逻辑与动态过程[J].自然资源学报,36(11):2736-2747.
[87] 李曦,2008.欧洲火车旅游研究及对青藏铁路火车旅游发展的借鉴[D].北京:北京交通大学.
[88] 李想,雷硕,冯骥,等,2019.北京市绿地生态系统文化服务功能价值评估[J].干旱区资源与环境,33(6):33-39.
[89] 李秀珍,布仁仓,常禹,等,2004.景观格局指标对不同景观格局的反应[J].生态学报,24(1):123-134.
[90] 李扬,2022.交旅融合视角下广州高速公路服务区规划设计[J].智能城市,8(10):71-73.
[91] 李莹莹,2012.城镇绿色空间时空演变及其生态环境效应研究:以上海为例[D].上海:复旦大学.
[92] 李志远,赵芮,张孟想,等,2022.开封旅游景区的等级结构及空间格局特点[J].河南大学学报(自然科学版),52(2):154-167.
[93] 梁鑫源,金晓斌,韩博,等,2021.长三角快速城市化地区景观多功能性演变:以苏州市为例[J].地理科学进展,40(2):207-219.
[94] 梁学成,2019.旅游产业增进社会福祉的逻辑诠释[J].旅游学刊,34(7):3-4.
[95] 林金煌,吴思佳,陈文惠,等,2018.闽三角地区森林景观及其生态服务价值遥感动态监测[J].福建师范大学学报(自然科学版),34(6):78-85.
[96] 林琨,2015.福州市城市生态廊道景观结构的研究[D].福州:福建师范大学.
[97] 林世滔,谢弟炳,刘郁林,等,2017.景观格局特征与区域生物多样性的关

系研究[J].生态环境学报,26(10):1681-1688.

[98] 林玉虾,潘冰,2019.新旅游宣言[J].旅游学刊,34(7):10-11.

[99] 林章林,2016.上海城市旅游休闲公共空间的时空演化模式[J].旅游科学,30(2):79-94.

[100] 林志慧,陈瑛,刘宪锋,等,2022.中国入境旅游城市合作网络时空格局及驱动因素[J].地理学报,77(8):2034-2049.

[101] 凌珑,2020.交旅融合背景下的旅游公路景观体系设计研究[D].重庆:重庆交通大学.

[102] 刘滨谊,刘琴,2006.服务于城市旅游形象的景观规划:以南京市为例[J].长江流域资源与环境,15(2):164-168.

[103] 刘博,2022.区域协同发展背景下的上海大都市圈区域绿道规划研究[J].上海城市规划,1(1):94-100.

[104] 刘晨慧,戚春华,朱守林,2010.内蒙古草原旅游公路交通量预测方法研究[J].内蒙古农业大学学报(自然科学版),31(1):187-191.

[105] 刘汉初,樊杰,曾瑜晳,等,2019.中国高耗能产业碳排放强度的时空差异及其影响因素[J].生态学报,39(22):8357-8369.

[106] 刘佳,刘贤明,安珂珂,等,2022.长三角城市群旅游环境承载力时空分异格局与空间效应研究[J].长江流域资源与环境,31(7):1441-1454.

[107] 刘家根,黄璐,严力蛟,2018.生态系统服务对人类福祉的影响:以浙江省桐庐县为例[J].生态学报,38(5):1687-1697.

[108] 刘敏,郝炜,2020.山西省国家A级旅游景区空间分布影响因素研究[J].地理学报,75(4):878-888.

[109] 刘强,杨东,2019.高铁网络对西北城市旅游经济联系的空间影响[J].地域研究与开发,38(1):95-99.

[110] 刘文平,宇振荣,2013.景观服务研究进展[J].生态学报,33(22):7058-7066.

[111] 刘兴坡,李璟,周亦昀,等,2019.上海城市景观生态格局演变与生态网络结构优化分析[J].长江流域资源与环境,28(10):2340-2352.

[112] 刘振卿,1999.浅析乡村旅游景观[J].北京第二外国语学院学报,21(2):87-90.

[113] 刘志强,洪亘伟,王俊帝,2015.中国建成区绿地率与人均公园绿地面积增长的协同度研究[J].中国园林,31(9):120-124.

[114] 刘中艳,罗琼,2015.省域城市旅游竞争力测度与评价:以湖南省为例

[J]. 经济地理,35(4):186-192.

[115] 柳冬青,张金茜,巩杰,等,2019. 陇中黄土丘陵区土地利用强度-生态系统服务-人类福祉时空关系研究:以安定区为例[J]. 生态学报,39(2):637-648.

[116] 龙江智,朱鹤,2020. 国土空间规划新时代旅游规划的定位与转型[J]. 自然资源学报,35(7):1541-1555.

[117] 芦学良,王国梁,胡炜霞,等,2019. 民居型景区空间分布特征及影响因素研究:以山西大院民居为例[J]. 干旱区地理,42(1):206-214.

[118] 路晶京,2022. 水利风景区生态系统文化服务价值评价研究[D]. 郑州:华北水利水电大学.

[119] 吕一河,陈利顶,傅伯杰,2007. 景观格局与生态过程的耦合途径分析[J]. 地理科学进展,26(3):1-10.

[120] 吕永龙,曹祥会,王尘辰,2019. 实现城市可持续发展的系统转型[J]. 生态学报,39(4):1125-1134.

[121] 马才学,杨蓉萱,柯新利,等,2022. 基于生态压力视角的长三角地区生态安全格局构建与优化[J]. 长江流域资源与环境,31(1):135-147.

[122] 马睿,2021. 中国民生福祉发展水平时空差异及其数字经济驱动机制[D]. 临汾:山西师范大学.

[123] 马伟波,杨帆,王楠,等,2022. 长三角城市群地区生态系统服务价值时空演变及驱动因素研究[J]. 生态与农村环境学报,38(11):1673-4831.

[124] 马向明,2019. 广东省绿道实践的回顾与展望[J]. 城市交通,17(3):1-7.

[125] 毛佳园,2016. 长三角地区主要城市森林群落景观区域特征分析[D]. 合肥:安徽农业大学.

[126] 梅亚军,温馨,沈关东,2016. 景观服务评估与制图研究进展[J]. 中国人口·资源与环境,26(S1):546-548.

[127] 倪维秋,廖茂林,2018. 高速铁路对中国省会城市旅游经济联系的空间影响[J]. 中国人口·资源与环境,28(3):160-168.

[128] 宁志中,王婷,杨雪春,2020. 2001 年以来中国旅游景区时空格局演变与景区群形成[J]. 地理研究,39(7):1654-1666.

[129] 潘竟虎,李俊峰,2014. 中国 A 级旅游景点空间分布特征与可达性[J]. 自然资源学报,29(1):55-66.

[130] 彭建,杜悦悦,刘焱序,等,2017. 从自然区划、土地变化到景观服务:发

展中的中国综合自然地理学[J]. 地理研究,36(10):1819-1833.
[131] 齐杨,邬建国,李建龙,等,2013. 中国东西部中小城市景观格局及其驱动力[J]. 生态学报,33(1):275-285.
[132] 乔旭宁,张婷,杨永菊,等,2017. 渭干河流域生态系统服务的空间溢出及对居民福祉的影响[J]. 资源科学,39(3):533-544.
[133] 郄迎翔,2018. 中国多尺度区域资源环境与民生福祉关系探究[D]. 呼和浩特:内蒙古大学.
[134] 秦小萍,魏民,2013. 中国绿道与美国 Greenway 的比较研究[J]. 中国园林,29(4):119-124.
[135] 秦晓春,张肖宁,2007. 旅游公路景观设计及美学研究[J]. 公路,52(10):212-217.
[136] 秦艳丽,时鹏,何文虹,等,2020. 西安市城市化对景观格局及生态系统服务价值的影响[J]. 生态学报,40(22):8239-8250.
[137] 邱陈澜,王彩侠,章瑞,等,2022. 京津冀城市群生态空间固碳服务功能及其与景观格局的关系特征[J]. 生态学报,42(23):9590-9603.
[138] 邱坚坚,刘毅华,袁利,等,2021. 人地系统耦合下生态系统服务与人类福祉关系研究进展与展望[J]. 地理科学进展,40(6):1060-1072.
[139] 邱廉,陶婷婷,韩善锐,等,2017. 宏生态尺度上景观破碎化对物种丰富度的影响[J]. 生态学报,37(22):7595-7603.
[140] 屈小爽,王科,2019. 诗意地栖居:旅游人地关系的哲学阐释[J]. 中南林业科技大学学报(社会科学版),13(4):77-81.
[141] 全斌,2010. 土地利用与土地覆被变化学导论[M]. 北京:中国环境出版社.
[142] 石婷婷,2020. 长三角城市旅游经济空间联系与合作格局研究[D]. 合肥:安徽大学.
[143] 史培军,于德永,江源,2012. 景观城市化与生态基础设施建设:以深圳为例[M]. 北京:科学出版社.
[144] 史瑞应,宋瑞,2022. 大型体育赛事对城市旅游产业的影响评估:来自北京 2022 年冬奥会赛前阶段的经验证据[J]. 北京体育大学学报,45(4):52-62.
[145] 宋福春,王厚宇,马梓乔,2019. 基于地域文化的景观桥梁美学设计[J]. 公路,64(3):182-186.
[146] 宋瑞,王瑞婷,2022. 新冠疫情全球大流行背景下的城市旅游:挑战、应

对与启示[J]. 价格理论与实践,3:12-16.
[147] 宋瑞,2018. 生态文明制度建设背景下的可持续旅游发展研究[J]. 生态经济,9:134-138.
[148] 宋爽,石梦溪,胡珊珊,等,2022. 东北地区中心城市城区蓝绿空间演化及驱动机制研究[J]. 南京林业大学学报(自然科学版),46(4):221-229.
[149] 宋学通,李勇泉,阮文奇,2022. 海峡西岸城市群旅游经济网络演化的动力机制与因果组合配置[J]. 世界地理研究,31(6):1321-1331.
[150] 宋章建,曹宇,谭永忠,等,2015. 土地利用/覆被变化与景观服务:评估、制图与模拟[J]. 应用生态学报,26(5):1594-1600.
[151] 苏常红,傅伯杰,2012. 景观格局与生态过程的关系及其对生态系统服务的影响[J]. 自然杂志,34(5):277-283.
[152] 苏红键,2021. 城市规模与城市福祉:效应、评价及发展导向[J]. 深圳大学学报(人文社会科学版),38(4):116-124.
[153] 苏泳娴,黄光庆,陈修治,等,2011. 城市绿地的生态环境效应研究进展[J]. 生态学报,31(23):302-315.
[154] 孙琨,詹卫华,赵洪峰,等,2013. 水利风景区演变特征与旅游发展导向[J]. 水利经济,6:64-68,72.
[155] 孙林枫,2019. 在芳茂山漫游“侏罗纪”[J]. 中国公路,4:60-63.
[156] 唐承财,孙孟瑶,万紫微,2019. 京津冀城市群高等级景区分布特征及影响因素[J]. 经济地理,39(10):204-213.
[157] 妥艳媜,2015. 旅游者幸福感为什么重要[J]. 旅游学刊,30(11):16-18.
[158] 汪德根,钱佳,牛玉,2016. 高铁网络化下中国城市旅游场强空间格局及演化[J]. 地理学报,71(10):835-856.
[159] 汪可汗,2022. 中国民生福祉水平的空间非均衡性及动态演进[D]. 南昌:江西财经大学.
[160] 汪清川,2021. 生态系统服务价值对土地利用变化的响应研究:以淮海经济核心区为例[D]. 徐州:中国矿业大学.
[161] 汪玚,2017. 交通+旅游:融合发展才是正道[J]. 交通建设与管理,1:116-117.
[162] 王兵,鲁绍伟,2009. 中国经济林生态系统服务价值评估[J]. 应用生态学报,20(2):417-425.
[163] 王大尚,郑华,欧阳志云,2013. 生态系统服务供给、消费与人类福祉的

关系[J]. 应用生态学报,24(6):1747-1753.
[164] 王海军,任经纬,张彬,等,2021. 利用广义加性模型解析长江中游城市群城镇用地扩展驱动力[J]. 长江流域资源与环境,30(1):32-43.
[165] 王颖颖,2020. 北京市中心城区蓝绿空间的分布格局及其影响因素分析[D]. 吉首:吉首大学.
[166] 王辉,苗红,2010. 中国旅游地理[M]. 北京:北京大学出版社.
[167] 王姣娥,李涛,2022. 交通强国背景下中国交旅融合研究进展与展望[J]. 中国生态旅游,1:1-15.
[168] 王劲峰,廖一兰,刘鑫,2010. 空间数据分析教程[M]. 北京:科学出版社.
[169] 王凯,徐泽,2019. 重大规划项目视角的新中国城市规划史演进[J]. 城市规划学刊,2:12-23.
[170] 王萌萌,2015. 美国旅游公路发展及对我国的启示[J]. 交通运输研究,43(4):8-15,21.
[171] 王圣云,2011. 多维转向与福祉地理学研究框架重构[J]. 地理科学进展,30(6):739-745.
[172] 王圣云,沈玉芳,2010. 福祉地理学研究新进展[J]. 地理科学进展,29(8):899-905.
[173] 王诗绮,刘焱序,李琰,等,2023. 近 20 年黄土高原生态系统服务研究进展[J]. 生态学报,43(1):26-37.
[174] 王雅,蒙吉军,齐杨,等,2015. 基于 InVEST 模型的生态系统管理综述[J]. 生态学杂志,34(12):3526-3532.
[175] 王亚辉,全华,2016. 城市旅游发展与经济增长的长期均衡:洞庭湖生态经济区案例[J]. 经济管理,38(2):140-150.
[176] 王仰麟,1998. 农业景观格局与过程研究进展[J]. 环境科学进展,2:29-34.
[177] 王原,陆林,赵丽侠,2014. 1976—2007 年纳木错流域生态系统服务价值动态变化[J]. 中国人口·资源与环境,24(S3):154-159.
[178] 卫杨,胡道华,柴玉,等,2021. 基于 ArcGIS 和 GD 的河南省旅游景区空间分异探究[J]. 湖南工业大学学报,35(6):72-78.
[179] 翁钢民,李凌雁,2016. 中国旅游与文化产业融合发展的耦合协调度及空间相关分析[J]. 经济地理,36(1):178-185.
[180] 邬建国,2007. 景观生态学[M]. 北京:高等教育出版社.

[181] 邬建国，郭晓川，杨稢，等，2014. 什么是可持续性科学？[J]. 应用生态学报，25(1)：1-11.
[182] 吴必虎，纪凤仪，金彩玉，2023. 文化景观史视角下国家文化公园体系构建初探[J]. 民俗研究，167(1)：50-58，157.
[183] 吴必虎，唐子颖，2003. 旅游吸引物空间结构分析：以中国首批国家 4A 级旅游区(点)为例[J]. 人文地理，18(1)：1-5，28.
[184] 吴必虎，谢冶凤，张玉钧，2021. 自然保护地游憩和旅游：生态系统服务、法定义务与社会责任[J]. 旅游科学，35(5)：1-10.
[185] 吴必虎，盈斌，杨秋风，2022. 中国自然保护地体系建设：红线管控、旅游发展与文化表征[J]. 中国生态旅游，2：208-219.
[186] 吴翠霞，冯永忠，赵浩，等，2022. 基于土地利用变化的甘肃省黄河流域生态系统服务价值研究[J]. 中国沙漠，42(6)：304-316.
[187] 吴殿廷，刘锋，卢亚，等，2021. 大运河国家文化公园旅游开发和文化传承研究[J]. 中国软科学，12：84-91.
[188] 吴健生，罗可雨，赵宇豪，2020. 深圳市近 20 年城市景观格局演变及其驱动因素[J]. 地理研究，39(8)：1725-1738.
[189] 吴健生，张朴华，2017. 城市景观格局对城市内涝的影响研究：以深圳市为例[J]. 地理学报，72(3)：444-456.
[190] 吴丽敏，黄震方，周玮，等，2013. 江苏省 A 级旅游景区时空演变特征及其动力机制[J]. 经济地理，33(8)：158-164.
[191] 吴琳娜，杨胜天，刘晓燕，等，2014. 1976 年以来北洛河流域土地利用变化对人类活动程度的响应[J]. 地理学报，69(1)：54-63.
[192] 吴倩莲，李飞雪，张启舜，等，2022. 基于网络分析的城市生态空间结构优化：以常州市为例[J]. 应用生态学报，33(7)：1983-1992.
[193] 吴清，李细归，吴黎，等，2017. 湖南省 A 级旅游景区分布格局及空间相关性分析[J]. 经济地理，37(2)：193-200.
[194] 吴清，马会丽，潘文康，2021. 广东省 A 级旅游景区时空演变及其影响因素研究[J]. 湖南师范大学自然科学学报，44(2)：26-33，40.
[195] 吴啸慧，刘志强，王俊帝，2019. 长三角城市群人均公园绿地面积时空分异格局演变及影响因素研究[J]. 中国城市林业，17(5)：36-42.
[196] 吴志才，袁奇峰，陈淑莲，2018. 广州增城景区型绿道运营管理机制[J]. 经济地理，38(1)：218-224.
[197] 席建超，刘孟浩，2019. 中国旅游业基本国情分析[J]. 自然资源学报，34

(8):218-224.
[198] 夏铧,王腾飞,张京生,等,2021.城市景观格局动态及空间自相关研究:以郑州白沙组团为例[J].西南大学学报(自然科学版),9:131-141.
[199] 项海帆,2011.桥梁概念设计[M].北京:人民交通出版社.
[200] 肖笃宁,李秀珍,高峻,2010.景观生态学[M].2版.北京:科学出版社.
[201] 肖洁,师小坤,2019.文旅融合对社会福祉的影响:以扬州为例[J].旅游学刊,34(7):6-8.
[202] 谢朝武,张俊,2015.我国旅游突发事件伤亡规模空间特征及其影响因素[J].旅游学刊,30(1):83-91.
[203] 谢芳,戚旺,2014.旅游规划中景观连接度廊道构建[J].干旱区资源与环境,28(7):205-208.
[204] 谢高地,鲁春霞,冷允法,等,2003.青藏高原生态资产的价值评估[J].自然资源学报,18(2):189-196.
[205] 谢高地,张彩霞,张昌顺,等,2015a.中国生态系统服务的价值[J].资源科学,37(9):1740-1746.
[206] 谢高地,张彩霞,张雷明,等,2015b.基于单位面积价值当量因子的生态系统服务价值化方法改进[J].自然资源学报,30(8):1243-1254.
[207] 谢高地,甄霖,鲁春霞,等,2008.一个基于专家知识的生态系统服务价值化方法[J].自然资源学报,23(5):911-919.
[208] 谢鸿宇,陈贤生,林凯荣,等,2008.基于碳循环的化石能源及电力生态足迹[J].生态学报,28(4):1729-1735.
[209] 谢维新,2007.注意-体验视角下上海都市旅游吸引物系统优化研究[D].上海:华东师范大学.
[210] 谢彦君,于佳,王丹平,等,2021.作为景观的乡愁:旅游体验中的乡愁意象及其表征[J].旅游科学,35(1):1-22.
[211] 谢长坤,夏蕴强,尹程,等,2021.长三角城市群乡村植被特征与生物多样性保育策略[J].中国园林,37(5):31-37.
[212] 辛方勇,方睿骋,张庆枫,2022.浙江省水利风景区高质量发展对策研究[J].中国水利,15:70-72.
[213] 徐福英,马波,2012.城市旅游在中国:研究回顾与发展展望[J].旅游科学,26(4):52-64.
[214] 徐虹,杨红艳,韩林娟,2019.中外邮轮旅游研究回顾与展望:基于研究对象演变的分析[J].旅游科学,33(2):1-18.

[215] 徐虹,于海波,2022. 大健康时代旅游康养福祉与旅游康养产业创新[J]. 旅游学刊,37(3):10-12.

[216] 许浩,金婷,刘伟,2022. 苏锡常都市圈蓝绿空间规模与格局演变特征[J]. 南京林业大学学报(自然科学版),46(1):219-226.

[217] 许萌,2021. 西北干旱区城市生态系统服务供需与居民福祉的关联[D]. 北京:中国地质大学(北京).

[218] 许宪春,任雪,汤美微,2020. 关于中国平衡发展指数指标体系的构建[J]. 统计研究,37(2):3-14.

[219] 杨保军,胡敏,付彬,2022. 名城保护四十年:回顾与展望[J]. 世界建筑,12:16-19.

[220] 杨俊博,田锴,吴传万,等,2021. 江苏植被的分布现状、驱动力及保护建议[J]. 中国科学(生命科学),51(3):242-253.

[221] 杨利,石彩霞,谢炳庚,2019. 长江流域国家湿地公园时空演变特征及其驱动因素[J]. 经济地理,39(11):194-202.

[222] 杨柳琪,周燕,罗佳梦,等,2022. 基于时空演变分析的武汉市城市蓝绿系统空间格局及其与城市发展的协同关系研究[J]. 园林,39(7):66-74.

[223] 杨芮,2022. 长江经济带入境旅游经济韧性时空演化特征及提升策略[D]. 南昌:江西财经大学.

[224] 杨世瑜,庞淑英,李云霞,2008. 旅游景观学[M]. 天津:南开大学出版社.

[225] 杨小波,吴庆书,2014. 城市生态学[M]. 3 版. 北京:科学出版社.

[226] 杨雪婷,邱孝枰,徐云,等,2021 典型山区生态系统服务对居民福祉影响的空间差异及动态特征:以川西山区为例[J]. 生态学报,41(19):7555-7567.

[227] 杨友宝,王荣成,李秋雨,等,2015. 东北地区旅游资源赋存演化特征与旅游业空间重构[J]. 经济地理,35(10):194-201,209.

[228] 杨振山,张慧,丁悦,等,2015. 城市绿色空间研究内容与展望[J]. 地理科学进展,34(1):18-29.

[229] 姚志强,陈实,胡文海,等,2022. 皖江城市带双核地区 ESV 时空演变及人为驱动因素识别[J]. 长江流域资源与环境,31(8):1776-1786.

[230] 叶洋洋,唐代剑,2019. "慢哲学"思维下城市旅游绿道开发的理论路径:以杭州市为例[J]. 城市问题,12:41-48.

[231] 殷楠,王帅,刘焱序,2021.生态系统服务价值评估:研究进展与展望[J].生态学杂志,40(1):233-244.

[232] 尹铎,2015.城市雕塑景观对城市旅游地地方感的建构作用[D].呼和浩特:内蒙古大学.

[233] 尹敏,2021.国土空间规划背景下城市旅游规划的定位与转型[J].社会科学家,9:61-65.

[234] 于伟,张鹏,李雪丽,2019.旅游的幸福增进效应:来自 CGSS2015 的经验证据[J].旅游科学,33(1):71-83.

[235] 余振国,2019.中国自然保护地体系构成研究[J].中国国土资源经济,32(4):10-15.

[236] 俞金国,王丽华,2007.城市旅游地景观格局分析方法:以大连为例[J].自然资源学报,22(2):281-289.

[237] 虞虎,陆林,朱冬芳,等,2012.城市旅游到城市群旅游的系统研究[J].地理科学进展,31(8):1087-1096.

[238] 臧正,郑德凤,孙才志,等,2016a.中国大陆地区生态诅咒效应的多尺度实证检验[J].地理研究,35(5):851-863.

[239] 臧正,邹欣庆,吴雷,等,2017.基于公平与效率视角的中国大陆生态福祉及生态-经济效率评价[J].生态学报,37(7):2403-2414.

[240] 臧正,邹欣庆,2016b.基于生态系统服务理论的生态福祉内涵表征与评价[J].应用生态学报,27(4):1085-1094.

[241] 曾阳,2019.民族旅游目的地居民主观幸福感影响因素:以黔东南肇兴侗寨为例[J].区域治理,46:152-155.

[242] 张丹婷,邢占军,2019.旅游与民众幸福感[J].旅游学刊,34(7):1-3.

[243] 张广海,刘菁,2016.中国省域旅游碳排放强度时空演变分析[J].统计与决策,15:94-98.

[244] 张广海,袁洪英,段若曦,等,2022.中国高等级旅游景区资源多尺度时空差异及其影响因素[J].自然资源学报,37(10):2672-2687.

[245] 张浩,2012.城市更新对上海城市旅游景观嬗变的影响研究[D].上海:上海师范大学.

[246] 张继飞,邓伟,朱昌丽,等,2017.岷江上游生态系统服务与居民福祉的空间关联及其动态特征[J].山地学报,35(3):388-398.

[247] 张佳佳,2015.我国沿海城市群入境旅游发展的时空演化特征及影响因素研究[D].青岛:中国海洋大学.

[248] 张金荟,2022.生态系统文化服务价值感知对旅游者幸福感的影响研究[D].上海:上海师范大学.

[249] 张丽,杨国范,刘吉平,2014.1986—2012年抚顺市土地利用动态变化及热点分析[J].地理科学,34(2):185-191.

[250] 张凌云,2019.景区门票价格与门票经济问题的反思[J].旅游学刊,34(7):17-24.

[251] 张鹏杨,郑婷,黄艳梅,2022.实现从经济功能向综合功能转变促进旅游业高质量发展[J].宏观经济管理,7:66-73.

[252] 张倩,2021.长三角地区森林资源丰裕度与经济发展研究[D].南京:南京林业大学.

[253] 张天问,吴明远,2014.基于扎根理论的旅游幸福感构成:以互联网旅游博客文本为例[J].旅游学刊,29(10):51-60.

[254] 张香菊,钟林生,虞虎,2022.近50年自然保护地旅游研究进展与启示:基于文献计量分析[J].旅游学刊,37(5):45-56.

[255] 张小飞,李正国,王如松,等,2009.基于功能网络评价的城市生态安全格局研究-以常州市为例[J].北京大学学报(自然科学版),45(4):728-736.

[256] 张宇硕,吴殿廷,吕晓,2020.土地利用/覆盖变化对生态系统服务的影响:空间尺度视角的研究综述[J].自然资源学报,35(5):1172-1189.

[257] 张圆刚,陈希,余润哲,等,2020.线型旅游体验空间:风景道的体验性逻理嬗变[J].自然资源学报,35(2):284-296.

[258] 张圆刚,黄业坚,程静静,等,2019.城市居民压力源对幸福感的影响研究:基于乡村旅游休闲参与的角度[J].地理研究,38(4):971-987.

[259] 张圆刚,张宏梅,何杨媚,等,2022.文旅融合发展的社会福祉效应研究:逻辑诠释、测度与机制框架[J].经济地理,42(5):233-240.

[260] 张远景,俞滨洋,2016.城市生态网络空间评价及其格局优化[J].生态学报,36(21):6969-6984.

[261] 张哲,2019.基于GWR模型的四川4A级以上旅游景区空间异质性研究[D].成都:成都理工大学.

[262] 张治意,邓睿,2021.基于百度地图API的景区分布格局及可达性分析:以重庆市为例[J].福建师范大学学报(自然科学版),37(3):68-76.

[263] 张宗利,明俊超,袁新华,2014.江苏省渔业发展现状、问题及对策建议[J].中国渔业经济,32(2):24-28.

[264] 赵海溶，莫宏伟，2022. 长株潭城市群生态系统服务价值时空变化分析[J]. 测绘科学，47(12)：206-215.

[265] 赵海霞，王淑芬，孟菲，等，2020. 绿色空间格局变化及其驱动机理：以南京都市区为例[J]. 生态学报，40(21)：7861-7872.

[266] 赵文武，房学宁，2014. 景观可持续性与景观可持续性科学[J]. 生态学报，34(10)：2453-2459.

[267] 赵永华，张玲玲，王晓峰，2011. 陕西省生态系统服务价值评估及时空差异[J]. 应用生态学报，22(10)：2662-2672.

[268] 赵泳春，苏方林，2022. 经济差异化增长下生态系统服务价值的时空演变特征：以珠江-西江经济带为例[J]. 自然资源学报，37(7)：1782-1798.

[269] 郑德凤，王燕燕，曹永强，等，2020. 基于生态系统服务的生态福祉分类与时空格局：以中国地级及以上城市为例[J]. 资源科学，42(6)：1110-1122.

[270] 支林蛟，王锦，刘敏，等，2021. 滇中城市群绿色空间格局动态变化多尺度研究[J]. 西南林业大学学报(自然科学)，41(5)：88-97.

[271] 钟国庆，谭颖华，2006. 论以构建旅游形象为导向的城市景观规划设计：以广东肇庆市为例[J]. 城市问题，7：49-53.

[272] 周璞，侯华丽，张惠，等，2021. 碳中和背景下提升土壤碳汇能力的前景与实施建议[J]. 环境保护，49(16)：63-67.

[273] 周婷，牛安逸，马姣娇，等，2019. 国家湿地公园时空格局特征[J]. 自然资源学报，34(1)：25-26.

[274] 周玮，黄震方，吴丽敏，等，2015. 城市传统文化旅游地景观格局与景观审美耦合研究：以南京夫子庙秦淮风光带为例[J]. 热带地理，35(6)：917-925.

[275] 朱磊，李燕楠，胡静，等，2022. 国家森林公园空间分布格局及其影响因素研究[J]. 干旱区地理，45(2)：389-400.

[276] 朱永凤，瓦哈甫·哈力克，卢龙辉，2017. 基于 GWR 模型的中国 5A 级旅游景区空间异质性分析[J]. 华中师范大学学报(自然科学版)，51(3)：416-422.

[277] 朱振亚，2018. 基于 LUCC 的京津冀地区生态服务价值及影响机制[D]. 北京：北京林业大学.

[278] 邹建琴，明庆忠，刘安乐，等，2021. 中国红色旅游经典景点空间分布格局及其影响因素异质性[J]. 自然资源学报，36(11)：2748-2762.

[279] ANSELIN L,1995. Local indicators of spatial association:LISA[J]. Geographical analysis,27(2):93-115.

[280] APOSTOLOPOULOU A,PAPADIMITRIOU D,2015. The role of destination personality in predicting tourist behaviour:implications for branding mid-sized urban destinations[J]. Current issues in tourism, 18(12):1132-1151.

[281] BAGSTAD K J,JOHNSON G W,VOIGT B,et al,2014. Spatial dynamics of ecosystem service flows:a comprehensive approach to quantifying actual services[J]. Ecosystem services,2013,4:117-125.

[282] BIMONTE S,FARALLA V,2014. Happiness and nature-based vacations[J]. Annals of tourism research,46:176-178.

[283] BRESLOW S J,SOJKA B,BARNEA R,et al,2016. Conceptualizing and operationalizing human wellbeing for ecosystem assessment and management[J]. Environmental science and policy,66:250-259.

[284] CHEN C C,PETRICK J F,SHAHVALI M,2016. Tourism experiences as a stress reliever[J]. Journal of travel research, 55(2): 150-160.

[285] CHEN L L,YI L,CAI R R,et al,2022. Spatiotemporal characteristics of the correlation among tourism,CO_2 emissions,and economic growth in China[J]. Sustainability,14(14):8373.

[286] COSTANZA R,D'ARGE R,DE GROOT R,et al,1997. The value of the world's ecosystem services and natural capital[J]. Nature, 387 (6630):253-260.

[287] COSTANZA R,DE GROOT R,SUTTON P,et al,2014a. Changes in the global value of ecosystem services [J]. Global environmental change,26:152-158.

[288] COSTANZA R,KUBISZEWSKI I,GIOVANNINI E,et al,2014b. Development:time to leave GDP behind[J]. Nature,505(7483):283-285.

[289] CUMMING G S,2011. Spatial resilience:integrating landscape ecology, resilience, and sustainability [J]. Landscape ecology, 26 (7): 899-909.

[290] CUMMINS R A,ECKERSLEY R,PALLANT J,et al,2003. Developing a national index of subjective wellbeing: the Australian unity

wellbeing index[J]. Social indicators research,64(2):159-190.

[291] DAILY G C,1997. Nature's services:societal dependence on natural ecosystems[M]. Washington:Island Press.

[292] DU S Q,VAN ROMPAEY A,SHI P J,et al,2015. A dual effect of urban expansion on flood risk in the Pearl River Delta (China) revealed by land-use scenarios and direct runoff simulation[J]. Natural hazards,77(1):111-128.

[293] FOLARIN O,ADENIYI O,2020. Does tourism reduce poverty in sub-Saharan African countries? [J]. Journal of travel research,59(1):140-155.

[294] GOODWIN H,FRANCIS J,2003. Ethical and responsible tourism: consumer trends in the UK[J]. Journal of vacation marketing,9(3): 271-284.

[295] GROOT R S,ALKEMADE R,BRAAT L,et al,2010. Challenges in integrating the concept of ecosystem services and values in landscape planning,management and decision making[J]. Ecological complexity, 7(3):260-272.

[296] HARTWELL H,FYALL A,WILLIS C,et al,2018. Progress in tourism and destination wellbeing research[J]. Current issues in tourism,21(16):1830-1892.

[297] HENDERSON J C,2013. Urban parks and green spaces in Singapore [J]. Managing leisure,18(3):213-225.

[298] HERVÁS G,VÁZQUEZ C,2013. Construction and validation of a measure of integrative well-being in seven languages:the Pemberton Happiness Index[J]. Health and quality of life outcomes,11:66.

[299] IVLEVS A,2017. Happy hosts? International tourist arrivals and residents' subjective well-being in Europe[J]. Journal of travel research, 56(5):599-612.

[300] KING M F,RENÓ V F,NOVO E M L M,2014. The concept,dimensions and methods of assessment of human well-being within a socio-ecological context:a literature review[J]. Social indicators research, 116(3):681-698.

[301] KUMAR J I N,PATEL K,KUMAR R N,et al,2010. An assessment

of carbon stock for various land use system in Aravally Mountains, Western India[J]. Mitigation and adaptation strategies for global change, 15(8): 811-824.

[302] KWON J, LEE H, 2020. Why travel prolongs happiness: longitudinal analysis using a latent growth model[J]. Tourism management, 76: 103944.

[303] KYUNGMI K, MUZAFFER U, JOSEPH S, 2013. How does tourism in a community impact the quality of life of community residents? [J]. Tourism management, 36: 527-540.

[304] LEE A K, MAHESWARAN R, 2011. The health benefits of urban green spaces: a review of the evidence[J]. Journal of public health, 33(2): 212-222.

[305] LIAO Z J, ZHANG L J, 2021. Spatial distribution evolution and accessibility of A-level scenic spots in Guangdong Province from the perspective of quantitative geography[J]. PLoS One, 16(11): e0257400.

[306] LOPES M N, CAMANHO A S, 2013. Public green space use and consequences on urban vitality: an assessment of European Cities[J]. Social indicators research, 113(3): 751-767.

[307] LYU J Y, MAO Z X, HU L, 2018. Cruise experience and its contribution to subjective well-being: a case of Chinese tourists[J]. International journal of tourism research, 20(2): 225-235.

[308] MACTAVISH J B, MACKAY K J, IWASAKI Y, et al, 2007. Family caregivers of individuals with intellectual disability: perspectives on life quality and the role of vacations[J]. Journal of leisure research, 39(1): 127-155.

[309] NAVARRO-JURADO E, ROMERO-PADILLA Y, ROMERO-MARTÍNEZ J M, et al, 2019. Growth machines and social movements in mature tourist destinations Costa del Sol-Málaga[J]. Journal of sustainable tourism, 27(12): 1786-1803.

[310] NIENTIED P, 2021. Rotterdam and the question of new urban tourism [J]. International journal of tourism cities, 7(2): 344-360.

[311] OKULICZ-KOZARYN A, STRZELECKA M, 2017. Happy tourists, unhappy locals[J]. Social indicators research, 134(2): 789-804.

[312] OUYANG Z Y, ZHENG H, XIAO Y, et al, 2016. Improvements in ecosystem services from investments in natural capital[J]. Science, 352(6292): 1455-1459.

[313] PATAKI D E, CARREIRO M M, CHERRIER J, et al, 2011. Coupling biogeochemical cycles in urban environments: ecosystem services, green solutions, and misconceptions[J]. Frontiers in ecology and the environment, 9(1): 27-36.

[314] PIAO S L, HE Y, WANG X H, et al, 2022. Estimation of China's terrestrial ecosystem carbon sink: methods, progress and prospects[J]. Science China earth sciences, 65(4): 641-651.

[315] QIU Y H, YIN J, ZHANG T, et al, 2021. Spatiotemporal dynamic analysis of A-level scenic spots in Guizhou Province, China[J]. ISPRS international journal of geo-information, 10(8): 568.

[316] REYNOLDS R, LIANG L, LI X C, et al, 2017. Monitoring annual urban changes in a rapidly growing portion of northwest Arkansas with a 20-year landsat record[J]. Remote sensing, 9(1): 71.

[317] RIVERA M, CROES R, LEE S H, 2016. Tourism development and happiness: a residents' perspective[J]. Journal of destination marketing and management, 5(1): 5-15.

[318] SALAS-OLMEDO M H, MOYA-GÓMEZ B, GARCÍA-PALOMARES J C, et al, 2018. Tourists' digital footprint in cities: comparing Big Data sources[J]. Tourism management, 66: 13-25.

[319] SCHEYVENS R A, MOVONO A, AUCKRAM S, 2023. Pacific peoples and the pandemic: exploring multiple well-beings of people in tourism-dependent communities[J]. Journal of sustainable tourism, 31(1): 111-130.

[320] SMITH LISA M, CASE J L, SMITH H M, et al, 2013. Relating ecoystem services to domains of human well-being: foundation for a U. S. index[J]. Ecological indicators, 28: 79-90.

[321] STHAPIT E, COUDOUNARIS D N, 2018. Memorable tourism experiences: antecedents and outcomes[J]. Scandinavian journal of hospitality and tourism, 18(1): 72-94.

[322] SUMMERS J K, SMITH L M, CASE J L, et al, 2012. A review of the

elements of human well-being with an emphasis on the contribution of ecosystem services[J]. AMBIO,41(4):327-340.

[323] TERMORSHUIZEN J W,OPDAM P,2009. Landscape services as a bridge between landscape ecology and sustainable development[J]. Landscape ecology,24(8):1037-1052.

[324] TIMUR S,GETZ D,2009. Sustainable tourism development: how do destination stakeholders perceive sustainable urban tourism? [J]. Sustainable development,17(4):220-232.

[325] TURNER M G,DONATO D C,ROMME W H,2013. Consequences of spatial heterogeneity for ecosystem services in changing forest landscapes:priorities for future research[J]. Landscape ecology, 28(6): 1081-1097.

[326] WANG D G, NIU Y, QIAN J, 2018. Evolution and optimization of China's urban tourism spatial structure: a high speed rail perspective [J]. Tourism management,64:218-232.

[327] WANG K,ZHANG J J,GENG Y H,et al,2020a. Differential spatial-temporal responses of carbon dioxide emissions to economic development:empirical evidence based on spatial analysis[J]. Mitigation and adaptation strategies for global change,25(2):237-260.

[328] WANG T,WANG L,NING Z Z,2020b. Spatial pattern of tourist attractions and its influencing factors in China[J]. Journal of spatial science,65(2):327-344.

[329] WANG W J,GUO H C,CHUAI X W,et al,2014. The impact of land use change on the temporospatial variations of ecosystems services value in China and an optimized land use solution[J]. Environmental science and policy,44:62-72.

[330] WEAVER D B,LAWTON L J,2017. A new visitation paradigm for protected areas[J]. Tourism management,60:140-146.

[331] WU J G, 2013. Landscape sustainability science: ecosystem services and human well-being in changing landscapes[J]. Landscape ecology, 28(6):999-1023.